임동석중국사상100

당시삼백수

唐詩三百首

孫洙 編 / 林東錫 譯註

白居易(樂天)

象犀珠玉瑜怪珍之物，有悅於人之耳目，而不適於用。金石草木絲麻五穀六材，有適於用，而用之則弊，取之則竭。悅於人之耳目而不適於用，用之而不弊，取之而不竭，賢不肖之所得，各因其才，仁智之所見，各隨其分，求無不獲者，惟書乎！

丁亥菊秋錄東坡李氏山房藏書記 丘堂呂元九

"상아, 물소 뿔, 진주, 옥. 진괴한 이런 물건들은 사람의 이목은 즐겁게 하지만 쓰임에는 적절하지 않다. 그런가 하면 금석이나 초목, 실, 삼베, 오곡, 육재는 쓰임에는 적절하나 이를 사용하면 닳아지고 취하면 고갈된다. 그렇다면 사람의 이목을 즐겁게 하면서 이를 사용하기에도 적절하며, 써도 닳지 아니하고 취하여도 고갈되지 않고, 똑똑한 자나 불초한 자라도 그를 통해 얻는 바가 각기 그 자신의 재능에 따라주고, 어진 사람이나 지혜로운 사람이나 그를 통해 보는 바가 각기 그 자신의 분수에 따라주되 무엇이든지 구하여 얻지 못할 것이 없는 것은 오직 책뿐이로다!"

《소동파전집》(34) 〈이씨산방장서기〉에서 구당(丘堂) 여원구(呂元九) 선생의 글씨

책머리에

옛날 어린 시절 《오언당음五言唐音》과 《칠언당음七言唐音》, 《백련초해百聯抄解》를 읽으며, 중국 시인들은 참으로 아름다운 말을 많이 한다고 여겼었다. 그것이 시라는 독특한 형식의 그릇에 말을 담았기 때문이라는 것도 모르고 그저 짧은 말로 신기하게 표현하였다고 보았던 것이다. 그리고 다시 조선시대 고판본 《당시선唐詩選》을 읽으며, 가 볼 수도 없는 중국 대륙과 옛 화려했던 당나라 제국, 그리고 거짓말같이 과장된 중국의 자연 풍경 읊은 것을 읽을 때면, 내 생애에 그러한 곳을 가 볼 수 있을까 하는 기대도 가졌었다. 청년이 되어 우전雨田 선생님께 《두시杜詩》를 배울 때는 감탄과 가슴 저미는 내용, 나아가 맛깔스럽게 해석을 놓치지 않는 선생님의 우리말 표현에 흠뻑 빠져들었다. 특히 〈모옥위추풍소파가茅屋爲秋風所破歌〉며 〈객지客至〉는 내 머리에 그대로 그림이 그려지도록 설명해 주셨던 기억이 지금도 새롭다. 그리하여 비록 그 뒤에 시를 전공하는 학문의 길로 들어서지는 않았지만 두보杜甫 관련 원전이며, 당시 관련 전집들을 모아놓고 언젠가는 은일과 한적함을 주된 생활방식으로 삼을 때, 아무런 부담 없이 펼쳐보리라 생각했다. 그리하여 지금도 때때로 망중한을 즐길 때면 다른 책이 손에 잡히지 않으며, 나도 모르게 이런 책들을 들고 고침앙와高枕仰臥 자세로 온갖 상상의 중국 여행을 즐기곤 한다.

그리하여 내친김에 우선 《당재자전唐才子傳》에 손을 대어 보았고, 《천가시千家詩》를 역주해 보았으며, 이제 드디어 《당시삼백수唐詩三百首》를 들여다 보게 되었다. 이 《당시삼백수》는 중국 역사로 보면 비교적 늦은 청나라 말에

형당퇴사衡塘退士 손수(孫洙: 1711~1778)가 편집한 아동용 당시唐詩 학습 교재였다. 당시 "당시 300수만 숙독하면 시를 모르더라도 저절로 읊게 된다"라는 속담에 따라 책이름을 《당시삼백수》라 한 것이며, 각 시체詩體별로 300여 수를 골라 읽고 감상하며 배우고 지을 수 있도록 서당 교재로 꾸민 것이다. 내용이 평이하고 통속적이어서, 다른 전문 학자의 당시에 대한 전문 서적을 제치고 즉시 민간에 널리 퍼져 나가게 된 것이다. 따라서 시기적으로 우리나라 조선시대에는 이러한 책이 없어, 당연히 《당시선》이나 나아가 전문 학자라면 《당시품휘唐詩品彙》 등 다른 책으로 읽어 왔다. 아마 일찍 출현하였다면 우리에게도 필독서가 되었을 것이다.

중국의 많은 문학 장르 중에 당시는 최고의 발명품이다. 양과 질로 보아 창작 문학으로는 정수이며 압권이다. 나아가 지금까지 중국문학 연구서로서 당시만큼 많은 양을 차지하는 부분도 없을 것이다. 그럼에도 초학용 당시 관련 교재가 없는 지금, 이 책은 매우 유용한 가치를 발휘하게 될 것이다. 아울러 중국인이라면 거의 일생 교재로 읽고 있는 이 책을, 우리도 읽고 내용을 알고 있음으로 해서 세계 속의 동양 문화 공유에 큰 도움이 될 것임을 기대할 수 있다.

친구들과 몇몇 스님, 그리고 후배, 동료 교수들과 중국 테마 여행을 다닌 지 꽤 여러 차례 되었다. 그 덕분에 오지며 역사적 주요 지역을 방학 때마다 고행처럼 다닌 기억은 늘 나를 흥분하게 하였다. 넓은 대륙을 샅샅이 보고 이해한다는 것은 불가능하지만 그래도 몇 개 성을 제외하고는 거의 훑어 본 셈이다 가는 곳마다 각기 보는 눈이 다르고 감회가 다르겠지만,

나는 '당시 여행'(唐詩之旅)의 기분을 느끼지 않은 곳이 없었다. 하서회랑河西回廊 四郡(武威, 張掖, 酒泉, 敦煌)을 거쳐 저 신강新疆 끝까지 가면서는 '西出陽關無故人'이며, '春風不度玉門關', 나아가 '葡萄美酒夜光杯'를 직접 보았고, 티베트 접경 지역에 이르러서는 '歸馬識殘旗'를 읊어보았으며, 삼협三峽 백마성白馬城에 이르러서는 이백李白의 '千里江陵一日還'이며, 구당협瞿塘峽에서는 두보의 '不盡長江滾滾來'를, 성도成都 무후사武侯祠에서는 두보처럼 '丞相祠堂何處尋'을 중얼거리며 찾아가기도 하였다. 두보 초당草堂에서는 "곳 떠러덧는 길흘 일즉 소닉 젼츠로 쓰디 아니ᄒᆞ다니, 다봇 門을 오늘 비르서 그듸를 爲ᄒᆞ야 여노라(花徑不曾緣客掃, 蓬門今始爲君開)"의 구절을, 옛 《두시언해》로 읊으며 찾았다가 너무 잘 정비되어진 넓은 공원임을 보고는 일면 실망하기도 하였다. 서안西安 화청지華淸池에서는 '在天願作比翼鳥, 在地願爲連理枝'의 양귀비 고사를 떠올리며 〈장한가長恨歌〉 긴 구절을 외어 보기도 하였다.

남경南京 금릉金陵에서는 남조시대 화려했던 오의항烏衣巷 제비를 보고 감상에 젖었고, 낙양洛陽이라면 온통 당시의 배경이 묻어 있는 곳, 그 화려했던 삼채도용三彩陶俑의 동도東都가 지금은 '白頭宮女在, 閑坐說玄宗'의 쓸쓸함이 보이기도 하였으며, 산서山西 행화촌杏花村에서는 '借問酒家何處有, 牧童遙指杏花村'의 풍경은 사라지고, 온통 향내 짙은 도시 구석의 분주汾酒 제조공장을 찾아가 졸졸 떨어지는 원액 90도의 뜨거운 주정 한 모금 얻어 마시고 어질어질 취하여 나오기도 했다. 북경北京은 당나라 때까지만 해도 그저 동북지역 방어지 변방이었다. 북경 밖 사마대司馬臺며 팔달령八達嶺, 거용관居庸關에 이르러서는 '念天地之悠悠, 獨愴然而涕下'를 두고 아련한 변새시邊塞詩를, 나아가 원정 남편을 기다리는 애틋한 '啼時驚妾夢, 不得到遼西'를, 그리고 지금은 중국 영내가 되었지만 만리장성이 지금도 당시 변방

국경선이라 생각하며 아득히 북쪽 황막한 막새漠塞의 가을 풍경을 바라보며 역사의 감회와 회고의 상상에 젖어보기도 하였다.

　동쪽 태산泰山에서는 '造化鍾神秀'의 붉은 글씨로 바위에 크게 새긴 구절에 눈을 떼지 못하였고, 소주蘇州 한산사寒山寺에서는 직접 야반夜半이 아닌 대낮에 종을 두드려 보기도 하였다. 내몽고 후허호트呼和浩特 남쪽에서는 왕소군王昭君의 청총靑冢을 보았고, 山西 永濟의 鸛雀樓에서는 '欲窮千里目, 更上一層樓'를 그대로 똑같이 재현해 보기도 하였다. 남쪽 등왕각滕王閣이며 악양루岳陽樓, 항주 서호, 소흥 회계산, 당시 풍토병이 많아 유배지로 여겼던 복건이며 광동 여러 지역, 가는 곳마다 당시唐詩의 숨결이 스며있지 않은 곳이란 없었다. 그리고 그들이 읊은 시들이 하나같이 과장이 아니며 사실 그대로였고, 시인도 나처럼 두 눈으로 본 광경이었으며, 코로 숨 쉬고 입으로 감탄을 자아냈던 곳이기도 했다. 삶의 평온을 이루지 못한 자는 시를 토해낼 수밖에 없었고, 시대가 수용하지 못하던 천재들은 시로써 울분을 삭일 수밖에 없었던 곳이다. 감정이 폭발하면 울어야 했고, 분위기에 휩싸이면 술로 달래야 했던 곳들이다. 그렇게 유한한 삶을 살면서도 천고千古에 절창絕唱되는 이런 구절들을 남겼으니, 한참 뒷세상에 이를 찾아온 타관의 이방인이 어찌 그들 흉회胸懷를 모두 이해할 수 있겠는가? 그러나 시는 이해의 대상이 아니기에 그저 고맙게 따라 읽으며 행복감에 젖었으며, 그럼에도 시간은 공유할 수 없으나 공간은 공유할 수 있음에 또한 서러움과 역려逆旅로서의 일순간 지나가는 여정을 재촉할 뿐이었다.

　나이가 들면서 딱딱한 이론서보다는 그저 불구심해不求其解하며 눈 닿은 대로 읽을 수 있는 시가 더욱 늘 가까운 친구가 되어가고 있다. 그리하여

긴 여정을 마치고 돌아와서는 다시 《당시집》을 뒤적거리며 다녀온 곳에 관련된 시 구절을 찾으면서 상상에 젖는 것도 하나의 마음 비우는 일상이 되곤 한다.

이제 독자들도 혹 중국 여행을 갈 기회가 되면 이 《당시삼백수》 하나쯤은 가방에 넣은 채, 유서 깊은 곳을 갈 때마다 펼쳐보며 1500년 전 당나라 시인들 심정으로 되돌아간다면 의미 깊고 아름다운 여정이 될 것임을 안내한다.

사포莎浦 임동석林東錫이 취벽헌翠碧軒에서 적다.

일러두기

1. 이 책은 《당시삼백수唐詩三百首》 여러 책을 비교·참조하여 작가77명, 제목 294편, 320수 전체를 완역한 것이다.
2. 현대 백화어 역주본도 수집하여 참고하였으며 큰 도움을 받았다. 특히 《당시삼백수전해唐詩三百首全解》(趙昌平), 《신역당시삼백수新譯唐詩三百首》(邱燮友), 《당시삼백수전역唐詩三百首全譯》(謝靈娜, 何年) 등은 구체적인 주석과 번역에 많은 참고 내용을 제공해 주었음을 밝힌다.
3. 매 편의 시는 제목별로 일련번호를 부여하고 동일 제목의 연시聯詩는 하위분류하였다.
4. 번역문은 한 구절씩으로 하여 먼저 제시하고, 원시는 구도에 맞게 2구씩 묶어 실었다.
5. 가능한 한 직역을 위주로 하였으나, 일부 의미 전달을 원활히 하기 위하여 의역한 곳도 있다.
6. 인명, 지명, 어휘, 표현구절, 역사적 배경 등은 일일이 표제로 뽑아 주석을 가하였으며 혹, 제목이나 시인의 이름, 시대 등 차이와 오류 등에 대해서는 일일이 주석에 밝혔다.
7. 시인의 약력은 처음 출현하는 곳의 참고란 뒤에 싣되 《당재자전唐才子傳》, 《전당시全唐詩》, 《당시기사唐詩紀事》 등의 간단한 기록을 곁들여 이해에 도움이 되도록 하였다.
8. 참고 및 관련 자료란을 설정하여 관련 사항과 후대 시화詩話나 비평서 등에서의 기록 등을 원문으로 전재하여 이해에 도움이 되도록 하였다.
9. 두보 시의 경우 우리나라 조선시대 《두시언해杜詩諺解》를 실어 감상과 이해에 도움이 되도록 하였다.

10. 《천가시千家詩》에도 실려 있을 경우, 왕상王相의 주를 함께 실었다.
11. 삽화는 명대 《삼재도회三才圖會》등 자료와 현대 작가까지 관련된 것을 실어 감상에 도움이 되도록 하였다.
12. 이 책의 역주에 참고한 주요 문헌은 다음과 같다.

❋ 참고문헌

1. 《唐詩三百首全解》趙昌平(解), 復旦大學出版社, 2007. 上海.
2. 《新譯唐詩三百首》邱燮友, 三民書局, 1976. 臺北.
3. 《唐詩三百首全譯》謝靈娜(譯詩), 何年(註釋), 貴州人民出版社, 1990. 貴陽.
4. 《唐詩三百首》臺灣力行書局, 1955. 臺北.
5. 《唐詩三百首》綜合出版社, 1976. 臺南.
6. 《唐詩三百首》中華書局, 1959. 北京.
7. 《唐詩三百首詳析》喩守眞, 中華書局, 1957. 北京.
8. 《新注唐詩三百首析》周大可(校注), 上海文化出版社, 1957. 上海.
9. 《唐詩三百首新譯》(英漢) 許淵沖(外), 商務印書館, 1992. 홍콩.
10. 《唐詩三百首四體書法藝術》(25冊) 周侗(主編), 黑龍江朝鮮民族出版社, 1989. 哈爾濱.
11. 《韓譯唐詩三百首》安秉烈(譯), 啓明大學出版部, 1991. 大邱.
12. 《全唐詩》淸 聖祖(御定) 900권, 明倫出版社(活字本), 1970. 臺北.
13. 《古唐詩合解》淸 王翼雲(箋註), 問政出版社, 宣統元年 石印本, 1970. 臺北.
14. 《唐詩大觀》蕭滌非(外), 商務印書館, 1986. 홍콩.
15. 《唐詩一千首》金聖嘆(批註), 天南逸叟(校訂), 五洲出版社, 1980. 臺北.

16. 《唐人萬首絶句選》淸 王士禛, 藝文印書館(印本), 1981. 臺北.

17. 箋注《唐詩選》李攀龍(撰), 新文豐出版社(印本), 1978. 臺北.

18. 《唐詩選》李攀龍(撰), 早稻田大學出版部, 1910. 東京.

19. 《唐詩選》馬茂元, 人民文學出版社, 1960. 北京.

20. 增注《三體詩》漢文大系本, 新文豐出版社(印本), 1078. 臺北.

21. 《絶句三百首》葛杰(撰), 上海古籍出版社, 1980. 上海.

22. 《唐人絶句五百首》房開江, 潘中心(編), 貴州人民出版社, 1983. 貴陽.

23. 《唐詩二十講》張愛華, 新世界出版社, 2004. 北京.

24. 《四部叢刊》各 詩人 詩集〈書同文〉, 電子版, 北京.

25. 《歷代詩話》淸 何文煥, 木鐸出版社(活字本), 1982. 臺北.

26. 《唐詩紀事》四部叢刊 初編, 上海書店 影印本, 1926(常務印書館印本). 上海.

27. 《唐詩紀事》宋 計有功, 木鐸出版社(活字本), 1982. 臺北.

28. 《唐詩別裁》淸 沈德潛, 臺灣商務印書館, 1978. 臺北.

29. 《宋詩別裁》張景星, 臺灣商務印書館, 1978. 臺北.

30. 《元詩別裁》張景星, 臺灣商務印書館, 1978. 臺北.

31. 《明詩別裁》淸 沈德潛, 臺灣商務印書館, 1978. 臺北.

32. 《淸詩別裁》淸 沈德潛, 臺灣商務印書館, 1978. 臺北.

33. 《唐詩品彙》明 高棅, 上海古籍出版社(印本), 1981. 上海.

34. 《詩人玉屑》魏慶之, 臺灣商務印書館, 1980. 臺北.

35. 《初唐四傑集》四部備要本, 臺灣中華書局(印本), 1970. 臺北.

36. 《李太白文集》(宋本) 學生書局(印本), 1967. 臺北.

37. 《分類杜工部詩諺解》(重刊本) 제22권 筆者所藏.

38. 《杜詩諺解》大提閣(印本), 1976. 서울.

39. 《杜詩諺解澤風堂批解》震友會, 1997. 서울.

40. 《杜詩鏡銓》淸 楊倫, 漢京文化事業公司(印本), 1980. 臺北.

41. 《杜詩鏡銓》(活字本) 華正書局, 1981. 臺北.

42. 《杜詩詳註》仇兆鰲, 大正印書館(印本), 1974. 臺北.

43. 《杜詩雜說》曹慕樊, 四川人民出版社, 1984. 成都.

44. 《杜詩諺解鈔》李丙疇(編校), 集文堂, 1982. 서울.

45. 《孟浩然集箋注》游信利, 臺灣學生書局, 1979. 臺北.

46. 《白居易詩》傅東華, 臺灣商務印書館, 1981. 臺北.

47. 《柳宗元集》四部刊要本, 漢京文化事業公司(印本), 1981. 臺北.

48. 《唐摭言》五代 王定保, 四庫全書 子部(12), 小說家類.

49. 《文選》梁 蕭統, 李善(注), 上海古籍出版社(活字本), 1986. 上海.

50. 《玉臺新詠》徐陵, 文光圖書(印本), 1972. 臺北.

51. 《楚辭注六種》世界書局(印本), 1977. 臺北.

52. 《文鏡秘府論》王利器(校註), 中華書店, 1983. 北京.

53. 《樂府詩集》宋 郭茂倩, 中華書局(活字本), 1979. 北京.

54. 《唐才子傳》元 辛文房(撰), 林東錫 譯註本.

55. 《唐才子傳校箋》傅璇琮, 中華書局, 1987. 北京.

56. 《唐宋詩擧要》高步瀛, 宏業書局(活字本), 1977. 臺北.

57. 《唐宋文擧要》高步瀛, 藝文印書館(印本), 1972. 臺北.

58. 《十八家詩抄》淸 曾國藩, 世界書局, 1974. 臺北.

59. 《十四家詩抄》淸 朱自淸, 上海古籍出版社, 1981. 上海.

60. 《古詩十九首集釋》普天出版社, 1970. 臺中.

61. 《文體明辨序說》徐師曾, 太平書店, 1977. 홍콩.

62. 《中國歷代詩選》丁嬰, 宏業書局, 1983. 臺北.

63. 《中國歷代詩歌選》源流出版社, 1982. 臺北.

64. 《古詩文名句錄》張冠湘(外), 湖南人民出版社, 1984. 長沙.

65. 《唐人軼事彙編》(4책) 周勛初, 上海古籍出版社, 1995. 上海.

66. 《中國歷代詩人選集》(屈原 외) 三聯書局, 1983. 홍콩.

67. 《中國詩歌選》池榮在, 乙酉文化社, 1986. 서울.

68. 《中國詩歌史》張敬文, 幼獅文化社, 1970. 臺北.

69. 《中國詩歌發展史》民文出版社, 1979. 臺北.

70. 《李白杜甫白居易》許愼知, 大夏出版社, 1981. 臺南.

71. 《滄浪詩話校釋》郭紹虞, 東昇出版社, 1980. 臺北.

72. 《唐詩研究》胡雲, 宏業書局, 1972, 臺北,

73. 《全唐詩典故辭典》范之麟(外), 湖北辭書出版社, 1989. 武漢.

74. 《中學古詩文辭典》張文學(外), 黑龍江敎育出版社, 1988. 哈爾濱.

75. 《唐宋名詩索引》孫公望(編), 湖南人民出版社, 1985. 長沙.

76. 《唐詩論叢》陳貽焮, 湖南人民出版社, 1981. 長沙.

77. 《當代詩人叢考》傅璇琮, 中華書局, 1981. 北京.

78. 《宋詩話考》郭紹虞, 中華書局, 1985. 北京.

79. 《古詩佳話》梁昂, 新華書店, 1983. 上海.

80. 《五言唐音》世昌書館, 1956. 서울.

81. 《七言唐音》世昌書館, 1956. 서울.

82. 《唐詩正音輯註》(5책) 조선시대 간본, 필자소장.

83. 《唐詩鈔略》 조선시대 필사본, 필자소장.

84. 《百聯抄解》 조선시대 간본, 大邱大學 國語國文學會(印本), 1960. 大邱.

85. 《唐詩故事》 陸家驥(著), 正中書局, 1986. 臺北.

86. 《唐詩百首淺釋》 曄芝(注), 萬里書店, 1983. 홍콩.

87. 《古詩佳話》 少年兒童出版社, 1983. 上海.

88. 《歷代詩詞名句析賞探源》(初編, 續編) 呂自揚, 河畔出版社, 1981. 臺北.

89. 《全國唐詩討論會論文選》 霍松林, 陝西人民出版社, 1984. 西安.

90. 《中國詩說》 鍾蓮英, 立峯彩色印刷社, 1971. 臺北.

91. 《唐代詩人列傳》 馮作民, 星光出版社, 1980. 臺北.

92. 《唐詩之旅》 愛書人雜誌社(編), 1981. 臺北.

93. 《唐詩植物圖鑑》 潘富俊(著), 上海書店出版社, 2003. 上海.

94. 《古典詩歌名篇心解》 陳祖美(著), 山東教育出版社, 1988. 濟南.

95. 《中國歷代詩歌名篇賞析》 弘征, 湖南人民出版社, 1983. 長沙.

96. 《中國文學發展史》 劉大杰, 華正書局, 1976. 臺北.

97. 《三才圖會》(印本3책) 明 王圻·王思義(編集), 上海古籍出版社, 2005. 上海.

98. 《唐詩》(6책) 朝鮮時代 간행본, 本人所藏.

99. 《古文眞寶》 世昌書館, 1983. 서울.

100. 《中國名詩鑑賞》 이석호, 이원규, 위주온, 2007. 서울.

101. 《中韓朝唐代友好詩歌選粹》 李充陽, 中國書籍出版社, 2005. 北京.

102. 《唐詩學의 理解》 陳伯海(著), 李鍾振(譯) 사람과 책, 2001. 서울.

103. 《中國詩와 詩人》 이병한(외), 사람과 책, 2001. 서울.

104. 《中國歷史紀年表》華世出版社, 1978. 臺北.

105. 《中國地圖集》中國地圖出版社, 1980. 北京.

106. 《古今文選》齊鐵恨(主編), 國語日報社, 1981. 臺北.

107. 《詩韻集成》文化圖書公司, 1976. 臺北.

　　《十三經》《史記》《漢書》《後漢書》《三國志》《晉書》《宋書》《南齊書》《梁書》《陳書》《隋書》《北史》《南史》《舊唐書》《新唐書》《舊五代史》《韓詩外傳》《說苑》《新序》《老子》《莊子》《列子》《淮南子》《穆天子傳》《山海經》《水經注》《博物志》《西京雜記》《搜神記》《漢武內傳》《陶淵明集》《詩品》《古詩源》《千家詩》《世說新語》《文心雕龍》《藝文類聚》《太平御覽》《蒙求》《初學記》《唐傳奇小說集》《晚笑堂畫傳》등 기타 工具書 및 개별 시인 시집 등 일부 자료는 기재를 생략함.

해제

《당시삼백수》는 청말淸末 손수(孫洙: 1711~1778)가 당시唐詩를 초보적인 장르에 따라 분류·수집하여 편집한 책이다. 손수는 자가 임서(臨西, 혹 苓西)이며 호는 형당퇴사(蘅塘退士, 蘅堂退士)로 금궤(金匱: 지금의 江蘇 無錫) 사람이며 흔히 '형당퇴사'로 더 널리 알려져 있다. 건륭乾隆 16년(1751) 진사에 올라 상원현上元縣 교유敎諭를 지냈으며, 본《당시삼백수》외에 저서로는《형당만록蘅塘漫錄》·《형당존고蘅塘存稿》·《이문록異聞錄》등을 남겼다.

책 이름은 자신의 〈서문〉에 "당시 300수만 숙독하면 시를 모르더라도 저절로 읊게 된다(熟讀唐詩三百首, 不會吟詩也會吟)"라는 속담을 인용한 것으로 보아, 당시 민간 속담에 300수의 당시만 외우면 저절로 시를 읊고 지을 수 있다는 말이 있었던 것으로, 그리하여 그 속담 구절을 서명書名으로 택한 것일 테다. 이 책은 건륭 29년(1764) 손수 나이 54세 때쯤에 완성되었다.

그리고 뒤를 이어 도광(道光: 宣宗 1821~1850) 연간 상원上元 출신의 진완준陳婉俊이라는 여인이 처음 〈보주補註〉를 가하였으며, 이는 〈사등음사본四藤吟社本〉으로 지금 전해지고 있다. 이 책은 다시 1956년 7월 문학고적간행사文學古籍刊行社에서 청 광서光緖 11년(1855)본을 근거로 출판·간행되었으며, 1959년 9월에는 중화서국中華書局을 통해 신판新版으로 세상에 널리 알려지게 되었다. 이 책은 8권으로 분권되어 있다.

한편 이 책은 광서(德宗: 1875~1908) 연간 건덕建德 사람 장섭章燮에 의해 〈주소註疏〉가 이루어졌으며, 이것이 지금의 〈상주완위산장본常州宛委山莊本〉이다. 이 책은 1957년 2월 동해문예출판사東海文藝出版社에서 영언당永言堂 목각본을 근거로 출간되어 전해오고 있다. 이 장섭 〈주소본〉은 내용은 큰 차이가 없고 다만 일부 배열순서가 다르다. 그러나 수록 시는 원래 310수에서 장구령의 〈감우感遇〉 2수, 이백의 〈자야사시가子夜四時歌〉 3수, 이백의 〈장간행長干行〉 1수, 이백의 〈행로난行路難〉 2수, 두보의 〈영회고적詠懷古跡〉

3수 등 11수를 더하여 모두 321수로 하였다. 그러나 이는 원래의 연시聯詩에서 더 증보한 것일 뿐 새로운 시를 추가한 것은 아니다. 더구나 〈장간행〉이라 하여 〈억첩심규리憶妾深閨裏〉라는 시를 추가하였으나, 이는 이백의 시가 아니므로 이를 제거하면 결국 320수가 된다. 이 책은 6권으로 분권되어 있다.

두 〈보주본〉과 〈주소본〉은 각기 분권이 달라, 이 때문에 지금 중국과 대만의 주석본은 각기 근거한 판본에 따라 약간씩 차이가 난다. 그러나 지금은 320수로 역주된 현대 백화본이 많으며, 그 외 317수·310수·302수 등 여러 모습을 보이고 있으나 실제 310수를 원래 편수로 보고 있으며, 뒷사람들이 추가하거나 일부 동일한 제목의 시를 합하여 그 계산에 차이가 나는 것일 뿐이다. 본 역주본도 이에 따라 294제목의 320수를 싣고 주해하였음을 밝힌다. 본 책의 320수를 분류하면 다음과 같다.

1. 장르별 통계표

순서	분류	시수	제목 수	일련번호	비고
1	五言古詩	35	31	001-031	권1
2	五古樂府	10	7	032-038	〃
3	七言古詩	28	28	039-066	권2/권3
4	七古樂府	16	13	067-079	권4
5	五言律詩	80	80	080-159	권5
6	七言律詩	53	45	160-204	권6
7	七律樂府	1	1	205	〃
8	五言絶句	29	29	206-234	권7
9	五絶樂府	8	4	235-238	〃
10	七言絶句	51	49	239-287	권8
11	七絶樂府	9	7	288-294	〃
계	11장르	320	294	294	

2. 《당시삼백수唐詩三百首》 작자 및 수록 작품 수
(77명, 제목 294편, 320수)

No	인명	출처	작품수	No	인명	출처	작품수	No	인명	출처	작품수
1	張九齡	001	5(2)	27	王 灣	087	1	53	秦韜玉	204	1
2	李 白	002	34(26)	28	劉長卿	123	11	54	裴 迪	211	1
3	杜 甫	005	39(34)	29	錢 起	128	3	55	王之渙	218	2
4	王 維	009	29	30	韓 翃	132	3	56	李 端	223	1
5	孟浩然	014	15	31	劉眘許	133	1	57	王 建	224	1
6	王昌齡	017	8	32	戴叔倫	134	1	58	權德輿	225	1
7	邱 爲	018	1	33	盧 綸	135	6(3)	59	張 祜	229	5(4)
8	綦毋潛	019	1	34	李 益	136	3	60	賈 島	231	1
9	常 建	020	2	35	司空曙	137	3	61	李 頻	232	1
10	岑 參	021	7	36	劉禹錫	140	4	62	金昌緒	233	1
11	元 結	022	2	37	張 籍	141	1	63	西鄙人	234	1
12	韋應物	023	12	38	杜 牧	143	10(9)	64	賀知章	239	1
13	柳宗元	030	5	39	許 渾	144	2	65	張 旭	240	1
14	孟 郊	037	2	40	溫庭筠	151	4	66	王 翰	245	1
15	陳子昂	039	1	41	馬 戴	152	2	67	張 繼	251	1
16	李 頎	040	7	42	張 喬	154	1	68	劉方平	253	2
17	韓 愈	059	4	43	崔 塗	155	2	69	柳中庸	255	1
18	白居易	064	6	44	杜荀鶴	157	1	70	顧 況	256	1
19	李商隱	066	24(22)	45	韋 莊	158	2	71	朱慶餘	264	2
20	高 適	067	2	46	皎 然	159	1	72	鄭 畋	282	1
21	唐玄宗	080	1	47	崔 顥	160	4(3)	73	韓 偓	283	1
22	王 勃	082	1	48	祖 詠	162	2	74	陳 陶	285	1
23	駱賓王	083	1	49	崔 曙	164	1	75	張 泌	286	1
24	杜審言	084	1	50	皇甫冉	187	1	76	無名氏	287	1
25	沈佺期	085	2	51	元 稹	191	4(2)	77	杜秋娘	294	1
26	宋之問	086	1	52	薛 逢	203	1				320

※ 출처는 해당 작가의 첫 출현 위치 일련번호를 뜻하며, ( ) 안은 제목만의 숫자임.

선집한 시는 《전당시全唐詩》 4만 8900여 수에 비하면 약 160분의 1 정도이며, 선록한 작자는 77명무명씨 포함으로 《전당시》 2200여 명에 비하면 아주 일부이지만, 이들 작자들은 제왕, 사대부, 승려, 가녀, 무명씨 등 고르게 분포하고 있어 당대 주요 시인들은 대략 짚어 볼 수 있을 정도이다. 제목만으로 계산하면 294편, 낱개의 시로 계산하면 320수가 실려 있어 대략 300여 편을 기준으로 하여 책제목을 삼은 것이다.

순서는 크게 오언고시→오언고체악부→칠언고시→칠언고체악부→오언율시→칠언율시→칠률악부→오언절구→오절악부→칠언절구→칠률악부 등 11가지로 나누었으며, 고시古詩와 근체시近體詩 그리고 악부樂府로 대별할 수 있다. 전체 배분은 치우친 감이 있어 그중 두보·이백·왕유·이상은에 치우쳐 있으며, 특히 남아 있는 시가 지극히 적은 왕지환王之渙의 시가 들어 있으며, 칠절七絶에는 이상은李商隱과 두목杜牧의 시가 성당盛唐 시인의 시보다 많다.

내용은 아주 광범위하여 서사敍事·서정抒情·염정艶情·궁중宮中·변새邊塞·회고懷古·영회詠懷·기행紀行·민가民歌·풍물風物·송별送別·증답贈答·규원閨怨·영물詠物·유선游仙·영사詠史·은일隱逸·전원田園 등 아주 고르게 분포하고 있으며, 작품성보다는 각 장르의 대표작이라 여겼던 시들로 안배하는 기준에 따라 선정한 것으로 볼 수 있다. 따라서 당대 사회생활의 면모를 고루 살필 수 있는 점에서는 매우 유용하지만, 작품의 완성도나 시학을 연구할 목적으로 활용하기에는 미진함이 있다. 따라서 시 선정에 완정한 것이 아니어서 뒷사람들은 이 책에 선정되지 못한 작품들, 이를테면 두보의 〈북정北征〉·〈자경부봉선현영회오백자自京赴奉先縣詠懷五百字〉·〈삼리삼별三離三別〉·〈모옥위추풍소파가

茅屋爲秋風所破歌〉며 백거이의 수준 높은 신악부新樂府 시들, 그리고 피일휴皮日休 등 주요 시인들의 시는 아예 선록되지 못한 점을 두고 못내 아쉬운 부분이기도 하다.

당시에 대한 선집 작업은 역대 이래 꾸준히 이어져 왔다. 즉《당시가 唐詩歌》(唐, 令狐楚),《하악영령집河嶽英靈集》(唐, 殷璠),《중흥한기집中興閒氣集》(唐, 高仲武),《재조집才調集》(唐, 韋縠),《당백가시선唐百家詩選》(宋, 王安石),《만수당인 절구선萬首唐人絶句選》(宋, 洪邁),《당시정음唐詩正音》(元, 楊士弘),《당시고취전주 唐詩鼓吹箋注》(元, 郝天挺),《당시선唐詩選》(明, 李攀龍),《당시휘해唐詩彙解》(明, 李攀龍),《당십이가시唐十二家詩》(明, 楊一統),《당시품휘唐詩品彙》(明, 高棅),《당시경唐詩鏡》(明, 陸時雍),《당현삼매집唐賢三昧集》(淸, 王士禛),《당인절구만수선唐人絶句萬首選》(淸, 王士禛),《십종당시선十種唐詩選》(淸, 王士禛),《당시해唐詩解》(淸, 唐汝詢),《당인 백가시唐人百家詩》(淸, 席啓㝢),《당인선당시唐人選唐詩》,《고당시합해古唐詩合解》,《전당시록全唐詩錄》(淸, 徐燉)을 거쳐 서수의《당시삼백수》를 지나《당시별재집 唐詩別裁集》(淸, 沈德潛)과 근대에 이르러 고보영高步瀛의《당송시거요唐宋詩擧要》, 허문우許文雨의《당시집해唐詩集解》등 이루 헤아릴 수 없이 많이 쏟아져 나왔다.

그럼에도 역대 많은 이들의 당시선집을 뛰어넘어 이《당시삼백수》가 민간에 널리 퍼진 것은 그럴 만한 이유가 있다. 즉 그 이전의 많은 당시 관련 선집들은 주로 전문적이며, 학술적 가치를 목적으로 한 학자용이었다. 그런데 이 책은 그 이전 몽학용蒙學用《천가시千家詩》에 착안하여 순수하게 아동용 학습교재로 목적을 두고 편찬된 데에 그 이유가 있다.

송대에 유극장(劉克莊: 1187~1269)을 거쳐 사방득(謝枋得: 1226~1289)에 의해 완성된 《천가시》가 아동들에게 쉽게 접근하기 위해 단지 절구絶句와 율시律詩만 실었고, 당송의 시를 혼합하였으며, 공졸工拙의 구분이 없이 편집되었음에도 일반에게 그토록 성행하여, 학당과 사숙에 널리 읽힐 뿐 아니라 수없는 아류의 책들까지 유행하는 것을 보고, 좀 더 체계적인 당시唐詩만을 위주로 한 교재를 마련할 의도를 갖게 되었던 것이다. 이에 그의 아내 서란영徐蘭英과 함께 이에 몰두하여 이 《당시삼백수》를 완성하게 된 것이다. 결국 《천가시》는 그야말로 포전인옥抛磚引玉의 역할을 한 셈이다. 더구나 청 강희 때 만들어진 전당시에는 무려 4만 8900여 수에 2200명이나 되는 엄청난 분량의 당시를 모두 읽을 수도 없을뿐더러 그러한 책을 누구나 소장할 수도 없는 것이었다. 이에 보편적이며 초보적이고 통속적인 당시 선집 교재가 요구되던 때에 이 선집이 출현하게 됨으로써 교수와 학습에 광범위하게 중시하게 되었던 것이다. 즉 양이 적당하고 작자를 보편적으로 분포시키고 있으며, 나아가 각 시를 장르별로 고르게 갖추고 있어 아동들이 초보적이며 개론적으로 이를 수용할 수 있도록 배려함으로써 교재로써는 환영받을 수 있었던 것이다. 그 뒤 주자청이 〈당시삼백수독법지도〉라는 글을 발표함으로써 일반인들은 누구나 자신감을 가지고 읽을 수 있게 되었으며, 이름 그대로 가숙家塾의 과본課本의 당시唐詩 학습교재로 부담 없이 선정하게 된 것이다. 더구나 서수의 〈자서〉에 "오로지 당시 가운데 인구에 회자하는 작품으로써 그중에서도 요긴한 것을 택하였다(專就唐詩中膾炙人口之作, 擇其尤要者)"라 하여 노유老幼를 막론하고 '의宜'와 '아雅'를 믿고 무도 적합하다고 여기게 되었던 것이다.

그러나 이 책 역시 문제점을 지적받기도 하였다. 선정 기준이 협소하고 사회 모순에 대해 편협한 시각을 가지고 있으며, 궁원시가 너무 많은 점, 그리고 팔고문八股文처럼 과시용科試用의 경향을 가지고 있는 점 등에 대한 비판이다. 그러나 당시를 압축하여 양과 질에 있어서 정리한 면은 역시 그 업적을 인정해 주어야 할 것이다.

　　청 말 민국 초의 근대에 이르러 유수진喩守眞의 《당시삼백수상석唐詩三百首詳析》과 김성요金性堯의 《당시삼백수신주唐詩三百首新注》, 그리고 우경원于慶元의 《당시삼백수속선唐詩三百首續選》 등이 뒤이어 연구와 활용에 도움을 주었으며, 우리나라에는 고판본이 전하지 아니하고 다만 우경원의 《당시삼백수속선》 중국 목판본이 국립도서관에 소장되어 있을 뿐이다.

형당퇴사蘅塘退士 〈원서原序〉

지금 세상 습속에 아이들이 배움에 나아가면 곧바로 《천가시》를 주어 가르치는데, 이는 이 책이 쉽게 외울 수 있는 점을 취한 것이다. 그 때문에 이 책은 유전되어 없어지지 않고 있는 것이다. 그러나 이 책에 수록된 시들은 손에 닿는 대로 주워 모은 것들로서 시의 완성도나 졸렬함은 변별되지 않는 것들이다. 게다가 단지 칠언율시와 절구 등 두 가지 시체詩體에 그치고 있으며, 당송 시인들이 그 속에 뒤섞여 있어 그 체제가 심하게 어그러져 있다. 이 때문에 나는 오로지 당시 중에서 사람의 입에 회자膾炙되는 작품 만을 근거로 하되, 그중 특히 중요한 것들로서 매 시체마다 수십 수씩을 택하여 모두 300여 수 모아 기록하여 한 편을 완성하여 가숙家塾의 과본 課本으로 삼도록 하였다. 이로써 아동들로 하여금 이를 익히도록 하며, 백발의 노인들도 역시 능히 이를 폐기하지 않도록 하노니 《천가시》에 비교 하면 낫지 않겠는가? 속담에 "당시 300수만 숙독하면 시를 모르더라도 저절로 읊게 된다"라 하였으니 청컨대 이 책으로 한번 시험해 보기 바라노라.

世俗兒童就學, 卽授《千家詩》, 取其易於成誦, 故流傳不廢. 但其詩隨手掇拾, 工拙莫辨. 且止七言律絶二體, 而唐宋人又雜出其間. 殊乖體製. 因專就唐詩中 膾炙人口之作擇其尤要者, 每體得數十首, 共三百餘首, 錄成一編, 爲家塾課本. 俾童而習之, 白首亦莫能廢, 較《千家詩》不遠勝耶? 諺云: 「熟讀唐詩三百首, 不會吟詩也會吟.」 請以是編驗之.

蘭葉春葳蕤
桂華秋皎潔
欣欣此生意
自爾為佳節

孤鴻海上來
池潢不敢顧
側見雙翠鳥
巢在三珠樹

張九齡

石刻本《唐詩三百首》

차례

唐詩三百首 을

《唐詩三百首》卷六

七言律詩

七律・樂府

《唐詩三百首》卷七

五言絕句

《唐詩三百首》卷八

七言絶句

七絶·樂府

唐詩三百首 上

《唐詩三百首》卷一

五言古詩

五古·樂府

《唐詩三百首》卷二

七言古詩

《唐詩三百首》卷三

七言古詩

唐詩三百首 号

《唐詩三百首》卷四

七古・樂府

《唐詩三百首》卷五

五言律詩

卷六：七言律詩

160

〈黃鶴樓〉 ·· 崔顥
황학루

옛 사람이 이미 황학을 타고 날아갔는데,
이곳엔 헛되이 황학루만 남았네.
황학은 한 번 가고 다시는 되돌아오지 않고,
흰 구름만 천 년을 두고 하늘에 유유히 떠가네!
맑게 갠 날씨라 강물 저쪽 한양의 가로수가 뚜렷이 보이고,
꽃다운 풀은 앵무주에 푸릇푸릇하구나.
해 지는 지금 내 고향이 어디쯤인고?
내와 파도 아련한 강물이 이 나그네를 향수에 젖게 하네!

昔人已乘黃鶴去, 此地空餘黃鶴樓.
黃鶴一去不復返, 白雲千載空悠悠!
晴川歷歷漢陽樹, 芳草萋萋鸚鵡洲.
日暮鄉關何處是? 煙波江上使人愁!

【黃鶴樓】 누대 이름. 지금의 湖北 武昌市 서쪽 蛇山에 있음. 蛇山은 일명
黃鶴山이라고도 하며 서북쪽 강가에 돌출된 절벽 黃鶴磯 위에 누각이 있음.
《南齊書》 州郡志(下)와 《齊諧記》에 의하면, 선인 王子 安이 황학을 타고

이 누대를 지났다 하여 그 이름이 생겼다 하며,《太平寰宇記》江南西道 鄂州에는 "費文褘登仙, 駕鶴憩此"라 하여 그 이름이 생겼다 하였음. 한편《武昌府志》에 "黃鶴山, 自高冠山而至于江, 黃鶴樓枕焉"이라 함. 이 황학루는 三國 吳 黃武 2년(223)에 세워졌으며, 여러 차례 중수를 거쳐 오늘에 이름. 160〈黃鶴樓〉참조.

黃鶴樓《三才圖會》

【昔人】옛 사람. 선인을 말함.

【黃鶴】누런색이 나는 학으로, 고대 신선들이 타고 다니던 일종의 仙學이라 함. 《千家詩》원본에는 '白雲'으로 되어 있음.

【漢陽】옛날이 현 이름. 지금의 湖北 동부로 漢水 下流의 남안 지역이었음. 동쪽으로 武昌과 강을 사이에 두고 있었으며, 북쪽은 漢口와 한수를 사이로 마주 대하고 있었음.

【萋萋】꽃이나 잎이 무성한 모습.《楚辭》招隱士에 "王孫游兮不歸, 芳草生兮萋萋"라 함.《千家詩》에는 '凄凄'로 되어 있음.

【鸚鵡洲】모래톱 이름. 지금의 湖北 漢陽 서남 長江 가에 있으며 東漢 말 江夏太守 黃祖의 장자 黃射가 이곳에서 연회를 열 때 어떤 이가 앵무새를 바치자, 예형(禰衡)이〈鸚鵡賦〉를 지었으나, 뒤에 예형이 황조에게 죽음을 당하여 그곳에 묻히어 지명이 유래되었다 함.

【鄕關】고향의 관문. 여기서는 고향을 뜻함.

【煙波】'烟波'로도 표기하며 내와 파도. 강의 아득한 물결 모습을 말함.

참고 및 관련 자료

1. 널리 알려져 애송되는 시이며, 특히 李白이 이곳에 올라 이 시를 보고 붓을 꺾고 대신 金陵(남경)으로 가서〈登金陵鳳凰臺〉(165)를 지었다는 일화를 남기기도 함.《唐才子傳》참조.

2. 宋 嚴羽의《滄浪詩話》에 "唐人七律詩, 當以此爲第一"이라 함.

3. 韻脚은 樓·悠·洲·愁.

4.《千家詩》原註(王相)

世傳: 武昌費文褘登仙, 駕黃鶴而返憩, 故建樓于此, 漢陽在武昌. 江北中有鸚鵡洲, 皆樓中所望之景, 但鄕關迢隔, 惟看江上之烟波, 動人愁思而已. ○唐, 崔灝(顥), 開元進士, 汴州人, 李白欲題黃鶴樓, 見灝詩而止, 自以爲不及也.

🌸 최호(崔顥: 704?~754)

1. 唐代 시인. 汴州(지금의 河南 開封) 사람으로 개원 11년(723)에 진사에 급제하여 尚書司勳員外郎을 역임하였으며 天寶 13년에 죽었다. 초기에는 輕艶한 시를 썼으나, 뒤에 변새시에 심취하여 풍골이 凜然하고 기상이 雄渾하였다 함.

黃鶴樓

왕창령·고적·맹호연 등과 이름을 같이 하였으며, 《唐才子傳》(1)에 이백이 黃鶴樓에 올라 시를 지으려다 최호의 〈황학루〉 시를 보고 "眼前有景道不得, 崔顥題詩在頭上"이라 감탄하며 붓을 꺾고, 대신 金陵 鳳凰臺에 올라 대신 〈登金陵鳳凰臺〉라는 시를 지었다고 하였음. 명나라 사람이 집일한 《崔顥集》이 있음. 그의 文集과 詩에 대해서는 《新唐書》 崔顥傳에 詩 1卷이 著錄되어 있으며 《全唐詩》에 詩(130)가 수록되어 있고, 《全唐詩續拾》에 詩 5首가 補入되어 있음. 《舊唐書》(190, 下) 文苑傳과 《新唐書》(203) 文藝傳(下)에 전이 실려 있음.

2. 《唐詩紀事》(21)

崔顥, 擢進士第, 有文無行, 終司勳員外郎. 初, 李邕聞其名, 虛舍待之. 顥至獻詩, 首章云:『十五嫁王昌.』邕叱曰:「小兒無禮」不與接而去.

3. 《全唐詩》(13)

崔顥, 汴州人. 開元十一年, 登進士第, 有俊才, 累官司勳員外郎. 天寶十三年卒. 詩一卷.

4. 《唐才子傳》(1) 崔顥

顥, 汴州人. 開元十一年, 源少良下及進士第. 天寶中, 爲尚書司勳員外郎. 少年爲詩, 意浮豔, 多陷輕薄, 晚節忽變常體, 風骨凜然. 一窺塞垣, 狀極戎旅, 奇造往往並驅江·鮑. 後遊武昌, 登黃鶴樓, 感慨賦詩. 及李白來, 曰:「眼前有景道不得, 崔顥題詩在上頭」無作而去. 爲哲匠斂手云. 然行履稍劣, 好蒱博, 嗜酒, 娶妻擇美者, 稍不惬, 卽棄之, 凡易三四. 初, 李邕聞其才名, 虛舍邀之, 顥至獻詩, 首章云:「十五嫁王昌.」邕叱曰:「小兒無禮!」不與接而入. 顥苦吟詠, 嘗病起清虛, 友人戲之曰:「非子病如此, 乃苦吟詩瘦耳」遂爲口實, 天寶十三年卒. 有詩一卷, 今行.

161

〈行經華陰〉 ··· 崔顥

여행 중 화음을 지나며

높고 높은 태화산에서 함양을 굽어보니,
하늘 밖 세 봉우리 깎아서는 만들지 못할 절경.
한 무제의 거령사 앞에는 구름이 흩어지려 하고,
선인장 봉우리 위에는 비가 처음 개어가네.
황하와 화산은 북으로 진관의 요새를 베고 있고,
역참의 길은 서쪽 한 치로 이어져 평탄하네.
묻건대 길가의 명리를 찾아 분주히 오가는 사람들아,
이곳에서 불로장생이나 배우는 것이 어떠한고?

迢嶢太華俯咸京, 天外三峰削不成.
武帝祠前雲欲散, 仙人掌上雨初晴.
河山北枕秦關險, 驛路西連漢畤平.
借問路傍名利客, 何如此處學長生?

【華陰】華州의 속현. 지금의 陝西 華陰 동남. 華山의 북쪽에 있음.
【迢嶢】산이 높은 모습을 표현하는 疊韻連綿語. 曹植의 〈愁賦〉에 "登岧嶢之
高岑"이라 함.

【太華】西嶽 華山. 지금의 陝西 潼關縣 서쪽에 있으며, 서남쪽 少華山과 상대하여 太華山이라고 함. 화산은 동쪽으로 장안과 180리 거리에 있음.

【咸京】咸陽. 秦나라 때의 수도. 지금의 陝西 장안현 동쪽에 있음.

【三峯】太華山의 芙蓉峰(蓮花峰), 明星峰, 玉女峰의 세 봉우리를 말함.《山海經》西山經에 "太華之山, 削成而四方, 其高五千仞, 其廣十里"라 함.

【武帝祠】화산은 巨靈이라는 신이 만들어 세운 것이며, 그 흔적이 화산 東峰에 남아 있다는 전설이 있음. 그 동봉을 仙人掌이라고 하며 漢 武帝가 巨靈을 모시기 위해 巨靈祠을 세웠음.《華山志》에 "巨靈, 九元祖也. 漢武帝 觀仙掌於縣內, 特立巨靈祠"라 함.

【仙人掌】太華山 동쪽 산봉우리.《淸一統志》에《華嶽志》를 引用하여 "嶽頂 東峰曰仙人掌, 峰側石上有痕, 自下望之, 宛然一掌, 五指俱備, 人號爲仙人掌" 이라 함.

【河山】河는 黃河, 山은 華山. 戴延之의 〈西征記〉에 "東自敤山, 西至潼津, 通名 函谷, 號曰天險"이라 함. 여기서는 산천 형세를 두루 함께 묶어 말한 것.

【秦關】潼關. 혹 函谷關.

【驛路】華山에서 長安까지 雍縣을 지나며, 옛 五帝를 제사 지내던 터 다섯 곳.《史記》孝武本紀 郊見五畤 주에 의하면 鄜畤·密畤·吳陽上畤·下畤·北畤가 있었다 함.

【漢畤】한 무제가 제사 올리던 터. '畤'는 五帝와 天地의 신에게 제사 올리는 제단을 마련하였던 곳.《括地志》에 "漢武帝畤, 在岐州雍縣南"이라 함.

【名利】명예와 이익. 勢利와 같음. 曹植의 〈鰕䱇篇〉에 "俯觀路上人, 勢利唯 是謀"라 함.

【何如】다른 판본에는 '無如'로 되어 있음.

【長生】신선이 되어 불로장생을 누림. 阮籍의 〈詠懷〉에 "願登太華山, 上與 赤松游"라 하였으며, 華山에는 道家의 36개 洞天 中 第四洞天이 있음.

참고 및 관련 자료

1. 이는 唐 玄宗 開元 11년(723) 최호가 진사 시험에 급제하기 전후로써 兩京 (長安, 洛陽)을 오갈 때 지은 것임.

2. 崔顥의 〈長安道〉에 "莫言炙手手可熱, 須臾火盡灰自滅. 莫言貧賤卽可欺,

人生富貴自有時. 一朝天子賜顔色, 世上悠悠君始知"라 하여 본 시와 맥락을
같이 하고 있음.

3. 韻脚은 京·成·晴·平·生.

162

<望薊門> ······································· 祖詠

계문을 바라보며

연대에 올라보니 놀라는 나그네 마음,
군악 소리 시끄럽던 한나라 장수의 군영이었네.
만리의 찬 빛은 적설에서 빛나고,
변방의 새벽빛은 높이 솟은 깃발에 흔들린다.
모래톱 봉화는 호월로 파고들고,
바닷가와 설산은 계성을 옹위하네.
내 비록 붓 던지고 전장터로 향한 반초 같은 젊은이는 못되지만,
공을 논함에 있어서는 긴 갓끈을 청한 종군 정도는 되겠노라.

燕臺一望客心驚, 笳鼓喧喧漢將營.
萬里寒光生積雪, 三邊曙色動危旌.
沙場烽火侵胡月, 海畔雲山擁薊城.
少小雖非投筆吏, 論功還欲請長纓.

【薊門】薊丘. 전국시대 燕나라가 도읍으로 있던 곳을 薊라 하며 지금의 北京
일대였음. 계문은 지금 이름은 土城關이며 北京 德勝門 밖에 直西門 북쪽

있음. 唐나라 때 동북 변방의 중요한 요새. 지금도 '薊門煙樹'는 北京八景의 하나임.

【燕臺】黃金臺. 전국시대 燕 昭王이, 이 누대를 짓고 천금을 쌓아두고 천하의 명사들을 불러모았던 고사가 있음.《戰國策》燕策(1)에 "昭王爲隗築宮而師之. 樂毅自魏往, 鄒衍自齊往, 劇辛自趙往, 士爭湊燕. 燕王弔死問生, 與百姓同其甘苦. 二十八年, 燕國殷富, 士卒樂佚輕戰. 於是遂以樂毅爲上將軍, 與秦・楚・三晉合謀以伐齊. 齊兵敗, 閔王出走於外. 燕兵獨追, 北入至臨淄, 盡取齊寶, 燒其宮室宗廟. 齊城之不下者, 唯獨莒・卽墨"이라 함. 지금의 河北省 大興縣 동쪽이었다 함.

【一望】혹 '一去'로 된 판본도 있음.

【笳鼓】'笳'는 대나무로 만든 악기의 일종. '鼓'는 북. 군중의 신호용 악기. 다른 판본에는 '簫鼓'로 되어 있음.

【三邊】원래 漢代 幽州・幷州・涼州 등 변방을 일컫던 말이며, 薊門은 바로 유주의 首府가 있던 곳임.

【烽火】고대 위급한 신호를 위한 변방 통신 방법. 높은 곳에 烽燧臺를 설치하여 낮에는 연기로, 밤에는 불빛으로 통신을 하였음.

【胡月】이민족과 대치하고 있는 변방에 뜬 달. '호'는 북쪽 이민족을 가리키며 당시 突厥과 거란 등 북방 소수민족과 대치하고 있었음.

【海畔雲山】'海畔'은 바닷가를 뜻하며 그곳에서 바다는 멀지만 渤海가 동쪽에 있음을 말한 것이며, '雲山'은 북경 북쪽에 높이 가로막은 燕山山脈을 가리킴.

【投筆吏】붓을 던지고 전쟁에 나선 관리, 즉 漢나라 때 班超를 가리킴.《後漢書》班超傳에 "班超字仲升, 扶風平陵人, 徐令彪之少子也. 爲人有大志, 不條細絶. 然內孝謹, 居家常執勤苦, 不恥勞辱. 有口辯, 而涉獵書傳. 永平五年, 兄固被召詣校書郎, 超與母隨至洛陽. 家貧, 常爲官傭書以供養. 久勞苦, 嘗輟業投筆歎曰:「大丈夫無它志略, 猶當效傅介子・張騫立功異域, 以取封侯, 安能久事筆硏閒乎?」左右皆笑之. 超曰:「小子安知壯士志哉!」"라 함. 班超 (A.D.32~102)는 班固의 아우이며 생김이 虎頭燕頷의 상이어서 '虎頭將軍'이라 불렸음. 西域에 출정하여 그 공으로 定遠侯에 봉해짐. 반초가 젊을 때 관상가가 보고 "君虎頭燕頷, 飛而食肉, 當封侯萬里"라 하였음.

【請長纓】漢나라 때 終軍이 武帝에 의해 南越王을 설득하여 귀순시키려 하면서 "제가 갓끈을 받아 반드시 남월왕을 묶어 대궐 아래로 데려오겠노라" 하였던 고사를 말함.《漢書》終軍傳에 "南越與漢和親, 乃遣軍使南越, 說其王,

欲令入朝, 比內諸侯. 軍自請:「願受長纓, 必羈南越王而致之闕下.」軍遂往說
越王, 越王聽許, 請舉國內屬. 天子大說, 賜南越大臣印綬, 壹用漢法, 以新改
其俗, 令使者留塡撫之. 越相呂嘉不欲內屬, 發兵攻殺其王, 及漢使者皆死"라
하였고, 《蒙求》에도 "前漢, 終軍字子雲, 濟南人. 少好學, 以辨博能屬文,
聞於郡中. 年十八, 武帝選爲博士. 步入關, 關吏與軍繻, 軍問:「以此何爲?」
吏曰:「爲復傳, 還當合符.」軍曰:「丈夫西遊, 終不復傳還.」棄繻而去. 及爲
謁者, 使行郡國, 建節東出關. 關吏識之曰:「此使者迺前棄繻生也.」後擢諫
大夫, 使南越, 自請:「願受長纓, 必羈南越王而致之闕下.」軍往說越王, 越請
舉國內屬. 其相呂嘉不欲內屬, 發兵攻殺其王, 及漢使者皆死. 軍死時年二十餘,
故世謂之『終童』"이라 함.

참고 및 관련 자료

1. 일종의 邊塞詩이며 薊門에서 바라보며 보국의 심회를 읊은 것임.

2. 淸 方東樹의 《昭昧詹言》에 "寫薊門之驗. 而以首句一'望'字包之, 收托意,
有澄淸之志, 豈是時范陽已有萌芽耶?"라 하여 天寶 말년 安祿山이 이곳에
屯兵하고 있다가 范陽節度使가 되었으며, 뒤에 반역을 꾀하고 있음을 예견
하듯 한 것이라 함.

3. 韻脚은 驚·營·旌·城·纓.

❀ 조영(祖詠)

1. 祖咏으로도 표기하며 洛陽 사람. 開元 12년(724)에 진사에 급제하여 駕部
員外郞에 오름. 소년 시절에 이미 王維와 친구가 되어 왕유가 濟州에 있을 때
그에게 〈贈祖三詠〉이라는 시를 주어 그의 불우함을 달래기도 하였음. 뒤에
그는 汝墳으로 이주하여 어부생활과 나무꾼으로 생을 마침. 그의 文集과
詩에 대해서는 《新唐書》(藝文志, 4)에 詩 1卷이 著錄되어 있으며, 그 외에
《全唐詩》(卷131)에 그의 詩 1卷이 수록되어 있고, 《全唐詩外編》 및 《全唐詩
續拾》에 詩 1首와 斷句 4句가 補入되어 있음.

2. 《唐詩紀事》(20)

殷璠云: 詠詩剪刻省淨, 用思尤苦. 氣雖不高, 調頗凌俗. 至如『霽日園林好,

清明煙火新』. 亦可稱爲才子也.

3.《全唐詩》(131)

祖詠, 洛陽人. 開元十二年進士第, 與王維友善. 詩一卷

4.《唐才子傳》(1) 祖詠

詠, 洛陽人. 開元十二年, 杜綰榜進士. 有文名, 商(殷)璠評其詩:「剪刻省靜, 用思尤苦, 氣雖不高, 調頗凌俗, 足稱爲才子也.」少與王維爲吟侶, 維在濟州, 寓官舍, 贈祖三詩, 有云:「結交三十載, 不得一日展. 貧病子旣深, 契闊余不淺.」蓋亦流落不偶, 極可傷也. 後移家歸汝濆間別業, 以漁樵自終. 有詩一卷, 傳於世.

163

〈九日登望仙臺呈劉明府〉 ························· 崔曙

중양절 망선대에 올라 현령 유용에게 드림

한나라 문제가 세운 높은 망선대,
오늘 이곳에 올랐더니 새벽빛이 열리더이다.
삼진의 구름 낀 산은 모두 북쪽을 향해 내달리고,
이릉의 비바람은 동쪽에서 불어옵니다.
함곡관 문지기 윤희를 누가 능히 알았겠소?
하상의 신선 늙은이는 가고 오지 않소이다.
차라리 가까이 팽택령 도연명을 찾아가서
그와 함께 거나하게 국화주에 취하겠소.

漢文皇帝有高臺, 此日登臨曙色開.
三晉雲山皆北向, 二陵風雨自東來.
關門令尹誰能識? 河上仙翁去不回.
且欲近尋彭澤宰, 陶然共醉菊花杯.

【九日】 9월 9일 重陽節을 가리킴. '九'는 '陽'으로 여겨 '陽'이 겹쳤다 하여
重陽節이라 부름.《續齊諧記》에 "汝南桓景隨費長房學, 長房謂曰: '九月九日
汝家當有災厄, 急宜去. 令家人各作絳囊盛茱萸而繫臂, 登高, 飮菊花酒, 此禍

可消.」景如言, 夕還, 見鷄犬牛羊一時暴死"라 하여 登高, 菊花酒, 茱萸 등의 歲時風俗을 쇠고 있음.

【望仙臺】 신선을 바라보는 누대라는 뜻으로《太平寰宇記》(6)에 인용된《河南府志》에 의하면 "河南道陝州陝縣: 望仙臺在縣西南十三里, 漢文帝築以望河上公, 公旣上昇, 故築此臺以望祭之"라 하여 漢 文帝가 도인 河上公을 멀리서 바라보기 위해 지었으며, 이윽고 그가 승선하자 이에서 그를 바라보며 제사를 지냈다 함. 지금의 陝州 陝縣 서남쪽 13리에 있음. 河上公은《老子》 전수에 널리 알려진 漢나라 때 도사임.

【劉明府容】 劉容을 가리킴. 崔曙의 친구나 혹 선배로 보이며 구체적 생애는 알 수 없음. '明府'는 縣令의 별칭. 中國은 성과 이름 사이에 직책을 넣어 부름.

【三晉】 春秋시대 晉나라가 戰國시대로 들어오면서 韓, 趙, 魏 세 나라로 나뉘어 戰國七雄의 반열에 서게 됨. 이에 전국시대에는 이 세 나라를 묶어 '三晉'이라 칭하였음.

【曙色】 아침 햇빛이 열림. 登仙할 때의 모습을 말한 것임. 葛洪《神仙傳》(8)에 "河上公者, 莫知其姓名也. 漢孝文帝時, 結草爲庵于河之濱, 常讀老子《道德經》. 時文帝好老子之道, 詔命諸王公大臣‧州牧‧在朝卿士, 皆令誦之, 不通老子經者, 不得陞朝. 帝於經中有疑義, 人莫能通, 侍郎裴楷奏云: 「陝州河上, 有人誦老子.」 卽遣詔使齎所疑義問之, 公曰: 「道尊德貴, 非可遙問也.」 帝卽駕幸詣之, 公在庵中不出. 帝使人謂之曰: 「溥天之下, 莫非王土; 率土之濱, 莫非王民. 域中四大, 而王居其一. 子雖有道, 猶朕民也. 不能自屈, 何乃高乎? 朕能使民富貴貧賤.」 須臾, 公卽拊掌坐躍, 冉冉在空虛之中, 去地百餘尺, 而止於虛空. 良久, 俛而答曰: 「余上不至天, 中不累人, 下不居地, 何民之有焉? 君宜能令余富貴貧賤乎?」 帝大驚, 悟知是神人, 方下輦稽首禮謝曰: 「朕以不能, 忝承先業, 才小任大, 憂於不堪. 而志奉道德, 直以暗昧, 多所不了. 惟願道君垂愍, 有以敎之.」 河上公卽授素書《老子道德章句》二卷, 謂帝曰: 「熟硏究之, 所疑自解. 余著此經以來, 千七百餘年, 凡傳三人, 連子四矣, 勿示非人.」 帝卽拜跪受經. 言畢, 失公所在. 遂於西山築臺望之, 不復見矣. 論者以爲文帝雖耽尙大道, 而心未純信, 故示神變以悟帝, 意欲成其道, 時人因號河上公"이라 함.

【二陵】 殽山에 있는 南陵과 北陵. 남릉은 夏后皐의 무덤이며, 북릉은 周 文王이 비바람을 피했던 곳이라 함.《左傳》僖公 32년에 "曰: 「晉人禦師必於殽, 殽有二陵焉. 其南陵, 夏后皐之墓也; 其北陵, 文王之所辟風雨也. 必死是閒, 余收爾骨焉!」 秦師遂東"이라 함. 효산은 망선대의 동쪽에 있음.

【關門令尹】尹喜. 周나라 大夫로써 函谷關을 지키고 있었으며, 노자가 그곳을 지날 때 《道德經》5千言을 부탁하여 얻어두었으며, 이것이 지금의 《老子》라 함. 《史記》(63) 老子列傳에 "老子脩道德, 其學以自隱無名爲務. 居周久之, 見周之衰, 迺遂去. 至關, 關令尹喜曰:「子將隱矣, 彊爲我著書.」於是老子迺著書上下篇, 言道德之意五千餘言而去, 莫知其所終"이라 함. 뒤에 尹喜도 득도하여 승선하였다 함.

【河上仙翁】河上公. 西漢 때 도사이며 신선으로 알려짐. 文帝에게 《老子》章句 4篇을 주었으며, 지금도 《老子》河上公注가 전하고 있음.

【彭澤宰】彭澤令과 같음. 晉나라 陶淵明이 彭澤宰가 되었다가 '五斗米'고사를 남기고 사직하여 〈歸去來辭〉를 지음. 《南史》와 《宋書》隱逸傳(陶潛)에 陶潛이 彭澤令이 되었다가 印綬를 풀고 귀향해 버렸는데 "嘗九月九日無酒, 出宅邊菊叢中坐久之. 逢弘送酒至, 卽便就酌, 醉而後歸"라 함.

【菊花杯】菊花酒. 《西京雜記》(3)에 "九月九日, 佩茱萸, 食蓬餌, 飮菊花酒, 令人長壽. 菊花舒時, 並採莖葉, 雜黍米釀之, 至來年九月九日始熟, 就飮焉, 故謂之菊花酒"라 하였고, 《荊楚歲時記》에는 "九月九日, 佩茱萸, 食蓬耳, 飮菊花酒, 令人長壽"라 함. 그 외 도연명의 〈九日閑居〉에는 "酒能祛百慮, 菊可制頹齡", 〈時雲〉에는 "揮玆一觴, 陶然自樂"이라 하는 등 국화와 술에 대한 고사가 지극히 많음.

참고 및 관련 자료

1. 이는 중양절에 망선대에 올라, 도가 및 중양절 세시풍속과 관련된 일들을 모아 감회를 읊어 유용에게 드린 내용으로 投贈詩, 혹은 游仙詩에 가까움.
2. 韻脚은 臺·開·來·回·杯.

❀ 최서(崔曙)

1. 宋州 사람이며 어릴 때 고아로 자랐으나, 뜻이 넓고 활달하여 薛據 등과 친하게 지냈음. 開元 26년(738)에 진사에 올랐음. 그의 이름은 《河岳英靈集》(卷下)과 《全唐詩》에는 '署'로, 그 외 《國秀集》(卷下), 《唐詩紀事》(卷20)·《直齋書錄解題》(卷19) 등에는 모두 '曙'로 되어 있음. 그의 詩는 《直齋書錄

解題》에 1卷이 著錄되어 있고, 《全唐詩》(卷155)에 詩 1卷, 《全唐詩逸》에 斷句 4句가 補入되어 있음.

2. 《唐詩紀事》(20)

曙, 開元二十六年登進士第. 殷璠云: 「曙詩言辭款要, 情興悲涼, 送別登樓, 俱堪下淚.」

3. 《全唐詩》(155)

崔曙, 宋州人. 開元二十六年登進士第, 以試明堂火珠詩得名, 詩一卷.

4. 《唐才子傳》(2) 崔曙

曙, 宋州人. 少孤貧, 不應薦辟. 志況疎爽, 擇交於方外. 苦讀書, 高栖少室山中. 與薛據友善. 工詩, 言詞款要, 情興悲涼, 送別·登樓, 俱堪淚下. 集傳於今也.

164

〈送魏萬之京〉 ·· 李頎

위만이 서울로 감을 전송하며

아침에 들으니 떠돌던 그대 이별가를 부르고,
어젯밤 첫서리에 비로소 하수를 건넜다지.
기러기 울음소리 수심 속에 차마 들어내기 어려웠을 텐데,
구름 낀 산을 하물며 나그네 되어 지났겠구려.
동관 나무색깔 겨울이 가까워 옴을 재촉하고,
서울의 다듬이 소리 밤이 깊을수록 많아지는데.
장안 행락에 빠진 유흥가는 보려들지 마오.
부질없이 세월만 어영부영 놓치리라.

朝聞游子唱離歌, 昨夜微霜初度河.
鴻雁不堪愁裏聽, 雲山況是客中過.
關城樹色催寒近, 御苑砧聲向晚多.
莫見長安行樂處, 空令歲月易蹉跎.

【魏萬】魏顥라고도 하며 山西 陽城 서남쪽 王屋山에 살아 ‘王屋山人’이라
불렸음. 肅宗 上元 원년(761)에 진사에 올랐음.

【河】黃河. 王屋山은 河水 北岸에 있으며 長安으로 가려면 하수를 건너야 함.

【關城】潼關.

【御苑】帝王의 궁궐이 있는 서울을 뜻함.

【莫見】혹 '莫是'로 표기된 판본도 있음.

【蹉跎】때를 잃고 허송세월을 함. 원래 제대로 걷지 못함을 뜻하는 疊韻 連綿語.

참고 및 관련 자료

1. 이는 魏萬이 현달하기 전에 李頎가 보낸 것임. 李頎는 天寶 말에 이미 세상을 떠났음. 李白의 시에도 〈送王屋山人魏萬還王屋〉의 시가 있음.

2. 《唐詩選脉會通評林》에 蔣一葵의 평을 인용하여 "宛轉流亮, 愈玩愈工" 이라 함.

3. 韻脚은 歌·河·過·多·跎.

165

〈登金陵鳳凰臺〉 ⋯⋯⋯⋯⋯⋯⋯⋯⋯⋯⋯⋯⋯⋯⋯⋯⋯⋯⋯⋯ 李白

금릉의 봉황대에 올라

봉황대 위에 봉황이 노닐더니,
봉황은 떠가고 대는 비었는데 강물만 흐르고 있구나.
오나라 궁궐터 꽃과 나무는 퇴락한 오솔길에 묻히고,
진나라 때 귀족들은 옛 무덤을 이루고 있네.
삼산은 반쯤 푸른 하늘 밖에 떨어져 있고,
물은 백로주에서 둘로 나뉘어 흐르는구나.
결국 뜬구름이란 해를 가릴 수 있는 것이니,
장안이 보이지 않으니 이 나그네 근심에 젖게 하네.

鳳凰臺上鳳凰遊, 鳳去臺空江自流.
吳宮花草埋幽徑, 晉代衣冠成古邱.
三山半落靑天外, 二水中分白鷺洲.
總爲浮雲能蔽日, 長安不見使人愁.

【金陵】 지금의 南京. 戰國시대 楚나라 威王이 그 땅에 王氣가 서리고 있는
것을 보고, 이에 금을 묻어 그 氣를 눌렀다 하여 '금릉'이라는 지명이 유래
되었으며, 秦始皇이 천하를 병탄하고 다시 천자의 기운이 있다하여 이름을

秣陵으로 폄하하였음. 그러나 삼국 吳와 東晉 이후 南朝(宋·齊·梁·陳)를 거쳐 도읍이 되면서 지명을 建康(建業)이라 하였고, 明나라는 여기에서 나라를 세웠다가 永樂(聖祖, 朱棣)이 北京으로 옮기면서 南京이 됨.

【鳳凰臺】南朝 宋나라 元嘉 16년(436) 세 마리 새가 금릉에 나타나 머물렀는데, 오색이 찬연하고 공작과 비슷하였으며 그 새가 울면 많은 새들이 화답하는 모습을 보고, 사람들이 이를 鳳凰이라 여겼으며 그 산을 봉황산이라 하고, 누대를 세웠다 함. 지금의 남경시 남쪽에 있음.

鳳凰臺《三才圖會》

【吳宮】삼국시대 東吳(222~252, 孫權)가 도읍으로 하여 세웠던 궁궐. 太初宮과 昭明宮이었다 함.

【晉代】東晉(317~420, 司馬氏)이 西晉(洛陽)시대를 이어 이곳을 도읍으로 하여 남천하였음.

【衣冠】사대부로서 문물제도를 갖추어 뛰어난 귀족을 가리킴. 東晉의 王氏, 謝氏 등 권문세가를 뜻함.《西京雜記》(2)에 "故新豐多無賴, 無衣冠子弟故也"라 하여 무뢰배를 상대하여 쓰는 말이기도 함.

【三山】금릉 서남쪽 장강의 동쪽에 있는 한 이름. 봉우리가 셋으로 되어 있어 '三山'이라 하며 금릉을 보위하고 있어 '護國山'이라 함.《太平寰宇記》에 "三山在縣(江寧縣)西南五十七里, ……其山積石濱於大江, 有三峰南北接, 高曰 三山"이라 하였고, 宋 陸游의 〈入蜀記〉에 "三山, 自石頭城及鳳凰臺望之, 杳杳 有無中耳, 及過其下, 則距金陵纔五十餘里"라 함.

【二水中分白鷺洲】白鷺洲는 長江 안에 있는 작은 모래톱으로 金陵의 水西門 밖에 있으며, 백로 떼가 서식하여 이름이 지어졌음. 한편 秦淮河는 금릉을 거쳐 서쪽에서 長江으로 들어가며 백로주에서 두 물줄기로 나뉨.《太平寰宇記》에 "白鷺洲在縣(江寧縣)西三里, ……在大江中, 多聚白鷺, 因名"이라 함.

白鷺洲《三才圖會》

【蔽日】뜬구름이 해를 가림. '蔽日'은 '蔽賢'·'障日'과 같으며, 사악한 신하가 어진 이를 제대로 볼 수 없도록 임금의 눈을 가림을 뜻함. 陸賈《新語》 愼微篇에 "邪臣之蔽賢, 猶浮雲之障日月也"라 함. 여기서는 李白이 권신들의

참훼를 입어 天寶 3년 서울을 떠나 梁宋(河南 남부)을 거쳐 吳越(江蘇, 浙江) 지역으로 떠돌고 있었던 때로써 이 때문에 長安에 대한 심회를 드러낸 것임.

【長安不見】《世說新語》夙慧篇과《晉書》明帝紀에 "晉明帝年數歲, 坐元帝膝上, 有人從長安來, 元帝問洛下消息, 潸然流涕. 明帝問何以致泣? 具以東渡意告之; 因問明帝: 「汝意謂長安何如日遠?」 答曰: 「日遠. 不聞人從日邊來, 居然可知」 元帝異之. 明日集群臣宴會, 告以此意, 更重問之. 乃答曰: 「日近.」 元帝失色, 曰: 「爾何故異昨日之言邪?」 答曰: 「擧目見日, 不見長安.」라 함.

참고 및 관련 자료

1. 이는 이백(이태백)이 天寶 6년(747) 서울에서 쫓겨나 강남을 유람할 때 금릉(남경)의 봉황대에 올라 지은 것임.

2. 《唐才子傳》에 의하면 李白이 黃鶴樓에 올랐다가 崔顥의 시(160)를 보고 "眼前有景道不得, 崔顥題詩在上頭"라 감탄하고 물러나 지은 것이라 함.

3. 《歸田詩話》에도 "崔顥題詩黃鶴樓, 太白過之不更作. 時人有'眼前有景道不得, 崔顥題詩在上頭'之譏. 及登鳳凰臺作詩, 可謂十倍曹丕矣"라 함.

4. 《唐宋詩醇》에는 "崔詩直擧胸情, 氣體高渾; 白詩寓目山河, 別有懷抱; 其言皆從心間髮, 卽景而成, 意象偶同, 勝境各擅"이라 함.

5. 元 方回의 《瀛奎律髓》에는 "太白此詩, 與崔顥黃鶴樓相似, 格律氣勢未易甲乙. 此詩以鳳凰臺爲名, 而詠鳳凰臺, 不過起語兩句已盡之矣. 下六句乃登臺而觀望之景也. 三四懷古人之不見也. 五六七八, 詠今日之景, 而慨帝都之不可見也. 登臺而望, 所感深矣. 金陵建都自吳時, 三山二水白鷺洲, 皆金陵山水名. 金陵可以北望中原唐都長安, 故太白以浮雲遮蔽, 不見長安爲愁焉"이라 함.

6. 高步瀛의 《唐宋詩擧要》에는 "太白此詩全摹崔顥黃鶴樓, 而終不及崔詩之超妙, 惟結句用意似勝"이라 함.

7. 韻脚은 遊·流·丘·洲·愁로 崔顥의 〈黃鶴樓〉(160시) 운각 樓·悠·洲·愁와 비슷함.

166

〈送李少府貶峽中王少府貶長沙〉 ···························· 高適

협중으로 좌천되는 이소부와
장사로 좌천되는 왕소부를 전송하며

아, 그대여 이번 이별에 무슨 뜻을 느끼는고?
말을 멈춰 잔을 머금고 좌천 가는 곳을 묻노라.
무협엔 원숭이 울음소리에 몇 줄기 눈물을 흘릴 테고,
형양의 되돌아가는 기러기에 몇 번 편지를 부치겠지.
청풍강 위에는 가을 돛단배가 멀어지고,
백제성 가에는 늙은 나무 성글리라.
지금은 태평성대라 임금 은택이 많을지니,
잠시 서로 헤어짐을 주저하지 말게나.

嗟君此別意何如? 駐馬銜杯問謫居.
巫峽啼猿數行淚, 衡陽歸雁幾封書.
靑楓江上秋帆遠, 白帝城邊古木疎.
聖代卽今多雨露, 暫時分手莫躊躇.

【李少府·王少府】 성이 李氏와 王씨인 少府. 少府는 縣尉, 즉 縣令의 부관을
가리킴. 高適의 친구이며 知人으로서 각기 좌천되어 임지로 가는 두 사람.
구체적으로는 알 수 없음.

【峽中】三峽의 巫峽. 夔州(지금의 重慶 奉節) 서쪽 160리에 이르는 협곡. 결국 四川 지역으로 좌천되었음을 말함.

【長沙】지금의 湖南 長沙.

【巫峽啼猿】《水經注》江水注에 "江水東徑巫峽, 杜宇所鑿, 以通江水, 其間首尾百六十里, 每晴初霜旦, 林寒澗肅, 常有高猿長嘯, 聲極凄厲, 故漁者歌曰: 「巴東三峽巫峽長, 猿鳴三聲淚沾裳.」"이라 함.

【衡陽歸雁】衡陽은 長沙의 남쪽. 전설에 湖南 衡陽의 衡山에 回雁峯은 북에서 날아오던 기러기가 이곳에 이르러 더 이상 남으로 가지 않고 봄이 되면 북으로 되돌아간다 함.《方輿覽勝》에 "回雁峰在衡陽之南, 雁至此不過, 遇春而回"라 하였으며, 고대에는 기러기발에다 편지를 묶어 보내어 소식을 전하는 의미로 쓰임.

【靑楓江】雙楓浦, 靑楓浦라고 하며, 湖南 長沙 남쪽 瀏陽의 瀏水에서 장사 남쪽까지를 靑楓浦라 하며, 푸른 단풍이 많아 이름이 지어졌음.《楚辭》九辯에 "湛湛江水兮上有楓, 目極千里兮傷客心"이라 함.

【白帝城】지금 四川 奉節縣 동쪽 白帝山에 있는 성. 長江 瞿塘峽 입구 절벽 위에 있으며, 夔州에 속하였음. 원래 이름은 魚腹이었으나, 東漢 公孫述이 이곳에 이르렀을 때 우물에 백색 기운이 용처럼 솟는 광경을 모고 成나라를 세웠으며, 그 지역을 근거지로 하고 그 산을 白帝山이라 하였음. 白帝는 서방의 帝王이라는 뜻.

【雨露】임금의 恩澤을 뜻함. 白居易의 〈寄張李杜三學士〉에 "上天雨露無厚薄"이라 함.

【分手】잡았던 손을 놓음. 이별을 의미함.

【躊躇】주저. 머뭇거림을 뜻하는 雙聲連綿語.

참고 및 관련 자료

1. 이는 高適이 至德 3년(758) 洛陽에서 太子少詹 벼슬이었을 때 지은 것이라 함.

2.《唐詩援》에는 "似怨似嘲, 大無聊賴"라 함.

3.《唐宋詩擧要》에는 "一氣舒卷, 復極高華朗曜, 盛唐詩極盛之作"이라 함.

4. 韻脚은 如·居·書·疎·躇.

167

〈奉和賈至舍人早朝大明宮之作〉 ···························· 岑參

사인 가지의 〈조조대명궁〉 시를 받들어 화답하여 지음

닭 우는 장안 거리 새벽빛이 차가운데,
온갖 소리 꾀꼬리에 서울 춘색 늦었구나.
궁궐의 새벽종에 만호 백성 문을 열고,
옥 계단 의장대는 모든 관리 옹호한다.
꽃은 검과 옥을 찬 고관을 맞이하고 별은 차츰 사라지고,
버들가지는 깃발을 쓸어주니 이슬 아직 덜 말랐네.
나 홀로 봉황지의 높은 객이 되었으니,
양춘곡 따라하기 힘들 듯이 그처럼 훌륭하네.

雞鳴紫陌曙光寒, 鶯囀皇州春色闌.
金闕曉鐘開萬戶, 玉堦仙仗擁千官.
花迎劍佩星初落, 柳拂旌旗露未乾.
獨有鳳凰池上客, 陽春一曲和開難.

【奉和】다른 사람의 시 제목을 받들어 화답의 시를 짓는 것.
【賈至】자는 幼鄰, 洛陽 사람으로 明經科에 登第하여 中書舍人에 오름.

【舍人】中書舍人. 중서성에 근무하며 모두 6명. 정오품 이상이었음.

【大明宮】唐나라 때 長安의 궁궐 이름. 太宗 貞觀 8년(634) 永安宮을 설치하였다가, 이듬해 이름을 大明宮으로 바꾸어 太上皇帝(李淵)의 避暑宮으로 삼았음. 高宗 龍朔 3년(663)에 이를 확장하여 蓬萊宮이라 하였음. 지금의 陝西 長安縣 동쪽에 있음.

【紫陌】장안 거리를 일컫는 말.

【皇州】임금이 거처하는 도시. 도읍 장안을 말함.

【色】일부 본에는 '欲'으로 되어 있음.

【闌】봄날이 이미 늦어져 감을 말함.

【仙仗】궁중에서의 儀仗을 말함.

【鳳凰池】中書省을 일컫는 말로 鳳池라고도 함. 원래 궁궐 안에 있는 연못으로 魏晉 이래 中書省이 禁苑 안에 있으며, 국가의 중요한 기밀을 다루고 아울러 임금을 가장 가까이할 수 있는 곳이어서 흔히 中書省을 鳳凰池라 불렀음. 唐나라 때는 宰相을 대신하는 말로도 쓰였음.《通典》職官典에 "中書省, 地在樞近, 多承寵任, 是以人高其位, 謂之鳳凰池"라 함.

【陽春】〈白雪〉과 함께 고대 곡조 이름. 곡조 이름.《文選》宋玉〈對楚王問〉에 "客有歌於郢中者, 其始曰〈下里〉·〈巴人〉, 國中屬和者數千人, 其爲〈陽春〉·〈白雪〉, 國中屬而和者不過數十人"이라 하여 따라 부르기 매우 어려운 곡조였음을 말함. 王相의 注에도 "宋玉云:「客有歌於郢中者, 其始唱〈下里〉·〈巴人〉之歌, 國中和者千餘人. 繼唱〈陽阿〉·〈薤露〉之歌, 和者數十人而已. 其後爲〈陽春〉·〈白雪〉之調, 和者方數人耳.」"라 함. 여기서는 賈至 시의 고아함이 〈양춘〉곡처럼 남이 따라하기 어려울 정도라는 뜻.

【和皆難】《千家詩》에는 '和開難'으로 되어 있음.

참고 및 관련 자료

1. 다른 판본에는 제목이 〈奉和中書舍人賈至早朝大明宮〉으로 되어 있으며 《千家詩》에는 〈賀賈舍人早朝〉라 하여 '和'자가 '賀'자로 되어 있음. 賈至가 〈早朝大明宮呈兩省僚友〉라는 시를 지어 동료들에게 나누어 주자 이를 받은 잠삼이 답시를 쓴 것으로,《全唐詩》에는 〈奉和中書舍人賈至早朝大明宮〉으로 되어 있음.

2. 淸 翁方綱의 《石洲詩話》에 "古人唱和, 自生感激, 若早朝大明宮之作, 並出壯麗; 慈恩寺塔之詠, 並見雄宕, 率由興象互相感發"이라 함.

3. 淸 紀昀은 "五六句方說曉景, 末二句如何突接? 畢竟倉皇少緖"라 함.

4. 《刪定唐詩解》에는 "用意周密, 格率精嚴"이라 함.

5. 韻脚은 寒·闌·官·乾·難.

6. 〈早朝大明宮贈兩省僚友〉(賈至)

"銀燭朝天紫陌長, 禁城春色曉蒼蒼. 千條弱柳垂靑瑣, 百囀流鶯滿建章. 劍佩聲隨玉墀步, 衣冠身惹御爐香. 共沐恩波鳳池裏, 朝朝染翰侍君王."

7. 《千家詩》原註(王相)

此亦和前題. 言雞鳴於紫禁而曙色日光, 鶯啼於皇州, 而三春將暮, 曉鐘動而萬戶齊開, 仙扙齊而千官肅靜, 百花迎乎劍佩; 星光初落, 綠柳迎于旌旗, 露濕未乾. 斯時也, 獨羨鳳凰池上之舍人, 退朝從容草詔, 方畢而賦詩爲樂. 才調之高, 如陽春白雪, 使人欲和而未能也. ○陽春, 古曲名. 宋玉云: 「客有歌於郢中者, 其始唱下里巴人之歌, 國中和者千餘人. 繼唱陽阿薤露之歌, 和者數十人而已. 其後爲陽春白雪之調, 和者方數人耳.」蓋其調愈高而和者愈寡也. ○唐, 岑參, 河內人. 官至戶部員外·嘉州刺史.

8. 《杜詩諺解》初刊本(6)

둙 울오 紫陌애 새뱃 비치 서늘ᄒᆞ니
곳고리 우ᄂᆞᆫ 皇州에 봀비치 다ᄋᆞ놋다
金闕엣 새뱃 부픈 萬人의 집 門을 열오
玉墀옛 儀仗ᄋᆞᆫ 千官을 ᄢ릿렛도다
고지 갈콰 佩玉과ᄅᆞᆯ 맛거늘 벼리 처섬 디고
버드리 旌旗ᄅᆞᆯ 다이즈니 이스리 ᄆᆞᄅᆞ디 아니ᄒᆞ얫도다
ᄒᆞ올로 잇ᄂᆞᆫ 鳳凰 못 우희 잇ᄂᆞᆫ 소니
陽春ㅅ 흔 놀애ᄅᆞᆯ 和答호미 다 어렵도다

168

〈和賈舍人早朝大明宮之作〉 ················· 王維

가사인의 〈조조대명궁〉시에 화답하여 지음

붉은 머리띠 두른 계인雞人이 새벽이 왔음을 알려오니,
상의尙衣는 바야흐로 취운구를 바치도다.
천자의 궁궐 문을 하나씩 열어 놓으니,
만국 사신 의관들이 면류관 황제에게 절한다.
해가 비치자 선인장 옥로반玉露盤이 움직이고,
향기로운 연기는 임금께로 다가가고자 하네.
조회가 끝나면 모름지기 오색 글씨의 조칙을 결재하고,
패옥 소리 짜랑짜랑 봉황지로 돌아온다.

絳幘雞人報曉籌, 尙衣方進翠雲裘.
九天閶闔開宮殿, 萬國衣冠拜冕旒.
日色纔臨仙掌動, 香煙欲傍袞龍浮.
朝罷須裁五色詔, 佩聲歸向鳳池頭.

【絳幘】붉은 머리띠. 고대 아침을 알리는 일을 맡은 雞人의 복장을 말함.

【雞人】소리를 질러 아침 시간이 되었음을 알리는 일을 맡은 사람.《周禮》春官 雞人에 "雞人掌供雞牲. 辨其物. 大祭祀, 夜呼旦以叫百官"이라 하였으며 周나라 이후로 궁중에 닭을 기를 수 없어 衛士들로 하여금 붉은 복장과 두건을 쓰고, 朱雀門 밖에서 닭 울음소리를 내어 백관을 깨우도록 하였음.

【曉籌】시간을 알리는 竹簽.

【尙衣】관직 이름. 尙衣局의 관리. 임금의 의상을 관리하는 임무를 맡음.

【翠雲裘】비취색의 구름무늬를 넣은 외투. 皮裘. 宋玉의〈諷賦〉에 "主人之女, 翳承日之華, 披翠雲之裘"라 함.

【九天】《呂氏春秋》에 鈞天(中)·蒼天(東)·變天(東北)·玄天(北)·幽天(西北)·顥天(西)·朱天(西南)·炎天(南)·陽天(東南)을 들어 '九天'이라 함. 그러나 여기서는 궁궐 안을 말함.

【閶闔】궁문. 황궁의 정문.《離騷》에 "倚閶闔而望予"라 하였고, 王逸 주에 "閶闔, 天門也"라 함.

【冕旒】임금이 쓰는 모자. 冕旒冠. 천자의 면류관은 旒(실에 주옥을 꿴 술)가 12줄이었으며, 朝會 때면 중요한 결정에 자신의 표정을 감추기 위하여 반드시 써야 했음.

【仙掌】궁중에서 사용하는 큰 부채. 皇帝의 儀仗 물품들. 그러나《三輔黃圖》에 漢 武帝가 身明臺에 신선을 받드는 제단을 설치하고, 그 위에 선인의 손바닥 모양, 즉 仙人掌을 구리로 만들어 아침 맑은 이슬을 받아 옥가루를 타서 마시면서 신선이 되고자 하였다 하여, 그 유적을 말하는 것으로도 봄.

【香煙】조회 때 공기를 정화시키기 위하여 향을 피움.《新唐書》儀衛志에 "凡朝日, 殿上設黼扆躡席·熏爐香案"이라 함.

【欲傍】곁에 가까이 가고 싶어 함.

【袞龍】임금의 곤룡포.

【五色詔】다섯 가지 색깔의 종이에 쓴 임금의 조서. 처음 後趙의 石勒이 사용하였다 함.《鄴中記》에 의하면 石虎가 조서를 보낼 때면 반드시 오색지에 이를 봉황새 새끼의 입에 물려 보냈다 함.

【向】일부 본에 '到'로 되어 있음.

【鳳池】中書省의 별칭. 앞장 주 참조.

1. 이 역시 賈至가 앞의 〈早朝大明宮〉시를 지어 동료들에게 나누어 주자, 이를 받은 왕유가 답시를 쓴 것으로 《全唐詩》에는 〈和賈舍人早朝大明宮之作〉으로 되어 있음.

2. 《批點唐音》에는 "蓋氣象闊大, 音律雄渾, 句法典重, 用字淸新, 無所不備"라 함.

3. 元 楊載의 《詩法家數》에는 "榮遇之詩, 要富貴尊嚴, 曲雅溫厚, 寓意要閑雅·美麗·精細. 如王維·賈至諸公早朝之作, 氣格渾深, 句意嚴整, 如宮商迭奏, 音韻鏗鏘, 眞麟游靈沼, 鳳鳴朝陽也. 學者熟之, 可以一洗寒陋, 後來諸公應詔之作, 多用此體, 然多志驕氣盈, 處富貴而不失其正者幾希矣. 此又不可不知"라 함.

4. 韻脚은 籌·裘·旒·浮·頭.

5. 《千家詩》 原註(王相)
周禮雞人, 掌朝廷之夜呼曉唱. 漢制儀衛之上, 候曉於朱雀門外, 著絳幘. 專傳雞唱以待朝曉. 籌, 唱更之籌也. 宮中唱更以銅籤擲地, 鏗然有聲, 五色之籌, 改爲曉籌. 尙衣, 宮人. 掌朝廷之服. 九天, 卽九重天子之所居也. 仙掌, 註見前言. 舍人, 旣同萬國衣冠, 朝於天子, 以獨侍於仙掌之間, 身倚傍袞龍之制, 新承天子之命令, 歸於中書省中, 而裁制誥, 則見其朝服, 雍容佩聲, 鏘然于鳳池之上也.

6. 《杜詩諺解》 初刊本(6)
블근 곳갈 슨 鷄人이 새뱃 漏籌를 보내느니
尙衣ㅅ 마ᅀᆞ리 보야ᄒᆞ로 프른 구룸 ᄀᆞ튼 갓오ᄉᆞᆯ 進上ᄒᆞᄂᆞ다
九天엣 門은 宮殿을 열오
萬國ㅅ 衣冠ᄒᆞ닌 冕旒를 절ᄒᆞᅀᆞᆸ놋다
힛비츤 仙掌애 ᄌᆞ 비취여 뮈오
香ㅅ니는 袞龍袍를 바라 뼷도다
朝會 몿고 모로매 五色詔書를 지슬ᅀᅵ
佩玉 소리 鳳池 머리로 니르러 가놋다

169

〈奉和聖制從蓬萊向興慶閣道中留
春雨中春望之作應制〉 ················· 王維

임금의 〈봉래궁에서 흥경각으로 가는 도중
봄비 가운데 머물러 봄을 바라보다〉의
작품에 받들어 화답하여 응제함

위수는 진나라의 변새를 에워싸 굽이쳐 흐르고,
황산은 옛날 한나라 때 궁궐을 둘러싸고 비껴 있네.
임금의 수레는 멀리 궁궐의 버들 숲을 돌아나오고,
각도는 돌고 돌아 상원에 핀 꽃들을 볼 수 있는 곳.
구름 속의 임금 궁성엔 두 마리 봉황 조각이 있고,
내리는 빗속의 만백성 집집마다 봄비 머금은 나무로다.
봄볕이 한창일 때 때맞추어 은택의 법령을 내리시니,
이는 임금께서 화려한 봄 풍경 즐기고자 하심이 아니로다.

渭水自縈秦塞曲, 黃山舊繞漢宮斜.

鑾輿迥出千門柳, 閣道廻看上苑花.

雲裏帝城雙鳳闕, 雨中春樹萬人家.

爲乘陽氣行時令, 不是宸遊翫物華.

【奉和】 '임금의 시에 받들어 和韻하여 시를 짓다'의 뜻.

【蓬萊】 蓬萊宮. 太宗 貞觀 8년(634) 永安宮을 설치하였다가 이듬해 이름을 大明宮으로 바꾸어 太上皇帝(李淵)의 避暑宮으로 삼았음. 高宗 龍朔 3년(663)에 이를 확장하여 蓬萊宮이라 하였음. 지금의 陝西 長安縣 동쪽에 있음.

【興慶閣】 궁궐 이름. 황성 동남쪽에 있어 '南內'라 하였으며 '隆慶坊'에 있음. 玄宗(李隆基)이 황태자였을 때 거주하던 舊宅으로 황제로 즉위하자 이름을 피하여 '興慶宮'이라 개칭함.

【應制】 '임금의 명과 요구에 응하여 짓다'의 뜻. 이러한 시를 '應制詩'라 함.

【閣道】 樓閣 사이의 통로로 상하에 길이 있어 '閣道'라 하며 複道라고도 칭함. 《舊唐書》地理志에 "自東內至南內, 有夾城複道, 經通化門達南內"라 함.

【渭水】 甘肅 渭源縣 烏鼠山에서 발원하여 동쪽으로 陝西 북부를 흘러 潼關에서 黃河와 합류함. 長安城 북쪽을 흐르고 있음.

【秦塞】 고대 秦나라를 '四塞之國'이라 하였으며 長安은 秦나라 때 도읍 咸陽에서 동남쪽으로 20리 정도 위치에 있었음.

【黃山】 일명 黃麓山. 長安의 서쪽 陝西 興平縣 북쪽에 있음.

【漢宮】 黃山宮. 漢나라 때의 궁궐. 黃山에 있으며 漢 武帝가 微行하여 서쪽으로 黃山宮에 이르렀던 곳임.

【鸞輿】 天子의 수레. 수레에 鸞鈴을 달아 소리가 나도록 하였음.

【千門】 千門萬戶의 줄임. 장안 궁궐을 의미함.

【上苑】 宮苑. 御花園. 임금의 휴식과 연회를 위하여 궁궐 안에 마련한 苑囿.

【雙鳳闕】 구리로 만들어 建章宮에 세운 두 마리 鳳凰(銅雀) 조각상.《關中記》에 "建章宮圓闕臨北道, 有金鳳在闕上, 故號鳳闕"이라 하였으며,《三輔黃圖》建章宮에는 "古歌云:「長安城西有雙闕, 上有雙銅雀, 一鳴五穀生.」"이라 함.

【陽氣】 봄날.《禮記》月令에 "季春之月, 生氣方盛, 天子布德行惠, 命有司發倉廩, 賜貧窮, 振乏絶"이라 하였고,《漢書》律曆志에 "陽氣動物, 於是爲春"이라 함.

【時令】 때맞추어 베푸는 정령과 施惠.

【宸遊】 天子의 遊樂.

【物華】 光景. 봄날 만물의 화려함.

1. 이는 王維가 唐 玄宗의 〈從蓬萊向興慶閣道中留春雨中望春〉이라는 시에
應制하여 지은 것으로, 시기는 구체적으로 알 수 없으나 대체로 天寶 연간
左補闕이었을 때로 보고 있음.

2. 《唐詩鏡》에 "前四語布景略盡, 五六着色點染, 一一俱工. 佳在寫題流動,
分外神色自饒. 摩詰七律與杜少陵爭馳, 杜好虛摹, 呑吐含情, 神行象行; 王用
實寫, 神色冥會, 意妙言先; 二者誰可 軒輊?"이라 함.

3. 韻脚은 斜·花·家·華.

170

〈積雨輞川莊作〉 ·· 王維

긴 장마에 망천의 별장에서 지음

오랜 비에 빈 숲 속에 연기 피어오르는 것도 느릿느릿.
콩잎 찌고 기장밥 지어 들일 하는 곳으로 날라가네.
아득한 논에는 백로가 날아가고,
어둑어둑 여름 숲 속엔 꾀꼬리 요란하다.
산중에서 배운 것은 고요함과 무궁화 관찰,
소나무 아래에서 이슬 먹은 아욱 따며 맑은 마음 묵상하기.
늙은이로서 남과 자리다툼 그만두니,
바다 갈매기 어찌 서로 의심이나 하겠는가?

積雨空林煙火遲, 蒸藜炊黍餉東菑.
漠漠水田飛白鷺, 陰陰夏木囀黃鸝.
山中習靜觀朝槿, 松下淸齋折露葵.
野老與人爭席罷, 海鷗何事更相疑?

【輞川】輞谷水. 시내 이름으로 지금의 陝西 藍田縣 남쪽 終南山의 골짜기로, 이곳에 왕유는 별장을 지어 輞川莊이라 하였으며 30여 년을 살았음. 그 때문에 그의 시문집이 《輞川集》으로 명명되었음.《陝西通志》(9)에 《雍州記》를 인용하여 "輞川在藍田縣西南二十里, ⋯⋯二谷幷有細路通上洛. 商嶺水流至藍橋, 復流至輞谷, 如車輞環湊, 落疊嶂, 入深潭. 有千聖洞, 茶園, 栗嶺. 唐右丞王維莊在焉, 所謂輞川也"라 함.

【積雨】오랫동안 내리는 비. 장맛비.

【蒸藜炊黍】여뀌풀(혹 콩잎이라고도 함)로 국을 끓이고 기장으로 밥을 지음. 《千家詩》원본에는 '蒸梨'로 되어 있음.

【菑】《爾雅》釋地에 "田一歲曰菑"라 하여 원래는 개간한 지 1년이 되는 밭을 말하나 여기서는 농토를 뜻함.

【漠漠】논에 벼가 조밀하게 잘 자란 모습.

【陰陰】나무가 잘 우거져 그늘을 이룸.

【習靜】고요한 마음을 갖기를 연습함. 잡념을 버리고자 함을 말함.

【朝槿】아침에 피어 저녁에 지는 무궁화. 흔히 인생무상을 상징하는 말로 쓰임.

【淸齋】깨끗하게 하여 재계함. 묵상하며 마음을 다스림.

【露葵】이슬을 머금고 있는 아욱.

【爭席】자리를 다툼.《莊子》雜篇 寓言에 실려 있는 고사로, 楊朱가 老子에게 학문을 배우러 가는 길에 여관에 들렀을 때 모두 환영하며 자리를 내어 주었으나, 그가 학문을 이루고 돌아올 때 같은 여관에 들러 사람들과 도리어 자리를 서로 차지하려 다투었음. 이는 양주가 이미 도를 얻어 그들과 아무런 격차를 두지 않게 되었음을 말하는 것이라 하였음. "其往也, 舍者迎將, 其家公執席, 妻執巾櫛, 舍者避席, 煬者避竈. 其反也, 舍者與之爭席矣."라 하였고, 郭象의 주에 "去其夸矜故也"라 함.

【海鷗】《列子》黃帝篇에 실려 있는 고사. 어떤 사람이 바닷가에 나가 늘 갈매기와 어울려 놀자, 그 아버지가 그중 한 마리를 잡아오도록 하였음. 이튿날 바닷가로 나가자 갈매기들이 하나도 가까이 다가오지 않았다 함. "海上之人有好漚鳥者, 每旦之海上, 從漚鳥游, 漚鳥之至者百住而不止. 其父曰: 「吾聞漚鳥皆從汝游, 汝取來, 吾玩之.」明日之海上, 漚鳥舞而不下也. 故曰: 『至言去言, 至爲無爲.』齊智之所知, 則淺矣"라 함.

1. 이는 王維 田園詩의 대표작으로 구절 중 "漠漠水田飛白鷺"는 李肇의 《唐國史補》에 의하면 원래 李嘉祐의 "水田飛白鷺, 夏木囀黃鸝"의 구절을 왕유가 절취한 것이라 하였음. 그러나 이가우의 시에 이 구절이 없을뿐더러, 시기적으로도 이가우가 후인이어서 葉少蘊의 《石林詩話》에는 "詩下雙字極難, 須使七言·五言之間, 除去五字·三字外, 精神興致全見於兩言, 方爲工妙. ……此兩句好處全在'漠漠'·'隱隱(陰陰)'四字. 此乃摩詰爲嘉祐點化以自見爲妙"라 함.

2. 淸 翁方綱의 《石洲詩話》에도 "昔人稱李嘉祐詩:「水田飛白鷺, 夏木囀黃鸝」, 右丞加漠漠·陰陰四字, 精彩數倍. 此說阮亭先生以爲夢囈. 蓋李嘉祐中唐詩人, 右丞何由預知, 而加以漠漠陰陰耶? 此可大笑者也. 惟右丞此句, 精神全在漠漠陰陰字上, 不得以前說之謬, 而槪斥之"라 함.

3. 韻脚은 遲·畲·鸝·葵·疑.

4. 《千家詩》原註(王相)

輞川, 地名, 摩詰所居. 因積雨而起遲蒸梨, 吹黍以餉犁田者, 水田白鷺之飛鳴, 朝槿露葵之把玩, 是與物相忘也. 末言野老已無爭席之心, 海鷗何相疑而不相狎乎? 莊子所謂海翁忘機而鷗不飛去即用此意.

171

〈酬郭給事〉 ·· 王維

곽급사에게 화답함

깊은 문 높은 누각에 남은 저녁 빛,
복숭아 배꽃은 무성하고 버들 꽃 휘날리네.
궁궐 안 흩어지는 종소리에 궁사는 저물어가고,
문하성에 우는 새소리에 관리조차 드물구나.
새벽에는 옥패를 흔들며 금전으로 달려나가고,
저녁이면 조서를 받들고 청쇄의 대문에서 퇴근의 절을 올리네.
억지로라도 그대를 따르고자 하나 늙어감에 어쩔 수 없어,
장차 병으로 드러누워 조의를 벗을 수밖에 없소이다.

洞門高閣靄餘暉, 桃李陰陰柳絮飛.
禁裏疏鐘官舍晚, 省中啼鳥吏人稀.
晨搖玉佩趨金殿, 夕奉天書拜瑣闈.
强欲從君無那老, 將因臥病解朝衣.

【酬】酬答, 和答과 같음. 다른 사람의 시에 답으로 보내는 시.
【郭給事】성이 곽씨인 급사 벼슬. 구체적으로는 알 수 없음. 給事는 給事中의
　벼슬로 모두 4사람이며 正五品 이상.

【洞門】《漢書》佞幸傳 "重殿洞門"의 顔師古 주에 "洞門, 謂門門相當"이라 함.

【餘暉】'餘輝'로도 표기하며 餘光. 天子의 餘蔭을 비유함.

【桃李陰陰】桃李가 성함. 문하생이 많음을 비유함.

【省中】門下省.

【天書】皇帝의 詔書.《舊唐書》職官志에 "凡制勅宣行, 大事則稱揚德澤, 褒美功業, 覆奏而請施事; 小事則署而頒之"라 함.

【靑瑣闥】靑瑣門을 가리킴. 南內에 있으며, 문에 푸른색 구슬로 조각하여 이렇게 부름. '闥'는 궁문.《漢舊儀》에는 "黃門郞屬黃門令, 日暮入對, 靑鎖門拜"라 하였고,《漢書》元后傳 顔師古 注에 "刻以連環文而靑塗之"라 함.

【無那】'無奈'와 같음.

【解朝衣】벼슬을 사직함. 晉 張協의 〈詠史〉에 "抽簪解朝衣, 散髮歸海隅"라 함.

참고 및 관련 자료

1. 이는 天寶 14년(755) 王維와 郭給事가 함께 門下省에서 給事中의 벼슬을 할 때 지은 것임.

2. 제목 〈酬郭給事〉는 원래 〈贈郭給事〉로 되어 있으나《王維集》에 의해 고친 것임.

3.《唐詩選脉會通評林》에 "意深語厚, 溫雅之章"이라 함.

4. 韻脚은 暉·飛·稀·闥·衣.

172

〈蜀相〉 .... 杜甫

촉의 재상 제갈량

승상의 사당을 어디 가서 찾을꼬?
금관성 밖의 잣나무가 빽빽한 곳이로다.
섬돌에 비취는 푸른 풀은 저절로 봄빛이 되어 있고,
잎을 사이에 두고 꾀꼬리는 속절없이 좋은 소리를 내는구나.
삼고초려의 빈번함은 천하를 두고 계책을 세운 것이요,
양대를 걸쳐 개국과 치국에 나선 것은 늙은 신하의 마음이로다.
군사를 내어 원정에 나섰으나 이기지 못하고 몸이 먼저 죽으니,
오래도록 영웅들로 하여금 눈물이 옷깃을 가득 적시게 하는구나!

丞相祠堂何處尋? 錦官城外柏森森.
映階碧草自春色, 隔葉黄鸝空好音.
三顧頻煩天下計, 兩朝開濟老臣心.
出師未捷身先死, 長使英雄淚滿襟!

【蜀相】 삼국시대 蜀漢의 재상을 지냈던 諸葛亮. 자는 孔明(191~234). 한말
陽都人으로 은거하여 스스로 밭을 갈며 자신을 管仲과 樂毅에 비교하여

사람들이 그를 臥龍先生이라 불렀음. 뒤에 蜀漢 劉備의 三顧草廬로 불려가 天下三分之策을 정하고, 유비를 도와 荊州와 益州를 차지하여 吳·蜀·魏 삼국정립을 이루었음. 유비의 遺囑에 의해 그 아들 劉禪을 도와 〈出師表〉 를 쓰고 북벌을 시도했으나, 五丈原에서 司馬仲達과 대치하다가 병을 얻어 생을 마침. 죽은 뒤 武鄕侯에 봉해졌으며 시호는 忠武.《三國志》(35)에 전이 있음.

【丞相祠堂】成都 武侯祠. 지금도 보존되어 있으며, 그 곁에 先主 劉備 사당이 있음. 祝穆의 《方輿勝覽》에 "成都府, 武侯廟在府城西北二里. 武侯初亡, 百姓于節朔, 各私祭於道中. 李雄稱王, 始爲廟於小城內"라 함.

【錦官城】四川 成都. 錦城이라고도 함.《元和郡縣志》(32)에 "錦城在縣南十里, 故錦官城也"라 함. 원래는 비단(錦) 織組를 주관하던 官署가 있어 錦官 이라 하였으며 강 이름 역시 錦江이라 부르게 된 것임. 成都에는 옛날 大城, 小城이 있었으며, 소성 아래 금강은 비단의 세탁으로 이름이 나서, 文翁이라는 관리가 蜀을 다스릴 때 소성에 錦里를 명명하여 드디어 소성을 錦官城이라 부르게 되었다 함. 뒤에 成都를 대신하는 말로도 쓰였음.

【柏森森】잣나무가 빽빽하게 들어서 있음. 이 잣나무는 제갈량이 직접 심은 것이라 함. 056 〈古柏行〉 참조.

【三顧】劉備가 세 번이나 諸葛亮을 찾아 草廬를 방문한 고사를 말함. 諸葛 亮의 《出師表》에 '三顧臣於草廬之中'이라는 하였음.《蒙求》에 "嘗上疏, 其略 曰:「臣本布衣, 躬耕於南陽. 苟全性命於亂世, 不求聞達於諸侯. 先帝不以臣 卑鄙, 猥自枉屈, 三顧臣於草廬之中, 諮臣以當世之事.」"라 하였고,《十八 史略》(3)에는 "漢丞相亮, 率諸軍北伐魏, 臨發上疏曰:「今天下三分, 益州 疲弊, 此危急存亡之秋也. 宜開張聖聽, 不宜塞忠諫之路. 宮中府中, 俱爲一體, 陟罰臧否, 不宜異同. 若有作姦犯科, 及忠善者, 宜付有司, 論其刑賞, 以昭平明 之治. 親賢臣遠小人, 此先漢所以興隆也; 親小人遠賢臣, 此後漢所以傾頹也. 臣本布衣, 躬畊南陽, 苟全性命於亂世, 不求聞達於諸侯. 先帝不以臣卑鄙, 猥自 枉屈, 三顧臣於草廬之中, 諮臣以當世之事. 由是感激, 許先帝以驅馳. 先帝知 臣謹愼, 臨崩, 寄以大事. 受命以來, 夙夜憂懼, 恐付託不效, 以傷先帝之明. 故五月渡瀘, 深入不毛, 今南方已定. 兵甲已足, 當獎率三軍, 北定中原, 興復 漢室, 還于舊都. 此臣所以報先帝, 而忠陛下之職分也.」遂屯漢中"이라 함.

【兩朝】두 임금의 조정을 뜻함. 蜀(221~263)은 先主 劉備가 개국하여 後主 劉禪에 망하면서 二代에 걸쳐 모두 諸葛亮을 宰相으로 삼았음.

【開濟】'開'는 劉備를 도와 나라를 개국한 것, '濟'는 劉禪을 보필하여 천하를 제도하고자 애쓴 것을 말함.

【出師】蜀漢 建興 12년(234) 魏나라를 치고자 군사를 내어 출정한 것. 〈出師表〉를 참조할 것.《三國志》蜀志 諸葛亮傳에 "建興十二年春, 亮悉大衆由斜谷出, 以流馬運, 據武功五丈原, 與司馬宣王對于渭南. 分兵屯田, 爲久駐之計, 相持百餘日. 其年八月, 亮疾病, 卒于軍"이라 함.

참고 및 관련 자료

1. 이 시는 두보가 上元 元年(760) 봄, 蜀에 이르러 그곳 成都의 諸葛亮을 모신 사당 武侯祠를 둘러보고 지은 것임.

2. 元 方回의《瀛奎律髓》에 "子美流落劍南, 拳拳於武侯不忘, 其詠懷古迹於武侯云:「伯仲之間見伊呂, 指揮若定失蕭曹」 及此詩皆善頌孔明者"라 함.

3.《唐宋詩醇》에 "豪邁哀頓, 具有無數層折"이라 함.

4. 韻脚은 森·音·心·襟.

5.《杜詩諺解》初刊本(33)
丞相이 祠堂을 어듸 가 츠즈리오
錦官ㅅ 잣 밧긔 잣남기 森列혼 디로다
버텅에 비취옛는 프른 프른 절로 봆비치 드외옛고
니플 스싀ᄒ얫는 곳고리는 쇽졀업시 됴흔 소리로다
세 번 도라보물 어즈러이 호문 天下를 爲ᄒ야 혜아료미니
두 朝를 거리츄믄 늘근 臣下의 ᄆᆞ미니라
軍師를 내야 가 이긔디 몯ᄒ야셔 모미 몬져 주그니
기리 英雄으로 히여 눉므리 옷기제 ᄀᆞ득게 ᄒᆞ다

173

〈客至〉 ·· 杜甫

손님이 오셨네

집 앞과 집 뒤에 모두 봄물이 콸콸,
그러나 오직 보는 것이란 날마다 날아오는 떼지은 갈매기들뿐.
꽃 떨어진 오솔길 손님이 온다는 이유로 일찍이 쓸어본 적이 없었는데,
쑥대로 얽은 대문 지금 비로소 그대를 위해 처음 열어보는 것이라오.
반찬은 시장이 멀어 제대로 고루 갖추지 못하였고,
술은 집이 가난하여 미리 걸러둔 것은 없고 동이에서 그대로 퍼온 생술.
이웃 할아버지와 상대하여 함께 마셔도 괜찮다고 허락하신다면,
울타리를 사이에 두고 불러내어 남은 잔도 마저 비우리다!

舍南舍北皆春水, 但見群鷗日日來.
花徑不曾緣客掃, 蓬門今始爲君開.
盤餐市遠無兼味, 樽酒家貧只舊醅.
肯與鄰翁相對飮, 隔籬呼取盡餘杯!

【客至】'손님이 오다'의 뜻으로 崔明府(崔씨 성의 명부. 명부는 縣令의 별칭)가 찾아오자 그 상황을 아름답게 읊은 것임.

【南北】앞과 뒤. 집안 둘레.

【花徑】'花逕'으로도 표기하며 집 안으로 들어오는 오솔길에 꽃이 떨어져 있음. 늦어져 가는 봄을 뜻하며 동시에 너무 한적하고 손님이 오지 않아 그 길을 쓸 일이 없음을 말함.

【蓬門】다북쑥으로 대강 엮어 만든 지게문. 가난한 집을 의미함.

【盤餐】〈四部叢刊〉과〈章注本〉에는 모두 '盤飧'으로 되어 있음.

【兼味】몇 종류 골고루 갖추어 차린 요리.

【醅】거르지 않은 술. 좋은 술일 경우 미리 걸러 두어야 했으나, 집이 가난하여 격식이나 절차를 거치지 아니하고 늘 편히 마시듯이 술동이에서 그대로 퍼왔음을 말함. 白居易의〈問劉十九〉에 "綠蟻新醅酒, 紅泥小火爐. 晚來天欲雪, 能飮一杯無"(228)라 함.

【肯】肯許함. 긍정함, 허락함. 동의의 가부를 물은 것.

【隔籬】울타리를 사이에 두고. 정식 예를 갖추지 아니함. 아주 편한 사이임을 표현한 것.

참고 및 관련 자료

1. 이 시는 제목 아래에 "喜崔明府見過"(최명부가 자신의 집을 들러줌을 기뻐하다)라는 부제가 있음. 두보 50세인 肅宗 上元 2년(761) 成都의 草堂에서 한가하게 지낼 때 자신의 외삼촌 崔明府가 찾아오자 그 정황을 아름답게 읊은 것으로 아주 널리 애송되고 있음.

2. 宋 劉克莊의《後村詩話》에 "若戲效元白體者"라 함.

3.《唐詩歸折衷》에는 "臨文命意, 如匠石呈材,〈早朝〉必取高華,〈客至〉不妨野樸. 昔人評杜詩, 謂如周公制作, 巨細咸備, 以此也"라 함.

4. 丁嬰의《中國歷代詩選》에는 "這是一首對話體的律詩, 全詩用第一人稱的口氣, 從獨自到對客講話, 詞句樸實明暢, 一口氣貫注, 不用修飾, 自然地形成一種平淡空靈的境界, 和杜甫其他律詩的精細凝煉不同"이라 함.

5. 韻脚은 來·開·醅·杯임.

6. 《杜詩諺解》初刊本(22)

집 앒과 집 뒤헤 다 보맷 므리로소니

뭀 굴며기 날마다 오몰 오직 보리로다

곳 ᄲᅥ러뎃ᄂᆞᆫ 길흘 일즉 소니 젼ᄎᆞ로 ᄡᅳ디 아니ᄒᆞ다니

다봇 門을 오ᄂᆞᆯ 비르서 그듸를 爲ᄒᆞ야 여노라

盤애 다ᄆᆞᆫ 차바니 져제 머러 여러 가짓 마시 업스니

樽엣 수른 지비 가난ᄒᆞ야 오직 녯 아니 걸운 수리로다

이우젯 한아비와 다뭇 相對ᄒᆞ야 머구믈 肯許ᄒᆞ면

울흘 즈슴처 블러 나맷ᄂᆞᆫ 잔올 ᄆᆞ즈 머구리라

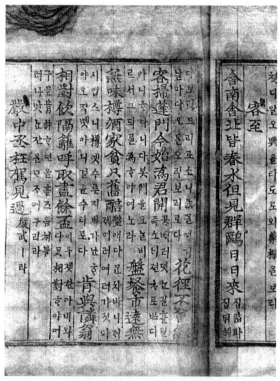

《杜詩諺解》(重刊本) 〈客至〉

174

〈野望〉 .... 杜甫

광야에서

서산의 흰 눈이 삼성을 지키고 있고,
남포의 맑은 강 만리교가 걸쳐 있구나.
나라 안에 온통 난리의 바람 먼지로 아우들 소식이 막혔고,
하늘 가 홀로 떨어진 이 한몸 눈물 가득 가물가물.
오직 장차 늙어 가는 나이에 많은 병치레에 바빠,
성스러운 임금께 티끌만 한 보답도 못하고 있네.
말을 빗겨 타고 교외로 나가 눈길 끝까지 바라보노라니,
세상일 날로 쓸쓸해 감을 견딜 수 없구나!

西山白雪三城戍, 南浦清江萬里橋.
海內風塵諸弟隔, 天涯涕淚一身遙.
唯將遲暮供多病, 未有涓埃答聖朝.
跨馬出郊時極目, 不堪人事日蕭條!

【西山】 雪嶺이라고도 하며 成都 西쪽에 있음.
【三城】 唐나라 때 吐蕃과의 접경 요충지. 《杜詩詳註》에 唐汝詢의 《詩解》를

인용하여 "卽松, 維, 保(堡)三城"이라 하였고, 다시 《唐書》 地理志(注)를 인용하여 "唐興有羊灌, 田朋, 筰繩橋三城"이라 함. 錢謙益의 《箋》에는 "西山三城, 界於吐蕃, 爲蜀邊要害"라 함. 《全唐詩》 原作에는 '三奇'로 되어 있으나 〈四部叢刊〉과 〈章注本〉에 따라 바로잡음.

【南浦】 물가의 포구.

【淸江】 여기서는 장강 지류 錦江을 말함.

【萬里橋】 萬里橋는 成都 南門(中和門) 밖에 있는 다리. 《一統志》에 "萬里橋在成都府中和門外"라 하였으며, 두보의 초당은 만리교 서쪽에 있었음. 두보의 〈狂夫〉에 "萬里橋西一草堂"라 함. 한편 蜀漢 때 費褘가 東吳에 사신으로 갈 때, 이 다리에서 諸葛亮이 그를 보내면서 "萬里之行, 始於 此橋"라 하여 다리 이름이 붙여졌다 함.

【風塵】 安史의 난 등 戰亂으로 세상이 어지럽고 삶이 고통스러움을 말함.

【諸弟】 여러 아우들. 두보의 아우 杜穎·杜觀·杜豐 등이 모두 각기 흩어져 서로 소식을 알 수 없었음.

【遲暮】 늦은 저녁. 늙은 나이를 말함. 《離騷》에 "恐歲月之遲暮"라 함. 당시 두보는 50세였음.

【供】 '몸에 약을 공급하기에 바쁘다'의 뜻. '병치레에 바쁨'을 말함.

【涓埃】 한 방울의 물과 한 줌의 흙(드틀). 아주 작은 것을 비유함.

【極目】 시력이 닿는 한계까지 훑어봄. 멀리 장안 쪽을 바라보며 나라 걱정을 하고 있음을 말함.

【蕭條】 쓸쓸하고 짜임새가 없으며 뜻대로 되지 않는 상황을 표현하는 疊韻 連綿語.

참고 및 관련 자료

1. 이 시는 두보 50세인 肅宗 上元 2년(761) 成都에서 지은 것으로 자신의 늙어감과 아울러 먼 서남쪽 유랑 생활에 아우들과의 소식 두절, 그리고 安史의 난이 평정되지 않은 長安 등을 비통하게 여기며 읊은 것임.

2. 《瀛奎律髓》에 "律格高聳, 意氣悲壯, 唐人無能及之"라 함.

3. 韻脚은 橋·遙·朝·條.

4.《杜詩諺解》初刊本(14)

西山 힌 누네 세 城에셔 防戍ᄒ고
南浦ㅅ 믈ᄀᆞᆫ ᄀᆞᄅᆞ맨 萬里ㅅ ᄃᆞ리로다
四海 안햇 ᄇᆞ룸 드트레ᄂᆞᆫ 여러 아ᅀᅵ 즈슴쳣ᄂᆞ니
하ᄂᆞᆶ ᄀᆞ싀셔 우루맨 ᄒᆞᆫ 모미 아ᅀᆞ라히 왓노라
오직 늘구므를 디녀 한 病에 올이노니
涓埃마도 聖朝를 對答ᄒ오미 잇디 몯호라
믈 타 믜해 나가 ᄣᆞ로 누늘 ᄀᆞ장 ᄠᅥ보니
사ᄅᆞ미 이리 나날 蕭條호믈 이긔디 몯ᄒᆞ리로다

四川 成都의 杜甫草堂

175

〈聞官軍收河南河北〉 ························· 杜甫

관군이 하남 하북을
수복하였다는 소식을 듣고

검각산 밖 이 촉에서 갑자기 계북을 수복했다는 소식이 전해오니,
처음 들었을 때 눈물이 옷에 가득.
돌아보건대 아내와 자식의 얼굴에 무슨 근심이 있겠는가?
읽던 시서를 말아 대충 짐을 싸노라니 기쁨에 미칠 듯하구나.
대낮부터 큰 소리로 노래 부르며 모름지기 술도 마음껏 마셔야지,
봄이 오면 그 봄날을 벗삼아 고향으로 갈 수 있으리.
그 땐 파협으로부터 무협을 뚫고 가게 되겠지,
그리하여 곧바로 양양으로 내려서서 낙양을 향하겠지.

劍外忽傳收薊北, 初聞涕淚滿衣裳.
卻看妻子愁何在? 漫卷詩書喜欲狂.
白日放歌須縱酒, 靑春作伴好還鄕.
卽從巴峽穿巫峽, 便下襄陽向洛陽.

【劍外】四川 북부에 劍門이 있으며, 그 밖 즉 劍門 이남을 가리킴. 蜀을
대칭하는 말. 두보가 三台에 있었으므로 이렇게 말한 것.

【薊北】지금의 河北省 북부 북경 근처. 安史의 난 때 叛軍들의 근거지인 范陽 일대. 安祿山은 원래 范陽節度使 신분으로 난을 일으켰음.

【卻看】머리를 돌려 봄. 멀리 생각해 봄. 잠깐 정신을 가다듬어 현실을 돌아봄.

【愁何在】《杜詩諺解》에는 "시르미 어듸 이시리오"라 하여 "근심이 어디에 있겠는가?"로 하였음. 곁에 있던 아내와 딸을 보니 역시 이제껏 보았던 근심의 얼굴이 사라지고 없음을 뜻함.

【漫卷】엉성하게 수습함. 卷은 捲과 같음. 詩書 즉 읽던 책을 대충 말아 간추려 짐을 챙김.

【白日】한낮, 대낮. 너무 즐거워 낮임에도 술을 마심. 그러나 《杜詩諺解》에는 '白首'로 되어 있고 "센 머리예"로 해석하였음.

【靑春】봄날. 봄이 오면 그 봄날을 벗삼아 출발할 것임을 말한 것.

【巴峽穿巫峽】巴峽은 重慶에서 萬縣, 奉節 일대 大江의 峽口를 말함. 《華陽國志》에 "其郡東枳有明月峽·廣嶼峽·東突峽, 故巴亦有三峽"이라 함. 巫峽은 瞿塘峽, 西陵峽과 더불어 역시 三峽의 하나. 《水經注》江水에는 黃葛峽·明月峽·鷄鳴峽을 三峽이라 하였고, 또한 "巴東三峽巫峽長"이라 함. 그 때문에 '무협'을 들어 '삼협' 전체를 대신한 것이며 집으로 돌아갈 路程을 예상한 것.

【便下襄陽向洛陽】襄陽은 지금의 湖北 襄陽縣. 原注에 "余田在東京"이라 하였으며 東京은 洛陽을 가리킴. 杜甫의 고향은 鞏縣이며 이는 洛陽 동쪽이었음. 따라서 洛陽은 杜甫가 고향으로 돌아갈 때 거치게 됨을 뜻함.

◁ 참고 및 관련 자료 ▷

1. 이는 代宗 廣德 원년(763) 봄에 두보가 梓州(지금의 四川 三台)에서 관군이 河南·河北을 수복하였다는 소식을 듣고 고향으로 돌아갈 路程을 계획하면서 기쁨에 넘쳐 지은 것임. 실제 그 1년 전(寶應 원년, 762) 10월 唐의 官軍이 陝州로부터 대거 반격에 나서서 洛陽을 수복하고 河南의 여러 군을 평정하였음. 아울러 11월에는 河北으로 밀고 올라가자 薛嵩·李抱玉·李寶臣·田承嗣·李懷仙 등이 모두 항복하였고 이듬해 정월 史朝義(史思明의 아들)역시 패하여 자살하였음. 이로써 安史의 난이 종결된 것임.

2. 《杜詩諺解》주에 "廣德 元年에 史朝義ㅣ 死커늘 其將 李懷仙은 以魏오 薛嵩은 以相衛洛刑이오 張志忠은 以趙定深恒易으로 來降ᄒ니라"라 하였음.

3. 淸 李調元의 《詩話》에 "杜詩之妙, 有以意勝者, 有以篇法勝者, 有以俚質勝者, 有以倉卒造狀勝者, 如'劍外忽傳收薊北'一首, 倉卒間寫出欲歌欲哭之狀, 使人千載如見"이라 함.

4. 韻脚은 裳·狂·鄕·陽.

5. 《杜詩諺解》初刊本(3)

劍閣 밧긔 믄득 薊北 아소믈 傳ᄒ니
처엄 듣고 눉 므를 衣裳애 ᄀ득기 흘료라
도ᄅ혀 妻子를 보리어니 시르미 어듸 이시리오
쇽졀업시 詩書를 卷秩 ᄒ야셔 깃거 미칠 ᄃᆞᆺ ᄒ오라
셴 머리예 놀애 블러 모로매 수를 ᄀ장 머구리니
靑春을 벋 사마 됴히 本鄕애 도라 가리라
곧 巴峽을 조차셔 巫峽을 들워
믄득 襄陽으로 ᄂ려 洛陽을 向ᄒ오리라

176

〈登高〉 ··· 杜甫

산에 올라

바람은 빠르고 하늘은 높고 잔나비 휘파람 소리 애절한데,
물가의 맑은 모래톱이 흰 곳으로 새가 날아 돌아오는구나.
끝없는 하늘 가 나무는 쓸쓸히 잎을 떨구고,
다함없는 장강은 출렁출렁 끊임없이 흘러오도다.
만리 먼 곳에서 슬픈 가을에 항상 나그네 되어,
일생 백년 병도 많은 몸으로 홀로 누대에 오르도다.
힘든 생활에 귀밑 서리 같은 백발을 고통과 한으로 여기나니,
병에 지친 몸 이제 새롭게 흐린 술 잔조차 끊었노라.

風急天高猿嘯哀, 渚清沙白鳥飛廻.

無邊落木蕭蕭下, 不盡長江滾滾來.

萬里悲秋常作客, 百年多病獨登臺.

艱難苦恨繁霜鬢, 潦倒新停濁酒杯.

【登高】 중국에는 9월 9일 重陽節에 登高의 풍속이 있으며, 王維의 〈九月九日
憶山東兄弟〉에 "遙知兄弟登高處, 遍插茱萸少一人"이라 함.
【猿嘯】 잔나비(원숭이) 울음소리가 마치 휘파람을 부는 것 같음. 지금도 夔州
근처 長江三峽 및 小三峽에는 이러한 원숭이의 울음소리를 들을 수 있음.

【落木】落葉. 가을이 되어 잎이 짐.

【長江】夔州는 長江 巫峽의 서쪽임.

【滾滾】長江의 물이 출렁출렁 끊임없이 흘러오는 모습.

【艱難】고통스럽고 힘든 상황을 나타내는 疊韻連綿語. 우리말 '가난'의 어원임.

【霜鬢】귀밑머리에 서리가 내린 것처럼 백발이 많이 생겨남.

【潦倒】몸이 거칠고 사나우며 쇠퇴하여 제대로 활동할 수 없음을 나타내는 疊韻連綿語. 두보가 당시 폐병을 앓고 있어 몸의 상태가 아주 좋지 않았음.

【濁酒】몸의 병으로 인해 毒酒는 물론 흐린 탁주조차 끊음.

참고 및 관련 자료

1. 이 시는 두보가 夔州에 살 때 그 풍속대로 높은 곳에 올라 長江을 내려다보며 읊은 것으로, 大曆 2년(767) 작품으로 보고 있음. 한편 《杜工部集》에는 이 시 앞에 〈九日五首〉의 시가 있으며, 그중 4수만 있어 宋代 趙次公은 이 시가 바로 제5수라 여겼음. 그리고 明代 胡應麟은 古今 七言律詩 중에 이 시가 가장 뛰어난 작품이라 하였음.

2. 施補華의 《峴傭說詩》에 "通首作對而不嫌其笨者, 三四'無邊落木'二句有疏宕之氣; 五六'萬里悲秋'二句頓挫之神耳. 又首句妙在押韻, 押韻則聲長, 不押韻則局板"이라 함.

3. 方東樹의 《昭昧詹言》에 "前四句景, 後四句情. 一二碎, 三四整, 變化筆法. 五六接遞開合, 兼敍點, 一氣噴薄而出. ……收不覺爲對句, 換筆換意, 一定章法也. 而筆勢雄駿奔放, 若天馬之不可羈, 則他人不及"이라 함.

4. 沈德潛의 《唐詩別裁》에는 "八句皆對, 起二句, 對擧之中仍復用韻, 格奇變. 昔人謂兩聯俱可裁去二字, 試思'落木蕭蕭下', '長江滾滾來', 成何語耶? 好在「無邊」·「不盡」·「萬里」·「百年」"이라 함.

5. 韻脚은 回·來·臺·杯.

6. 《杜詩諺解》初刊本(10)

ᄇᆞᄅᆞ미 샌ᄅᆞ며 하ᄂᆞ히 놉고 나비 되ᄑᆞ라미 슬프니

믌ᄀᆞᅀᅵ 묽ᄀᆞ며 몰애 흰 ᄃᆡ 새 ᄂᆞ라 도라오놋다

곳 업슨 디는 나못니픈 蕭蕭히 ㄴ리고

다옰 업슨 긴 ㄱㄹ맨 니섬니어 오놋다

萬里예 ㄱ슬홀 슬허셔 샹녜 나그내 ㄷ외요니

百年ㅅ 한 病에 ㅎ올로 臺예 올오라

艱難애 서리 ᄀ튼 귀밋터리 어즈러우믈 심히 슬허 ᄒ노니

늙고 사오나오매 흐린 숤 盞을 새려 머믈웻노라

杜詩詳註卷之七

翰林院編修臣仇兆鰲輯註

新安吏〔原注〕收京後作雖收兩京賊猶克斥都回華州時經歷道途有感而作錢氏曰乾元二年自東之東都時誤矣師氏曰從兵益急以下以至無家別無以加也唐書新安隋縣貞觀二年屬河南府〔九域志縣有兩鄉擬樂府無實事而撰浮詞下古意六朝人〕志縣有兩鄉擬樂府無實事而撰浮詞下古情命

客行新安道喧呼聞點兵借問新安吏縣小更無丁府帖昨夜下聲遣中男行中男絕短小何以守王城一作下去次選

符從點兵後記一時問答之詞客行公自謂註臆借問二句公問吏答之詞客行公自謂註臆借問

《杜詩詳註》

〈登樓〉 ·· 杜甫

누대에 올라

꽃은 높은 누대에 가까워 나그네 내 마음 슬프게 하고,
온 나라에 험난한 난리도 많은 이때 누대에 올랐도다.
금강의 춘색은 천지가 생길 때부터 있어 왔으려니와,
옥루산 뜬구름은 옛날과 지금은 다른 구름이리라.
북극성 같은 조정은 영원히 망할 수 없는 나라의 상징,
서산의 토번 오랑캐들이여 침략할 생각은 저버리려므나!
가련하다, 촉의 후주 유선은 그래도 사직을 지켜내었으니,
저물어 가는 해에 애오라지 〈양보음〉을 읊도다.

花近高樓傷客心, 萬方多難此登臨.

錦江春色來天地, 玉壘浮雲變古今.

北極朝庭終不改, 西山寇盜莫相侵!

可憐後主還祠廟, 日暮聊爲梁父吟.

【錦江】 四川省에 있으며 岷江의 支流. 蜀나라 사람들이 이 물로써 비단을
세탁하면 더욱 빛이 곱다고 하여 濯錦江이라 불렀으며, 이를 줄여 錦江
이라 함. 杜甫草堂은 이 錦江 곁에 있었음.

【玉壘】옥루. 山 이름. 지금의 四川 文川 북쪽, 灌縣의 서쪽에 있으며 吐蕃이 쳐들어올 때 반드시 이 산을 경유하게 된다 함.

【北極】북두칠성. 하늘의 중앙에 있어 별들이 그를 중심으로 동심원을 그리며 돌고 있음. 조정을 상징하는 말로 쓰임. 한편 이 구절은 廣德 원년 10월 토번이 長安을 함락하고 廣武王 李弘(承宏)을 황제로 세웠으나, 얼마 뒤 郭子儀가 장안을 다시 수복하고 代宗이 다시 복위한 사건을 말한 것임. 《新唐書》吐蕃傳에 "寶應元年, 吐蕃破西山合水城, 明年入長安, 立廣武王承宏爲帝, 留十五日乃走, 天子還京. 是歲南入松維保等州"라 함.

【西山寇盜】吐蕃을 가리킴. 西山은 四川 成都의 西里, 文川 일대의 岷山 峻嶺을 말함.

【後主】삼국시대 蜀漢의 제2대 황제 後主. 劉備의 아들 劉禪. 諸葛亮의 도움을 받았으나 나라가 망하고 말았음. 223~263년 재위함. 《十八史略》(3)에 "後皇帝: 名禪, 字公嗣, 昭烈皇帝子也. 年十七卽位, 改元建興, 丞相諸葛亮受遺詔輔政, 昭烈臨終謂亮曰:「君才十倍曹丕, 必能安國家, 終定大事, 嗣子可輔輔之, 如其不可, 君可自取.」亮涕泣曰:「臣敢不竭股肱之力, 效忠貞之節, 繼之以死?」亮乃約官職修法制, 下敎曰:「夫參署者, 集衆思廣忠益也. 若遠小嫌, 難相違覆, 曠闕損矣.」"라 함. 나약함에도 그나마 제갈량의 도움을 30여 년간 종묘사직을 지켜내었음을 말함.

【聊】애오라지.

【梁甫吟】'梁父吟'으로도 표기하며 옛날의 曲名. 《三國志》(35) 蜀志 諸葛亮 傳에 "諸葛亮字孔明, 琅邪陽都人也. 漢司隸校尉諸葛豐後也. 父珪, 字君實, 漢末爲太山郡丞. 亮早孤, 從父玄爲袁術所署豫章太守, 玄將亮及亮弟均之官. 會漢朝更選朱皓代玄. 玄素與荊州牧劉表有舊, 往依之. 玄卒, 亮躬畊隴畝, 好爲〈梁父吟〉. 身長八尺, 每自比於管仲·樂毅, 時人莫之許也. 惟博陵崔州平·潁川徐庶元直與亮友善, 謂爲信然."라 함. 한편 梁甫는 산동 泰山 곁의 작은 산 이름으로, 이곳에 죽은 이를 묻으며 부른 노래로 장송곡의 일종임. 그러나 옛날 梁父城址에서 춘추시대 齊나라 景公의 세 용사 公孫接·田開疆·古冶子의 무덤을 보고 감회를 읊은 것이며, 이 세 용사의 이야기는 《晏子春秋》에 자세히 실려 있음. 제갈량의 〈梁父吟〉곡조는 《樂府詩集》에 "步出齊城門, 遙望蕩陰里. 里中有三墳, 纍纍正相似. 問是誰家塚? 田疆古冶氏. 力能拜南山, 文能絶地理. 一朝被讒言, 二桃殺三士. 誰能爲此謀? 相國齊晏子"라 하였음.

1. 代宗 廣德 2년(764) 두보가 成都에 있을 때 그 전 10월 吐蕃이 長安을 함락하였고, 12월에는 四川의 松·維·堡 三城을 공격하는 등 난이 겹쳤으며, 아울러 成都에서 직접 徐知道의 난까지 겪게 되어 이때에 읊은 것임.

2. 《唐詩近體》에 "律法甚細, 隱衷極厚, 不獨以雄渾高闊之象陵轢千古"라 함.

3. 《峴傭說詩》에 "起得沉厚突兀, 若倒裝一轉, '萬方多難此登臨, 花近高樓傷客心', 便是平調. 此秘訣也"라 함.

4. 王嗣奭의 《杜臆》에는 "(錦江, 玉壘二句)俯視宏闊, 氣籠宇宙, 可稱奇杰, 而佳不在是, 止借作過脉起下. 云'北極朝廷'如錦江水源流長, 終不爲改; 而'西山寇盜'如'玉壘浮雲'悠起悠滅, 莫來相侵. ……'終', '莫'二字有深意在"라 함.

5. 韻脚은 臨·今·侵·吟임.

6. 《杜詩諺解》初刊本(14)

고지 노푼 樓의 갓가와 나그내 ᄆᆞᅀᆞᄆᆞᆯ 슬케 ᄒᆞᄂᆞ니
萬方애 難이 하거늘 예와 登臨ᄒᆞ얏노라
錦江앳 봀비츤 天地ㅅ 처엄브터 왯ᄂᆞ니
玉壘앳 ᄠᅳᆫ 구루믄 古今에 改變ᄒᆞ놋다
北極에 朝廷이 ᄆᆞᄎᆞ매 고티디 아니ᄒᆞ리니
西山앳 盜賊들흔 서르 侵犯ᄒᆞ디 말라
可히 슬프도다 後主를 도로혀 祭祀ᄒᆞᄂᆞ니
ᄒᆡᆺ 나조히 梁甫吟을 ᄒᆞ노라

178

〈宿府〉 ⋯⋯⋯⋯⋯⋯⋯⋯⋯⋯⋯⋯⋯⋯⋯⋯ 杜甫

막부에서 자면서

맑은 가을 막부의 우물가 오동나무가 찬데,
홀로 숙직하는 강성江城에 촛불만 가물가물.
긴 가을 밤 호각소리 슬피 내 한을 털어놓는 듯,
하늘 가운데 달빛 좋으나 누구와 함께 볼꼬?
풍진 세상 흐르고 흘러 소식조차 끊어지고,
관문과 요새는 썰렁하고 육로는 다니기 어렵도다.
이렇게 외롭고 고달픈 생활 십 년을 견뎌내고,
억지로 작은 자리 얻어 쉴 가지 하나 찾았네.

清秋幕府井梧寒, 獨宿江城蠟炬殘.
永夜角聲悲自語, 中天月色好誰看?
風塵荏苒音書絶, 關塞蕭條行陸難.
已忍伶俜十年事, 强移棲息一枝安.

【幕府】군대가 출정하여 임시로 천막을 치고 將軍府를 설치하여 軍務 등을
처리하는 곳으로 삼음. 이를 幕府라 함. 漢나라 衛靑 때 처음 생긴 것이며
《漢書》李廣傳 注에 "衛靑征匈奴, 絶大漠大克獲. 帝就拜大將軍於幕中府,

故曰幕府"라 함. 여기에서는 嚴武의 劍南東西川節度使 幕府를 말함.

【獨宿】 막부의 참모는 원래 새벽 일찍 출근하여 밤늦게 퇴근하게 되어 있었으나, 두보는 草堂이 서쪽에 있어 출퇴근을 할 수 없었음. 이에 어쩔 수 없이 막부에서 생활하게 된 것이었다 함.

【江城】 成都의 막부. 長江 가에 설치하여 이렇게 부른 것.

【蠟炬】 蠟燭. 蜜蠟으로 만든 초.

【永夜】 막부에서 보내는 긴긴 가을 밤.

【角聲】 경계 근무를 위해 부는 호각소리.

【自語】 호각소리가 슬퍼 두보 스스로의 한을 말로 표현하는 것처럼 들림.

【音書】 말로 전하는 안부나 편지로 전하는 소식. 여기서는 두보의 가족과 친구들 소식을 전쟁으로 인해 듣지 못하고 있음을 말함.

【荏苒】 '시간이 점점 흘러감'을 표현하는 雙聲連綿語.

【蕭條】 쓸쓸하고 외로움을 나타내는 疊韻連綿語. 여기서는 썰렁하여 사람이 다닐 수 없음을 말함.

【伶俜】 '외롭고 고달픈 생활, 혹은 갈 곳이 없는 상태, 孤單함'을 일컫는 疊韻連綿語.

【十年】 天寶 14년(755) 安史의 난이 일어난 해로부터 그때까지 10년 기간.

【强移】 强은 '억지로'의 뜻. 억지로 막부의 막료가 되어 작은 지위나마 얻게 되었음을 말함.

【一枝安】 '한 가지에 겨우 서식처를 만들다'의 뜻. 《莊子》逍遙遊에 "鷦鷯巢于深林, 不過一枝"라 한 말에서 유래됨. 杜甫 자신이 嚴武의 參謀로서 낮은 벼슬이지만 그나마 의탁할 수 있게 되었음을 말함.

참고 및 관련 자료

1. 代宗 廣德 2년(764) 가을 嚴武가 다시 劍南東西川節度使의 직책으로 蜀을 진수하러 부임하게 되었으며, 이에 평소 알고 있던 두보를 幕府의 '節度使署中參謀'및 '檢校工部員外郞'의 직책을 주었음. 그리하여 9월 엄무는 토번을 격퇴하고 수백리를 수복하였고, 한가한 때에 늘 두보와 환담을 나누며 술과 시로 화답하기도 하였음. 두보는 평소 濟世治民의 사상을 가지고 있었으나 말단의 신분으로 감히 그러한 생각은 하지 못한 채 幕府에 숙직을 하며 온갖 상념에 젖었음을 표출한 것임.

2. 清 施均父의《硯傭說詩》에 "悲字·好字, 作一頓挫, 實七律奇調, 令人讀爛
不覺耳"라 함.

3. 韻脚은 殘·看·難·安.

4.《杜詩諺解》初刊本(15)

물ᄀᆞ ᄀᆞᅀᆞᆷ 幕府에 우므렛 머귀 서늘ᄒᆞ니
ᄀᆞ룺 城에 ᄒᆞ오ᅀᅡ 자니 미레 현 브리 ᄉᆞ라 가놋다
긴 밦 吹角 소리예 슬허셔 내 말ᄒᆞ노니
하ᄂᆞᆳ 가온ᄃᆡ ᄃᆞᆳ 비치 됴ᄒᆞ니 눌와 보리오
風塵이 어른어른 ᄒᆞ야시니 音書ㅣ 그첫고
關塞ㅣ 서의ᄒᆞ니 녀ᄃᆞ니는 길히 어렵도다
ᄒᆞ마 伶俜ᄒᆞᆫ 열 ᄒᆡ옛 이를 견듸옛노니
고ᄃᆞᆯ파 올마 ᄒᆞᆫ 가지 예 깃 기서 便安히 잇노라

179

〈閣夜〉 ···································· 杜甫

서각에서의 밤

세밑 세월은 겨울 짧은 해를 재촉하고,
하늘 끝 이곳에는 서리와 눈이 그치더니 밤 기운이 차구나.
오경의 고각鼓角 소리 비장함이 더하고,
삼협의 별과 은하 전쟁 조짐 예고하네.
들의 집집마다 들리는 곡소리는 전투 소식을 들었음이요,
자신들 민요소리는 몇 곳에서는 어부들과 나무꾼이 시작한 것이지.
와룡선생이나 공손술도 죽고 나서는 모두 누런 흙이 되고 말았는데,
사람의 일에 소식이나 편지조차 아득하니 적막하기 그지없네.

歲暮陰陽催短景, 天涯霜雪霽寒宵.
五更鼓角聲悲壯, 三峽星河影動搖.
野哭千家聞戰伐, 夷歌數處起漁樵.
臥龍躍馬終黃土, 人事音書漫寂寥.

【閣夜】 閣은 지명. 두보가 蜀을 떠나 夔州의 西閣이라는 곳에 잠시 살았음.
【陰陽】 날씨가 맑고 어두움을 말함. 혹 日月을 가리키기도 함.
【短景】 '景'은 '影'과 같으며 겨울이 되어 해가 짧아짐을 뜻함.

【天涯】夔州에 살아 長安과 아주 멀리 떨어져 있음을 말함.

【霽】비나 구름이 사라져 날씨가 갬.

【寒宵】'宵'는 밤. 그러나 《杜詩諺解》에는 '霄'자로 잘못 여겨 '하늘'로 해석
  하였음.

【五更】고대 하룻밤을 甲乙丙丁戊 등 다섯 更으로 나누었으며, 그중 五更은
  날이 밝아오기 직전의 시간.

【鼓角】군대에서 북이나 角으로 시간을 알림을 말함.

【三峽】重慶의 奉節에서 湖北 宜昌까지의 長江의 세 곳 협곡.《太平寰宇記》
  (夔州)에는 西峽·巫峽·歸峽을 들었으나 지금은 瞿塘峽·巫峽·西陵峽을
  三峽이라 하며, 다시 小三峽이 있음. 夔州는 이 삼협에 가까이 있음.

【影動搖】별 그림자가 어른거림. 전쟁의 징조가 있음을 말함.《史記》天官
  書에 "禮德義殺刑盡失, 而塡星乃爲之動搖"라 하였고,《漢書》五行志에는
  漢 武帝 元光 元年 하늘의 별이 모두 흔들렸으며 얼마 뒤 전쟁이 끊이지
  않았다고 하였음.

【千家】다른 본에는 '幾家'로 되어 反語法 표현으로 보고 있음.

【戰伐】두보가 이 시를 짓기 전해(765) 10월 成都尹 郭英義가 병마사 崔旰
  에게 공격을 당하여 죽자, 邛州·瀘州·劍南三牙將이었던 柏茂琳·楊子琳·
  李昌夔 등이 군사를 일으켜 崔旰을 토벌하는 등 촉 땅에 난이 일어남.
  그런가 하면 吐蕃이 다시 촉을 공격하여 松州가 함락되었음.

【夷歌】西南夷의 소수민족의 노래. 자신들의 신세 한탄을 하며 다가올
  고난을 잊고자 민요를 부름.

【幾處】다른 본에는 '數處'로 되어 있음.

【起漁樵】'漁樵'는 고기 잡는 漁夫와 나무하는 樵夫. '起'는 '노래를 부르기
  시작함'.

【臥龍】諸葛亮(191~234)을 가리킴.《三國志》蜀志 諸葛亮傳에 "徐庶見先主,
  先主器之, 謂先主曰:「諸葛孔明者, 臥龍也, 將軍豈願見之乎?」先主曰:「君與
  俱來.」庶曰:「此人可屈致也. 將軍宜枉駕顧之.」"라 함. 夔州에 武侯祠가 있음.

【躍馬】公孫述. 자는 子陽. 西漢 말 王莽의 혼란한 틈을 타서 成都에서 기병
  하였던 인물. 茂陵사람으로 更始 때부터 蜀을 근거지로 칭제하며 스스로
  '白帝'라 하고 국호를 成이라 하였음. 뒤에 光武帝 劉秀에게 평정됨. 기주의
  삼협 입구에 '白帝城'이 있으며 그 동쪽에 白帝廟가 있음. 晉 左思의 〈蜀都賦〉
  에 "公孫躍馬而稱帝"라 함.

【音書】 친구나 친척, 가족의 소식이나 편지. '제갈량도 공손술도 죽고 없는데 살아 있는 자신은 오지도 않을 소식을 부질없이 기다리는 심정이 지극히 적막하다'는 의미임.

참고 및 관련 자료

1. 이는 大曆 원년(766) 두보가 蜀을 떠나 夔州의 西閣에 우거할 때의 작품이며, 당시 두보는 55세로써 군벌의 혼란과 吐蕃의 소요, 나아가 李白·高適·嚴武·蘇源明 등 친구들이 모두 세상을 떠나 암울함 속에 젖어 있을 때였음.

2. 《漁隱叢話》(前集)에 《西淸詩話》를 인용하여 "作詩用事要如禪家語, 水中著鹽, 飮水乃知鹽味, 此說詩家秘密藏也. 如'五更鼓角聲悲壯, 三峽星河影動搖', 人徒見凌轢造化之工, 不知乃用事也. 〈禰衡傳〉: 撾漁陽調, 聲悲壯. 〈漢武故事〉: 星辰動搖, 東方朔謂民勞之應. 則善用事者, 如繫捕影, 豈有迹邪?"라 함.

3. 韻脚은 宵·搖·樵·寥.

4. 《杜詩諺解》初刊本(14)

歲暮애 陰陽이 뎌른 히롤 뵈아느니

하늜 ᄀᆞᆺ샛 霜雪이 츤 하늘히 가얏도다

五更에 鼓角소리ᄂᆞ 슬프며 壯大ᄒᆞ고

三峽에 별와 銀河ᄂᆞ 그르메 이어놋다

ᄆᆡ해셔 우는 즈믄 지브란 사호매 주근 고돌 듣노니

되 놀애ᄂᆞ 몃 고대셔 고기 자브며 나모 뷔리 니ᄂᆞ니오

龍이 누어시며 몰 들이던 이리 ᄆᆞᄎᆞ매 누른 홀기 드외얏도소니

사ᄅᆞ미 일와 音信ㅅ 글월왜 속졀업시 괴외ᄒᆞ도다

〈詠懷古跡〉五首(1) ······································· 杜甫

옛 고적을 회고하며 읊음(1) 유신庾信

동북쪽이 안록산의 난으로 풍진이 일어나매,
나는 서남쪽 천지간을 유랑하게 되었네.
삼협의 누대는 일월의 흐름 속에 잠기어 있는데,
오계의 소수민족의 알록달록 의복은 구름색과 함께 하도다.
오랑캐 출신 안록산은 끝내 믿을 수 없는 사기꾼,
글 쓰는 이 나그네 때가 되어도 돌아갈 수 없음을 슬퍼하도다.
유신은 평생 가장 쓸쓸한 떠돌이로서,
만년에 시부서 고향 강릉을 떠들썩하게 하였었지.

支離東北風塵際, 漂泊西南天地間.
三峽樓臺淹日月, 五溪衣服共雲山.
羯胡事主終無賴, 詞客哀時且未還.
庾信平生最蕭瑟, 暮年詩賦動江關.

【支離】흩어져 정착하지 못함을 뜻하는 疊韻連綿語. 流離와 같음.
【東北風塵際】安祿山의 난으로 사방이 바람과 먼지에 휩싸임을 말함.

【三峽】 長江 중류의 협곡. 武峽·西陵峽·瞿塘峽을 가리킴. 지금도 그 경승지는 천하에 이름을 떨치고 있음.

【五溪】 지금의 湖南 서부 일대 武陵의 五溪.《水經注》에 "武陵有五溪, 謂雄溪·橫溪·酉溪·沅溪·辰溪也"를 함.

【衣服】 서남쪽 소수민족의 알록달록한 옷 색깔. 그 지역에는 盤瓠(槃瓠)族이 살고 있으며 五溪蠻이라 불렀음. 盤瓠族은《搜神記》(14)에 의하면 개의 후손이라는 신화를 가지고 있음. 한편《後漢書》南蠻傳에는 "武陵五溪蠻, 皆槃瓠之後. 槃瓠, 犬也. 得高辛氏少女, 生六男六女, 織績皮衣, 好五色衣服"이라 하여 알록달록한 오색의 의복을 만들어 입는 풍속이 지금까지도 이어짐.《魏略》에도 "高辛氏有老婦, 居王室, 得耳疾, 挑之, 乃得物大如繭. 婦人盛瓠中, 覆之以槃, 俄頃化爲犬, 其文五色, 因名槃瓠"라 함.

【羯胡】 羯은 五胡의 하나. 安祿山을 가리킴. 안록산은 원래 營州의 雜胡(突厥族) 출신이었으며《十八史略》(5)에 "祿山本營州雜胡也. 初名阿犖山, 母再適安氏, 故冒其姓. 部落破散逃來, 狡黠爲守珪所愛"라 함.

【詞客】 문인, 시인. 두보 자신과 옛날 庾信의 유랑을 비유함.

【庾信】 자는 子山(513~581). 庾肩吾의 아들. 新野 사람. 徐陵과 이름을 다투었으며, 당시 문체를 '徐庾體'라 하였음. 右衛將軍을 거쳐 武康縣侯에 봉해짐. 侯景의 난으로 建康이 함락되자, 江陵으로 피하였다가 西魏에 사신의 서울(長安)에 사신으로 갔다가 그곳에 억류되었으며 뒤에 北周가 들어서자 臨清縣子에 봉해짐. 북주의 明帝·武帝가 모두 문학을 좋아하여, 그를 놓아주지 않은 채 驃騎大將軍, 開府儀同三司에 임명하여 흔히 그를 '庾開府'라 부름. 그러나 그는 항상 고향으로 돌아가고 싶은 생각에 〈哀江南賦〉를 지었음.《北史》(83) 文苑傳과《周書》(41)에 전이 있으며《庾子山集》이 있음.《北史》庾信傳에 "信在周雖位望通顯, 常有鄕關之思, 乃作〈哀江南賦〉. 其辭曰: '信年始二毛, 卽逢喪亂, 狼狽流離, 至于暮齒. 燕歌遠別, 悲不自勝; 楚老相逢, 泣將何及!'又云: '將軍一去, 大樹飄零; 壯士不還, 寒風蕭瑟.'"이라 함.

【無賴】 無賴輩. 믿음이 없는 악한, 사기꾼.

【江關】 강릉의 관향. 荊州의 江陵을 가리킴. 梁 元帝가 임시로 江陵에 도읍을 정하였으며, 庾信이 周로 들어가기 전에 일찍이 江陵에 살았음. 그가 산 곳이 宋玉의 옛집이었다고도 함.

1. 이는 두보가 蜀을 나와 夔州를 유랑할 때인 大曆 원년(766) 각 유적지를 돌아다니며 감회를 읊은 것임.

2. 남북조를 살았던 庾信의 사정을 비유하여 자신의 신세를 슬퍼한 것임. 유신이 侯景의 난으로 北周에 머물러 살았듯이, 자신도 安祿山의 난을 만나 西南지역을 유랑하게 된 사정과 유신의 〈哀江南賦〉에 빗대어 文才를 은근히 自慰한 것임.

3. 韻脚은 間·山·還·關임.

4. 《杜詩諺解》初刊本(3)

東北에 ㅂ롮 ㄱ싀 드틂 ㄱ싀 支離히 돈니고
西南ㅅ 하ᄂᆶ 짜 ᄉᆞᅀᅵ예 떠 브터 돈니노라
三峽ㅅ 樓臺예 히 ᄃᆞ래 머믈오
五溪ㅅ 오ᄉᆞ란 구룸 낀 뫼햇 사름과 다뭇 ᄒᆞ노라
되이 님금 셤규믄 ᄆᆞᆺ매 資賴 홀 ᄃᆡ 업스니
글 홀 客이 슬픈 ᄢᅴ 쏘 도라가디 몯ᄒᆞ얫노라
庾信이 平生애 안직 蕭瑟ᄒᆞ니
늘근 나해 詩賦ㅣ 江關앳 ᄠᅳ들 뮈우니라

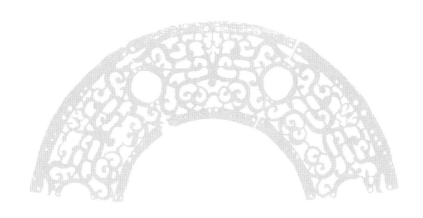

180-2

〈詠懷古跡〉五首(2) ························ 杜甫

옛 고적을 회고하며 읊음(2) 송옥宋玉

쓸쓸히 떨어지는 초목이란 말을 통해 송옥의 슬픔을 깊이 알겠고,
그의 풍류와 유아儒雅함도 역시 나의 스승이로다.
천추를 지난 지금 그를 앙망하며 내 창연히 눈물을 한 번 훌뿌리니,
나와 다른 시대로써 같은 때에 살 수 있지 않음을 쓸쓸히 여기도다.
강산에 그의 고택에는 한갓 문채에 대한 명성만 남아 있고,
무산 운우의 황대가 어찌 꿈속에서만 있을 일이리오!
가장 안타깝기로는 초나라 궁궐이 모두 민멸되어 사라진 것,
뱃사람이 손으로 가리키는 곳이 그 자리인지 지금도 의심스럽도다.

搖落深知宋玉悲, 風流儒雅亦吾師.
悵望千秋一灑淚, 蕭條異代不同時.
江山故宅空文藻, 雲雨荒臺豈夢思!
最是楚宮俱泯滅, 舟人指點到今疑.

【搖落】宋玉의 〈九辯〉에 "悲哉! 秋之爲氣也. 蕭瑟兮, 草木搖落而變衰. 憭慄兮,
若在遠行, 登山臨水兮, 送將歸"라 함. 이 구절을 두고 말한 것임.
【宋玉】전국시대 楚나라 辭賦家. 屈原의 제자. 그의 故宅은 《輿地紀勝》에

"歸州(湖北 秭歸)宋玉宅在州東五里"라 함. 그 외 陸游의《入蜀記》에는 "宋玉宅在秭歸縣之東, 今爲酒家, 舊有石刻'宋玉宅'三字"라 함.

【故宅】江陵과 歸州(지금 湖北 秭歸縣)에 있는 宋玉의 故宅. 송옥의 故宅은 《輿地紀勝》에 "荊湖北路江陵府, 宋玉宅卽庾信所居"라 함.

【蕭條】쓸쓸함을 표현하는 疊韻連綿語.

【雲雨荒臺】荒臺는 陽雲臺. 지금의 四川省 巫山縣 陽臺山 위에 있음. 宋玉의 〈高唐賦〉에 "楚 懷王이 꿈에 巫山 神女와 만났는데 그 여인이 떠나면서 '나는 무산의 남쪽, 고구의 북쪽에 살며, 아침에는 구름이 되고 저녁에는 비가 되어 아침저녁으로 양대 아래에 있습니다'라 하여 그곳에 사당을 짓고 '조운대'라 하였다 함."(楚懷王游高唐, 夢遇神女. 去而辭曰:「妾在武山之陽, 高丘之陰. 旦爲朝雲, 暮爲行雨, 朝朝暮暮. 陽臺之下.」因爲之立廟, 號曰朝雲.) 뒤에 '雲雨'는 흔히 남녀의 만남을 의미하는 말로도 널리 쓰임.

【楚宮】楚國의 宮殿, 戰國시대 楚나라는 郢(지금의 湖北 江陵)이었음.

참고 및 관련 자료

1. 이는 전국시대 宋玉과 그의 〈高唐賦〉에 실려 있는 雲雨之情을 읊은 것임.

2. 《唐宋詩擧要》에 蔣紹孟의 말을 인용하여 "此因宋玉有感於平生著述之情也. 蓋謂自古作者用意之深, 非俗人所解, 今思宋玉搖落之感, 具有深悲, 惜未得與同時一爲傾寫耳. 乃雲雨荒臺, 本爲諷諫, 而至今行舟指點, 徒結念於神女襄王, 玉之心將有不白於千秋異代者, 公詩凡此者多矣. 故特於宋玉三致意焉"이라 함.

3. 韻脚은 師·時·思·疑.

4. 《杜詩諺解》初刊本(3)

이어 뻐러 듀메 宋玉이 슬호믈 기피 알리로소니

風流와 儒雅왜 또 내 스승이로다

千秋에 슬허 브라셔 흔 번 눉므를 쓰리노니

머러 代ㅣ 달아 흔 삐 몯나라

江山 녯 지븨 쇽졀업시 文章 곳 잇도소니

구룸과 비왓 거츤 臺를 어느 꾸메 스랑ᄒ료

안직 이 楚ㅅ 宮闕이 다 泯滅ᄒ니

빈 톤 사ᄅ미 ᄀᄅ쳐셔 이제 니르리 疑心ᄒ나다

180-3

〈詠懷古跡〉五首(3) ·························· 杜甫

옛 고적을 회고하며 읊음(3) 왕소군王昭君

뭇 산과 만 골짜기를 지나 형문에 다다르니,
왕소군이 태어나 자란 곳 지금도 그 마을이 그대로 있네.
한 번 왕궁을 떠나 연이어 먼 북쪽 사막 흉노 땅으로 가서는,
홀로 남겨 놓은 청총만이 황혼을 향하고 있겠지.
화공을 통해 왕소군의 아름다움을 깊이 살펴야 했는데,
그 아름다움 헛되이 달밤에 혼백으로 떠돌게 하였구나.
천 년을 두고 들려오는 비파의 흉노어 노래,
원망과 한을 그 곡 중에 분명코 표현했으리라.

群山萬壑赴荊門, 生長明妃尙有村.
一去紫臺連朔漠, 獨留靑塚向黃昏.
畫圖省識春風面, 環佩空歸月夜魂.
千載琵琶作胡語, 分明怨恨曲中論.

【荊門】荊門山. 지금의 湖北省 荊門縣 남쪽에 있음. 山勢의 모습이 마치 門과
같아 이름이 붙여진 것으로 長江 南岸에 있어 北岸의 虎牙山과 대칭을
이루고 있음. 두보가 그러한 산세를 지나 왕소군이 태어난 곳을 향하여

찾아갔음을 말함. 혹 "장강의 물이 만학천봉을 뚫고 형문으로 흐르다"의 뜻으로 풀이하기도 함.

【明妃】王昭君. 王嬙. 지금의 湖北 秭歸縣 동쪽 40리 長江 三峽 근처에 출생 유지가 있음. 晉나라 때 司馬昭의 이름 '昭'자를 피하여 明君이라 불렀음. 漢나라 元帝 때의 宮人으로 畫工 毛延壽가 고의로 醜하게 그려 임금의 사랑을 받지 못하였으며, 도리어 漢 元帝 竟寧 元年(B.C.33), 흉노의 호한야선우(虖韓邪單于)가 漢나라 宮女를 요구하여 자신의 연지(閼氏, 왕비)를 삼고자 함에 王昭君을 주어 화친을 맺기로 약속하였음. 그가 떠날 때 元帝가 불러보고 그녀의 美色을 그제야 알아차리고 모연수를 斬首하였음. 왕소군은 흉노로 보내져서 寧胡閼氏가 되었고, 호한야선우가 죽자 그 아들 株絫若鞮單于가 다시 왕소군을 아내로 삼아 딸 둘을 낳음. 왕소군은 죽은 후 흉노 땅에 묻혔는데 풀이 나지 않아 '靑冢'이라 부름. 지금의 內蒙古 후허호트(呼和浩特)市 남쪽에 있음. 그는 한나라를 그리워하여 "胡地無花草, 春來不似春"(唐 東方虬의 〈昭君怨〉(明妃曲))의 구절을 낳기도 하였음. 뒤에 역대 문인들은 王昭君을 두고 많은 작품을 남겨 王安石의 〈明妃曲〉歐陽脩의 〈明妃曲〉외에 특히 元曲《漢宮秋》는 이 고사를 바탕으로 이루어진 것으로, 원극 최고의 작품으로 알려져 있음. 《漢書》元帝紀, 匈奴傳 및 《太平廣記》 (210), 《西京雜記》(2), 《歷代名畫記》등에 널리 그의 고사가 전함.

【紫臺】紫宮. 帝王이 居處하는 궁궐. 江淹의 〈恨賦〉에 "明妃去時, 仰天太息, 紫臺稍遠, 關山無極"이라 함.

【朔漠】'朔'은 북방, '漠'은 沙漠. 북방 漠塞의 흉노 땅을 말함.

【靑塚】王昭君의 墓. 지금의 내몽고자치구 후허호트 시 남쪽에 있음. 그가 풀이 푸른 남쪽 한나라를 그리워하다가 죽어, 그곳 흉노 땅에 풀이 제대로 자라지 않아도 王昭君 墓의 풀만은 은 푸르렀다 하여 '靑塚(靑冢)'이라 부른다 함.

【畫圖】《西京雜記》(2)「畫工棄市」에 "元帝後宮旣多, 不得常見, 乃使畫工圖形, 案圖召幸之. 諸宮人皆賂畫工, 多者十萬, 少者亦不減五萬, 獨王嬙不肯, 遂不得見. 匈奴入朝求美人爲閼氏, 於是上案圖以昭君行. 及去, 召見, 貌爲後宮第一, 善應對, 擧止閑雅, 帝悔之. 而名籍已定, 帝重信於外國, 故不復更人. 乃窮案其事, 畫工皆棄市, 籍其家, 資皆巨萬. 畫工有杜陵毛延壽, 爲人形, 醜好老少, 必得其眞. 安陵陳敞, 新豊劉白·龔寬, 並工爲牛馬飛鳥, 亦肖人形, 好醜不逮延壽. 下杜陽望亦善畫, 尤善布色. 樊育亦善布色. 同日棄市. 京師畫工, 於是

差稀"라 함.

【省識】잘 살펴 제대로 알아봄.

【春風面】봄바람과 같은 王昭君의 아름다운 美貌.

【環珮】고대 婦人들의 裝飾品. 王昭君을 가리킴.

【月夜魂】달 밝은 밤이면 그 혼백이 고향 그리워 한나라 궁궐로 돌아와 안타깝게 헤맴.

【分明怨恨曲中論】《琴操》에 왕소군을 두고 "心思不樂, 心念鄉土, 乃作〈怨曠思惟歌〉"라 하였고, 郭茂倩의 《樂府詩集》에는 "琴曲有〈昭君怨〉"이라 하였으나, 지금은 전하지 않으며 모두가 뒷사람이 의탁하여 지은 것임. 한편 晉 石崇(季倫)의 〈王明君辭〉 序에 "王明君者, 本是王昭君. 以觸文帝諱, 故改之. 匈奴盛, 請婚於漢. 元帝以後宮良家子明君配焉. 惜公主嫁烏孫, 令琵琶馬上作樂, 以慰其道路之思. 其送明君, 亦必爾也. 其造新曲, 多哀怨之聲, 故敍之於紙云爾"라 함.

【胡語】匈奴語.

【論】하고자 하는 의견을 말함.

참고 및 관련 자료

1. 이 시는 王昭君의 기구한 운명을 두고 감회를 읊은 것임.

2. 明 朱孟震의 《續玉笥詩談》에 "考明妃事, 班史紀之甚詳, 無足道者. 靑塚之傳, 畫史之誤, 良不可信. 自石季倫濫觴爲曲, 而後世詞人, 連篇累牘, 競新角異. 總之, 不出哀怨悼憤, 更無責其謬者. 杜陵氏, 百代詩聖也, 而猶祖雜記之說, 何也? 至琵琶胡語, 本出烏孫, 季倫創之, 後世不察, 而竟指爲一事, 又可發笑矣"라 함.

3. 본 시에 대해 吳瞻泰는 "謂山水逶迤, 鍾靈毓秀, 始産一明妃, 說得窈窕紅顏, 驚天動地"라 하였고, 吳汝綸은 "篇末歸重琵琶, 尤其微旨所寄, 若曰雖千載已上之胡曲, 苟有知音者聆之, 則怨恨分明若面論也. 此自喩其寂寥千載之感也"라 함.

4. 王嗣奭의 《杜臆》에 "因昭君村以悲其人. 昭君有國色, 而入宮見妒, 公亦國士, 而入朝見嫉; 正相似也. 悲昭以自悲也"라 함.

5. 《圍爐詩話》에는 "浩然一往中, 復有委婉曲折之致"라 함.

6. 高步瀛의《唐宋詩擧要》에는 "篇末歸重琵琶, 尤其微旨所寄, 若曰'雖千載已
上之胡曲, 苟有知音者聆之', 則怨恨分明若面論也. 此自喩其寂寞千載之感也"
라 함.

7. 韻脚은 村·昏·魂·論.

8.《五言唐音》에 의하면 方東虯의〈昭君怨〉5수가 실려 있음.

(1) 漢道方全盛, 朝廷足武臣. 何須薄命妾, 辛苦事和親?

(2) 昭君拂玉鞍, 上馬啼紅頰. 今日漢宮人, 明朝胡地妾.

(3) 掩淚辭丹鳳, 含悲向白龍. 單于浪驚喜, 無復舊時容.

(4) 萬里邊城遠, 千山行路難. 擧頭惟見日, 何處是長安?

(5) 胡地無花草, 春來不似春. 自然衣帶緩, 非是爲腰身.

9.《杜詩諺解》初刊本(3)

한 묏 萬壑앳 므리 荊門으로 가ᄂ니

明妃ㅣ 기러 난 村이 오히려 잇도다

ᄒᆞᆫ 번 紫臺를 벙으리 왇고 朔漠애 니서가니

ᄒᆞ올로 프른 므더믈 머믈워 黃昏애 向ᄒᆞ야 잇도다

그리메 春風 ᄀᆞ튼 ᄂᆞ츨 보아 알리로소니

챗ᄂᆞᆫ 玉은 ᄃᆞᆲ 바밋 넉시 ᄒᆞᆫ갓 가도오놋다

千歲예 琵琶애 되 마를 지스니

번득히 怨恨을 놀앳 가온ᄃᆡ 議論ᄒᆞ도다

180-4

〈詠懷古跡〉五首(4) ························· 杜甫

옛 고적을 회고하며 읊음(4) 유비劉備

촉의 임금 유비가 오나라를 엿보아 삼협으로 나섰으며,
돌아가신 해에도 역시 영안궁에서 붕어하셨네.
당시 취화가 빈산에 휘날리는 모습을 상상했더니,
옥전에는 허무하게 들판 허물어진 절간이 되고 말았네.
옛 사당의 삼나무, 소나무에는 물가 학이 둥지를 틀고,
삼복과 납일 세시에 촌로들이 달려가 제사를 올리네.
무후 제갈량 사당은 항상 그 근처에 있어,
한몸 같았던 임금과 신하라 똑같이 제사를 받네.

蜀主窺吳幸三峽, 崩年亦在永安宮.
翠華想像空山裏, 玉殿虛無野寺中.
古廟杉松巢水鶴, 歲時伏臘走村翁.
武侯祠屋常鄰近, 一體君臣祭祀同.

【蜀主】劉備. 자는 玄德. 221~223년 재위하고 그 아들 후주 劉禪이 뒤를 이음.
《三國志》蜀志에 傳이 있음.《十八史略》(3)에 "涿郡劉備字玄德, 其先出於景帝,
中山靖王勝之後也. 有大志少語言, 喜怒不形於色. 河東關羽·涿郡張飛, 與備

相善, 備起, 二人從之"라 함.

【窺吳】일부본에는 '征吳'로 되어 있음. 劉備가 章武 元年(221)에 帝를 칭하고, 그 이듬해 직접 군사를 이끌고 吳를 쳤으나 실패하고 말았음. 이것이 실패의 가장 큰 원인이 되어 촉이 망하고 만 것이라 여긴 것.

【幸】君主가 직접 수레를 타고 행차하는 것.

【三峽】長江 중류 지금의 宜昌(葛州)으로부터 武漢에 이르는 대협곡. 武峽・西陵峽・瞿塘峽. 이곳을 통과해야 장강 하류의 吳나라로 나아갈 수 있음.

【崩年】章武 3년(223) 劉備가 붕어하였음.《三國志》蜀志 先主傳에 의하면 "章武元年, 先主忿孫權之襲關羽, 將東征. 秋七月, 遂率諸師伐吳. 二年二月, 先主自秭歸率諸將進軍, 緣山截嶺, 於夷道猇亭駐營. 夏六月, 陸遜大破先主軍於猇亭. 先主還秭歸, 收合離散兵, 遂棄船舫, 由步道還魚復. 改魚復縣曰永安縣. 三年春, 丞相諸葛亮自成都到永安. 夏四月癸巳, 先主殂于永安宮"이라 함.

【永安宮】그 永安宮에서 帝를 칭하고 역시 그 궁궐에서 죽었음. 영안궁은 公孫述이 건립한 것이며 夔州 서쪽 7리에 있음.

【翠華】皇帝의 儀仗 깃발. 翠羽로 장식하였음.

【玉殿】《全唐詩》原注에 "展今爲寺, 在宮之東"이라 함.

【水鶴】물가에 사는 학.

【伏臘】伏은 三伏, 臘은 12월의 제사 이름. 伏은 五行 중의 金氣가 엎드려 숨어 기다리기 시작하는 날이라는 뜻이며, 夏至 후 세 번째 庚日을 初伏, 네 번째 경일을 中伏, 그리고 입추 후 첫 번째 경일을 末伏으로 하여 三伏이라 함.(《太平御覽》時序部 伏日) 한편 臘은 臘祭를 가리키며 원래 12월에 지내던 제사 이름. 그 뒤 12월을 지칭하는 말로 굳어짐.(《新唐書》曆志 二) 夏나라는 '嘉平', 殷나라는 '淸祀', 周나라는 '사(蜡)', 秦나라는 '랍(臘)'이라 불렀으며, 漢나라 이후로는 진나라 풍습을 이은 것임.

【武侯祠】諸葛亮(시호는 武侯)을 모신 사당.

참고 및 관련 자료

1. 이 시는 三國 蜀漢의 劉備를 추모하고 아울러 諸葛亮을 그리워하며 읊은 것임.

2. 高步瀛의《唐宋詩擧要》에 "先主一章, 特以引起武侯"라 함.

3. 淸 黃叔燦의 《唐詩淺注》에는 "此詩似無詠懷意, 然俯仰中有無限感慨"라 함.

4. 淸 何焯의 《義門讀書記》에는 "先主失計, 莫過窺吳, 喪敗塗地, 崩殂隨之; 漢室不可復興, 遂以蜀主終矣. 所賴托孤諸葛, 心身不二, 猶得支數十年祚耳. 此篇敍中有斷言, 婉而辨, 非公不能"이라 함.

5. 韻脚은 宮·中·翁·同.

6. 《杜詩諺解》 初刊本(3)

蜀ㅅ 님그미 吳를 엿보아 三峽에 行幸ᄒ니
주그실 ᄒ예 ᄯㅗ 永安宮에 겨시니라
翠華를 븬 묏 소배 스치노니
玉殿은 믜햿 뎘 가온ᄃᆡ 뷔옛도다
녯 廟앳 衫과 松앤 묽 鶴이 깃 ᄒ얏고
歲時ㅣ 三伏과 臘日앤 ᄆᆞᆺ 한아비 ᄃᆞᆯ히 ᄃᆞ니롯다
武侯의 祠堂이 기리 이우졔 갓가오니
ᄒᆞᆫ 體옛 님금과 臣下ᄀᆞᆯ신 祭祀를 ᄒᆞᆫ가지로 ᄒᆞ놋다

180-5

〈詠懷古跡〉五首(5) ······························· 杜甫

옛 고적을 회고하며 읊음(5) 제갈량諸葛亮

제갈량의 큰 이름 우주에 드리웠고,
종신으로서의 초상화는 엄숙하고 청고하다.
천하를 삼분하여 차지할 계책을 세우셨으니,
만고와 온 하늘 끝에 하나의 봉황새로다.
백중지간의 업적은 이윤과 여상처럼 드러나고,
지휘를 쉽게 결정하는 능력에는 소하나 조삼이라도 실색할 정도였지.
운이 다하여 한나라 복록이 끝을 맺고 회복되기 어려워지자,
뜻을 견결히 하고 군무에 힘쓰다가 그 몸을 마쳤네.

諸葛大名垂宇宙, 宗臣遺像肅清高.
三分割據紆籌策, 萬古雲霄一羽毛.
伯仲之間見伊呂, 指揮若定失蕭曹.
運移漢祚終難復, 志決身殲軍務勞.

【諸葛亮】자는 孔明(191~234). 漢末 陽都人으로 은거하여 스스로 밭을 갈며
　　자신을 管仲과 樂毅에 비교하여 사람들이 그를 臥龍先生이라 불렀음. 뒤에
　　蜀漢 劉備의 三顧草廬로 불려가 天下三分之策을 정하고 유비를 도와

荊州와 益州를 차지하여 吳·蜀·魏 삼국정립을 이루었음. 유비의 遺囑에 의해 그 아들 劉禪을 도와 〈出師表〉를 쓰고 북벌을 시도했으나, 五丈原에서 생을 마침. 죽은 뒤 武鄕侯에 봉해졌으며 시호는 忠武. 《三國志》(35)에 전이 있음. 隋 王通의 《文中子》에 "諸葛武侯不死, 禮樂其有興乎!"라 함.

【宗臣】 大臣. 重臣. 《漢書》 蕭何曹參傳에 "唯何參擅功名, 位冠群臣, 聲施後代, 爲一代之宗臣"이라 하였고, 《三國志》 蜀志 武侯傳 張儼 주에 "一國之宗臣, 霸王之賢佐"라 함.

【三分】 제갈량이 劉備의 三顧草廬로 불려가 天下三分之策을 정하고 유비를 도와 荊州와 益州를 차지하여 吳·蜀·魏 삼국정립을 이루었음.

【遺像】 남아 있는 초상화. 혹은 彫像이나 塑像.

【紆籌策】 '紆'는 '얽음, 치밀하고 복잡한 계획을 세움'등의 뜻. 籌策은 계획을 세워 책략을 꾸밈. 《史記》 高帝紀에 "夫運籌帷幄之中, 決勝千里之外, 吾不如子房"이라 함.

【萬古雲霄】 '萬古'는 시간, '雲霄'는 공간. 시공을 뛰어넘어 훌륭함을 표현하는 말. 雲霄는 구름 높은 하늘을 뜻함.

【羽毛】 난새와 봉황새를 대신하여 표현한 것. 다른 새와 달리 하늘 높이 날아 올라 큰 뜻을 보임. 《梁書》 劉遵傳에 "此亦威鳳一羽, 足以驗其五德"이라 하였으며, 楊倫의 註解本에 "言武侯才品之高, 如雲霄之一羽毛耳"라 함.

【伯仲之間】 兄弟之間의 다른 말. 차이가 없거나 공적의 뛰어남을 가릴 수 없을 때 쓰는 말.

【尹呂】 伊尹과 呂尙. 이윤은 商湯을 도와 하나라 폭군 걸을 멸하고 商(殷)을 세운 창업대신. 여상은 姜太公(子牙)이며 周 文王, 武王을 도와 殷의 폭군 紂를 멸하고 周나라를 일으킨 인물. 원래 太公은 古公亶甫(古公亶父)를 가리키며, 그가 기다리던 인물이라는 뜻으로 여상을 姜太公이라 부른 것.

【指揮若定】 쉽게 결정을 함. 결단을 과감하게 내림. 《漢書》 陳平傳에 "誠能去兩短, 集兩長, 天下指揮卽定矣"라 함.

【蕭曹】 蕭何와 曹參. 둘 모두 漢 高祖 劉邦의 謀臣으로 漢나라 건국에 큰 공훈을 세운 인물들. 蕭何(?~B.C.193). 沛縣(현재는 江蘇省內에 있음) 사람으로 秦 말기에 劉邦을 도와 병사를 일으켜 공을 세움. 후에 유방은 漢王이 되고 소하는 丞相이 되었으며, 高帝 11년에 승상을 相國으로 개칭함. 《史記》 蕭相國世家 참조. 曹參은 漢初 高祖 劉邦과 같은 고향으로 유방이 군사를 일으키자 따라 나서서 많은 공을 세웠으며, 平陽侯에 봉해짐. 뒤에 齊王 劉肥의

재상을 거쳐 蕭何의 뒤를 이어 상국에 오름.《史記》曹相國世家 참조.

【漢祚】漢나라 법통을 이어갈 복. 나라의 운명과 조대의 연결.

【身殲】순직함. 충성을 다 바치고 그 몸을 마침. 〈出師表〉에 "鞠躬盡瘁, 死而
後已"라 함.

참고 및 관련 자료

1. 두보는 특히 제갈량을 높이 앙모하였으며,
여기에서도 역시 그의 일생 불우함을 노래한
것임.

2. 吳汝綸은 "公生平意量, 初不屑屑以文士自甘.
常有經營六合之慨. 每詠武侯輒悵觸不能自已,
此其素志然也. 前幅尤壯偉非常, 淋漓獨絶, 全篇
精神所注在此, 故以爲結束"이라 함.

諸葛亮(孔明) 《三才圖會》

3. 明 謝榛의 《四溟詩話》에 "七言絶律, 起句借韻, 謂之孤雁出群, 宋人多有之,
寧用仄字, 勿借平字, 若子美先帝貴妃俱寂寞, 諸葛大名垂宇宙是也"라 함.

4. 韻脚은 高·毛·曹·勞.

5. 《杜詩諺解》初刊本(3)

諸葛의 큰 일후미 宇宙에 드리옛ᄂᆞ니

宗臣의 기틴 얼구리 싁싁기 ᄆᆞᆰ고 놉도다

세헤 ᄂᆞ화 버혀 브터 쇼매 籌策이 얼겟더니

萬古애 구룸 ᄭᅵᆫ 하ᄂᆞᆯ해 ᄒᆞᆫ 羽毛ᄀᆞᆮ도다

兄弟 ᄉᆞ시로 伊尹 呂望ᄋᆞᆯ ᄇᆞ리소소니

指揮ㅣ 一定홀 ᄃᆞᆺ 더니 蕭何 曹參ᄋᆞᆯ 일토다

運이 漢ㅅ 福을 옮겨 ᄆᆞᄎᆞ매 興復호ᄆᆞᆯ 어려이 ᄒᆞ니

ᄠᅳ든 決定호ᄃᆡ 軍務의 ᄀᆞᆺ보매 모미 죽도다

181

〈江州重別薛六柳八二員外〉 ································· 劉長卿

강주에서 설육과 유팔
두 원외랑을 거듭 이별하며

일생을 두고 어찌 은혜로운 조서를 받을 줄 알았겠소?
헛되이 세상살이 술 마시고 노래함만 배웠는데.
강 위에는 밝은 달에 북쪽에서 온 기러기 지나가고,
회남에는 지는 낙엽 초산에 쌓였으리라.
이 몸 장차 창주 가에 맡김을 기꺼워하나,
얼굴을 돌아보니 백발이라 어찌할 수 없소이다!
오늘 지금은 꾀죄죄하여 그대나 나나 모두 늙은 몸,
그런데 나에게 풍파 조심하라 보내주니 부끄럽소이다.

生涯豈料承優詔? 世事空知學醉歌.
江上月明胡雁過, 淮南木落楚山多.
寄身且喜滄洲近, 顧影無如白髮何!
今日龍鍾人共老, 媿君猶遣愼風波.

【江州】지금의 江西 九江縣.
【重別】두 번째의 이별. 혹은 같은 제목의 시를 두 번째 지음.

【薛六·柳八】薛氏 성의 排行 여섯 번째, 柳氏 성 排行이 여덟 번째인 사람. 구체적으로는 알 수 없음.

【員外】員外郎. 벼슬 이름. 당나라 때 尙書臺와 六部에 각기 員外郎을 두었으며 從六品 이상이었음.

【滄洲】물가의 땅. 淮南節度使 幕府가 揚州에 있었으며, 그곳은 바닷가였으므로 이렇게 말한 것.

【白髮】柳長卿은 開元 연간에 등제하여 建中 말에 이미 50세 후반에 들었음.

【龍鍾】늙어 노쇠한 모습이나 꾀죄죄한 형상을 표현하는 疊韻連綿語.

【老】혹은 '棄'로 표기된 판본도 있음.

【媿】'愧'와 같음. '부끄럽다'의 뜻.

【遣】여기서는 '叮嚀(관심을 기울여 다독거림)'의 뜻이 있음.

참고 및 관련 자료

1. 이는 德宗 建中 3년(782) 隨州刺史였던 劉長卿이 李希烈의 반군이 그곳 隨州(지금의 安徽 隨縣)를 점거하자 지키지 못하여 하옥되었으며, 뒤에 潘州 南巴(지금의 廣東 茂名縣 남쪽)의 縣尉로 좌천되었다가 다시 睦州(浙江 建德) 司馬를 거쳐 江州(지금의 江西 九江)를 떠돌다가 淮南節度使 막부로 부름을 받아 가게 되었으며, 떠나기 전 〈江州留別薛六柳八二員外〉라는 시를 지었고 이에 '重別'이라 하여 두 번째로 지은 것임.

2. 淸 吳喬의 《圍爐詩話》에 "柳長卿送陸豐, 贈別嚴士元, 送耿拾遺, 別薛柳二員外諸詩, 絶無套語"라 함.

3. 高仲武의 《中興閒氣集》에는 "柳長卿, 有吏干, 剛而犯上, 兩遭遷謫, 皆自取之"라 함.

4. 韻脚은 歌·多·何·波.

182

〈長沙過賈誼宅〉 ·················· 劉長卿

장사에서 가의의 고택을 지나며

가의는 삼년 귀양살이로 여기에서 살았었지.
옛날부터 이곳에는 굴원의 슬픔이 머물러 있는 곳.
가을 풀 가운데서 홀로 떠난 사람을 찾고,
찬 기운 서린 숲에서 부질없이 지는 해를 바라보았겠지.
한 문제는 덕이 있는 사람이었으나 가의에게는 박하게 굴었지.
가의가 조굴원부를 던졌던 상수는 무정하니 무엇을 알겠는가?
적적한 이 강산에 가을 되어 나뭇잎은 지는데,
불쌍하다, 가의여! 무슨 일로 천애 먼 이곳까지 왔던가!

三年謫宦此棲遲, 萬古惟留楚客悲.
秋草獨尋人去後, 寒林空見日斜時.
漢文有道恩猶薄, 湘水無情吊豈知?
寂寂江山搖落處, 憐君何事到天涯!

【長沙】지금의 湖南 長沙. 한나라 때 郡國制에 의해 그곳에 長沙王을 봉하여
다스리게 하였음. 지금 그 長沙 북쪽 濯錦坊에 賈誼의 옛 유적지가 있음.

【賈誼】B.C.200~B.C.168. 西漢시대의 政論家이며 文學家. 文帝 초에 博士가 되어 大中大夫에 올랐으나 죄를 짓고 長沙王 太傅로 쫓겨남. 그때 屈原과 자신을 비교하여 〈吊屈原賦〉를 지었고, 《新書》라는 책을 지었으며 〈鵩鳥賦〉 고사로도 유명함. 司馬遷《史記》屈原賈生列傳 참조.

【三年】《史記》賈誼傳에 "賈生爲長沙王太傅三年, ……後歲餘, 賈生征見" 이라 함.

【棲遲】머물러 시간을 보냄.

【楚客】屈原을 가리킴. 동시에 자신의 처지를 의탁함.

【秋草】《史記》賈誼傳에 "賈生爲長沙王太傅三年, 有鴞入賈生舍, 止于坐隅. 楚人名鴞曰服. 賈生旣以適居長沙, 長沙卑濕, 自以爲壽不得長, 傷悼之, 乃爲 賦以自廣. 其辭曰:(이하는 〈鵩鳥賦〉의 原文임.)"라 하였으며, 《漢書》賈誼傳 에도 "誼爲長沙傅三年, 有服飛入誼舍, 止於坐隅. 服似鴞, 不祥鳥也. 誼旣以 適居長沙, 長沙卑濕, 誼自傷悼, 以爲壽不得長, 乃爲賦以自廣. 其辭曰:(이하는 〈鵩鳥賦〉의 原文임.)"라 하였고, 《搜神記》(9)에는 "賈誼爲長沙王太傅, 四月庚 子日, 有鵩鳥飛入其舍, 止于坐偶, 良久乃去. 誼發書占之, 曰:「野鳥入室, 主人 將去.」誼忌之, 故作〈鵩鳥賦〉, 齊死生而等禍福, 以致命定志焉"라 함.《서경 잡기》(5)에도 "賈誼在長沙, 鵩鳥集其承塵. 長沙俗以鵩鳥至人家, 主人死. 誼作 鵩鳥賦, 齊死生, 等榮辱, 以遣憂累焉"라 함. 그 賦에 '人去後', '日斜時'등의 구절이 있음.

【漢文有道恩猶薄】《史記》賈誼傳에 "賈生以爲漢興至孝文二十餘年, 天下和洽, 而固當改正朔, 易服色, 法制度, 定官名, 興禮樂, 乃悉草具其事儀法, 色尙黃, 數用五, 爲官名, 悉更秦之法. 孝文帝初卽位, 謙讓未遑也. 諸律令所更定, 及列侯悉就國, 其說皆自賈生發之. 於是天子議以爲賈生任公卿之位. 絳·灌· 東陽侯·馮敬之屬盡害之, 乃短賈生曰:「雒陽之人, 年少初學, 專欲擅權, 紛亂 諸事.」於是天子後亦疏之, 不用其議, 乃以賈生爲長沙王太傅"라 함.

【湘水無情弔豈知】賈誼가 湘水를 지나면서 〈弔屈原賦〉를 지어 屈原을 애도함. 《史記》에 "賈生旣辭往行, 聞長沙卑溼, 自以壽不得長, 又以適去, 意不自得. 及渡湘水, 爲賦以弔屈原. 其辭曰:『共承嘉惠兮, 俟罪長沙. 側聞屈原兮, 自沈 汨羅. 造託湘流兮, 敬弔先生. 하략』이라 함.

【搖落】가을임을 말함. 宋玉〈九辯〉에 "悲哉! 秋之爲氣也, 草木搖落而變衰" 라 함.

1. 至德 3년(758) 劉長卿이 南巴尉로 좌천되었다가 3년 뒤 풀려났으며 이 시는 그가 長沙를 지나면서 자신의 처지가 賈誼와 유사함을 한탄하여 때 읊은 것임.

2. 《山滿樓箋注唐詩七言律》에는 "筆法頓挫, 言外有無窮感慨, 不愧中唐高調"라 하였고, 《大曆詩略》에는 "極沉摯而滄婉出之"라 함.

3. 韻脚은 遲·悲·時·知·涯.

183

〈自夏口至鸚洲夕望岳陽寄源中丞〉 ······················ 劉長卿

　하구로부터 앵무주에 이르러
　저녁에 악양성을 바라보며 원중승에게 부침

앵무주 모래톱에 파도도 없고 게다가 안개도 없는데,
초 땅의 이 나그네 그대 생각하니 더욱 아득하구려.
한구의 석양에는 새들이 비껴 건너 날아가고,
동정호 가을 물은 멀리 하늘로 이어졌소이다.
외로운 악양성에는 먼 산 아래에서 차가운 피리 소리 들려오고,
홀로 있는 강가 나무 한 그루에 한밤에 배를 대었다오.
가의는 자주 글을 올려 한나라 왕실을 걱정하다가,
장사로 좌천되어 고금을 두고 불쌍히 여깁니다그려.

汀洲無浪復無煙, 楚客相思益渺然.
漢口夕陽斜渡鳥, 洞庭秋水遠連天.
孤城背嶺寒吹角, 獨戍臨江夜泊船.
賈誼上書憂漢室, 長沙謫去古今憐!

【夏口】鎭 이름. 지금의 湖北 漢陽. 漢水가 長江으로 들어가는 곳에 있음.
　沔陽 이하의 漢水를 '夏水'라 부르며 이 漢水와 長江이 합류하는 곳이어서
　'夏口'라 칭함.

【鸚鵡洲】모래톱 이름. 지금의 湖北 漢陽 서남 長江 가에 있으며, 東漢 말 江夏太守 黃祖의 장자 黃射가 이곳에서 연회를 열 때 어떤 이가 앵무를 바치자 예형(禰衡)이 〈鸚鵡賦〉를 지었으나, 뒤에 예형이 황조에게 죽음을 당하여 그곳에 묻히어 지명이 유래되었다 함.

【岳陽】지금의 湖南省 岳陽縣. 洞庭湖 가에 있음. 岳陽樓가 유명함.

【源中丞】원 판본에는 '元中丞'으로 되어 있으나 이는 오기이며 源休를 가리킴. 御史中丞을 지냈으며 溙州로 좌천되었다가 岳州로 옮겼음.

【汀洲】혹 '江洲'로 표기된 판본도 있으며 강물 속의 작은 모래톱. 鸚鵡洲를 가리키며 漢陽에 있음.

【漢口】'夏口'를 가리킴.

【孤城】岳陽城. 洞庭湖가 長江으로 들어가는 入口에 위치하며 巴陵을 등지고 있음.

【憂漢室】《史記》屈原賈生列傳에 "賈生數上疏, 言諸侯或連數郡, 非古之制, 可稍削之. 文帝不聽"이라 한 것을 말함.

【長沙謫去】賈誼가 長沙王의 太傅로 좌천된 일. 앞장 참조.

【古今憐】자신도 그와 같은 신세이니 불쌍히 여겨달라는 뜻. 淸 章燮의 주에 "我之上書, 獨非憂唐室乎? 自遭吳仲孺誣奏, 乃貶南巴, 君獨不爲我 憐耶?"라 함.

참고 및 관련 자료

1. 大曆 원년(770)부터 9년 劉長卿이 鄂岳轉運留后가 되어 岳州(岳陽)를 순행할 때 源休와 내왕하였으며, 夏口로 돌아와 鸚鵡洲에 이르렀을 때 이 시를 지은 것임.

2. 《唐詩善鳴集》에 "劉文房在盛晩轉關之時, 最得中和之氣"라 함.

3. 韻脚은 煙·然·天·船·憐.

184

〈贈闕下裴舍人〉 ·················· 錢起

궐하 배사인에게 드림

이월 좋은 봄날 상림원에는 꾀꼬리 날아들고,
봄날 자금성 궁궐에는 새벽빛이 어둑어둑.
장락궁 종소리는 꽃을 넘어 사라지고,
용지의 버들 빛은 봄비 속에 더욱 짙습니다.
봄날의 따뜻한 햇볕 내 궁한 삶의 한을 흩어주지 못하는데,
하늘의 은하수는 나의 충성심을 항상 매달고 있소이다.
내 이미 부 올린 지 10년이건만 아직도 만나지 못하고 있사오니,
부끄러워 장차 백발이 됨에 그대 같은 고관을 어떻게 대하리오!

二月黃鸝飛上林, 春城紫禁曉陰陰.
長樂鐘聲花外盡, 龍池柳色雨中深.
陽和不散窮途恨, 霄漢常懸捧日心.
獻賦十年猶未遇, 羞將白髮對華簪!

【闕下】 貴下와 같음. 상대를 높여 부른 칭호이며 동시에 '대궐 아래의'라는
뜻이 들어 있음.

【裴舍人】裴씨 성의 中書舍人. 구체적으로는 알 수 없음.

【二月】봄날을 의미함. 仲春. 杜牧〈山行〉에 "楓葉紅於二月花"라 함.

【黃鸝】'黃鶯'과 같음. 꾀꼬리. '황리'로 읽음.

【上林】秦나라 때의 舊苑을 漢 武帝가 증축하여 천자의 유락 장소로 개조한 것임. 漢나라 司馬相如의〈上林賦〉는 이를 묘사한 것임. 陝西 長安縣 서북에 있음. 여기서는 당나라 御苑을 말한 것임.

【紫禁】皇宮. 고대 天子는 하늘의 뜻에 응하여 사람의 일을 다스리는 자로서 紫微星을 상징하여, 그 담을 皇極의 구역으로 여겼음. 아울러 일반인의 출입이 금지되었던 곳이었으므로, 황제가 거처하는 궁궐을 '紫禁'이라 칭한 것임.

【長樂】長樂宮. 秦나라 興樂宮을 漢 高祖 5년(B.C.202) 개축하고 이름을 長樂宮이라 하였으며, 唐 高祖 7년 이를 興慶宮으로 개칭함. 지금의 陝西 長安縣 서북쪽에 있음.

【龍池】못 이름. 長安 南內 南殿 북쪽에 있는 興慶池. 唐 玄宗이 등극하기 전 구택은 홍경궁에 있었으며, 그곳 동쪽 우물이 갑자기 용출하여 작은 못을 이루었으며 구름이 피어오르며 황룡이 나타났다 함. 中宗 景龍 연간에 못이 점차 넓어져 이름을 '龍池'라 불렀다 함.

【陽和】봄볕. 임금의 은혜를 비유함.

【窮途】아주 빈궁함을 말함.《吳越春秋》에 "夫人賑窮途, 少飯亦何嫌哉!"라 함.

【霄漢】밤하늘의 은하수.

【常懸】다른 판본에는 '長懷'로 되어 있음.

【捧日心】해를 받들어 올리는 마음. 忠心을 뜻함.《三國志》魏志 程昱傳에 정욱이 어릴 때 항상 꿈속에 泰山에 올라 두 손으로 해를 받들어 올리는 꿈을 꾸자, 魏 太祖가 감동하여 "終爲我腹心"이라 하였다 함.

【獻賦十年】《西京雜記》(3)에 "司馬相如將獻賦, 未知所爲"라 하여 한나라 때는 벼슬을 구할 때 흔히 황제에게 賦를 올려 인정받고자 하였음. 사마상여와 班固 등이 대표적이며, 唐나라 때도 杜甫가〈三大禮賦〉를 올려 玄宗에게 발탁되어 集賢院에 들어간 예가 있음.

【華簪】화려한 고관의 비녀. 상대를 높여 부르는 말. 陶潛의〈和郭主簿〉에 "此事眞復樂, 聊用忘華簪"이라 함.

1. 錢起가 아직 현달하지 않았을 때 長安에 이르러 벼슬을 구하면서 裴舍人에게 이 시를 주어 추천을 희망한 것임. 전기는 天寶 10년(751) 진사에 급제하였으므로 그 이전에 쓴 것임.

2.《唐詩向榮集》에 "鐘聲從裏面一層一層想出來, 柳色從外面一層一層看進去, 才覺得'盡'字'深'字之妙"라 함.

3.《增訂唐詩摘抄》에는 "花外盡者, 不聞于外也; 雨中深者, 獨蒙其澤也"라 함.

4. 韻脚은 林·陰·深·心·簪.

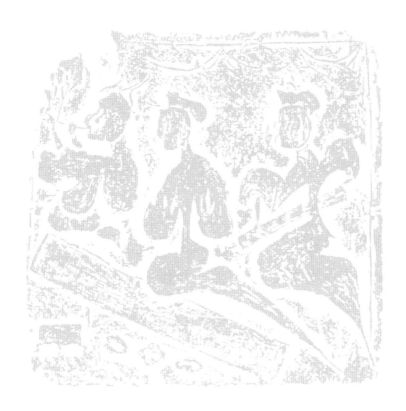

185

〈寄李儋・元錫〉 ························· 韋應物

이담과 원석에게 부침

지난해 꽃 속에서 그대들을 만나 이별하고,
오늘 다시 꽃이 피니 다시 한 해 흘렀구려.
세상일이란 망망하여 헤아리기 어렵고,
봄 근심 캄캄한데 나 홀로 겨우 잠을 이룬다오.
몸에는 병이 많아 고향 농촌으로 가고 싶은 생각,
다스리는 읍에는 유랑하는 백성 있어 봉록 받기 부끄럽소.
듣건대 그대 와서 물어보고 싶은 이야기 있다 하였는데,
서루에서 저 달이 몇 번이나 둥글도록 기다려야 오려오?

去年花裏逢君別, 今日花開又一年.
世事茫茫難自料, 春愁黯黯獨成眠.
身多疾病思田里, 邑有流亡愧俸錢.
聞道欲來相問訊, 西樓望月幾回圓?

【李儋】 자는 幼遐, 殿中侍御史를 지냈던 인물로 알려짐.
【元錫】 자는 君貺, 淄王의 太傅를 지냄. 그러나 일부 邱燮友의 해석본에는
　　李元錫의 이름이 儋이라 하여 한 사람으로 보았음.

【又一年】일부 본에는 '已一年'으로 되어 있음.

【思田里】田里는 농촌 고향. '고향으로 돌아가 은거하고 싶은 생각이 나다'의 뜻.

【俸錢】봉록, 급여. 벼슬하고 받는 봉급.

【西樓】滁州의 西樓. 〈寄別李儋〉에 "遠郡臥殘疾, 凉氣滿西樓. 想子臨長路, 時當淮海秋"라 함. 그러나 《唐宋詩擧要》에 《淸一統志》를 인용하여 "江蘇蘇州府, 觀風樓在長洲子城西. 龔明之中吳紀聞: 唐時謂之西樓, 白居易有〈西樓命宴〉詩"라 하였음.

참고 및 관련 자료

1. 이는 위응물이 興光 원년(748) 봄 滁州刺史로 있을 때 지은 것임.

2. 黃常明의 《碧溪詩話》에 "余謂有官君子當切切作此語, 彼有一意供租, 專事土木, 而規民如仇者, 得無愧此詩乎?"라 함.

3. 方東樹의 《昭昧詹言》에는 "本言今日思寄, 卻追敍前, 此益見眞情. 三句承一年之久, 放空一句, 四句兜回自己, 五六接寫自己懷抱, 末始入今日寄意. …… 朱文公(熹)盛稱此詩五六好, 以唐人仕官多夸美州宅風土, 此獨謂身多疾病, 邑有流亡, 賢矣"라 함.

4. 韻脚은 年·眠·錢·圓.

186

〈同題仙游觀〉 ··· 韓翃

선유관을 두고 함께 제목삼아

선대에서 처음으로 오성루를 보았더니,
풍경이 깨끗하여 밤새 내린 비를 거두었구나.
산 빛은 멀리 함양의 가로수로 이어져 저물어 가고,
다듬이 소리는 가까이 한나라 궁궐에 가을이 왔음을 알리고 있구나.
성긴 소나무 그림자 빈 법단에 떨어져 고요하고,
작은 풀 향기는 작은 동천에 그윽이 자라고 있구나.
무엇 때문에 따로 세상 밖을 찾으려 하는가?
인간 세상에도 역시 이러한 단구가 있는데.

仙臺初見五城樓, 風物凄凄宿雨收.
山色遙連秦樹晚, 砧聲近報漢宮秋.
疏松影落空壇靜, 細草香生小洞幽.
何用別尋方外去? 人間亦自有丹丘!

【同題】 똑같은 제목으로 서로 시를 지어 주고받음.
【仙游觀】 長安에 있는 도교 사원 이름. 도교 사원과 수행처를 '觀'이라 함.
【初見】 다른 판본에는 '下見'으로 되어 있음.

【五城樓】 '五城十二樓'를 줄여서 한 말로 崑崙山의 신선들이 사는 곳. 道家의
  승지를 말함.《史記》武帝紀에 "方士有言, 黃帝時爲五城十二樓, 以候仙人"
  이라 하여 黃帝가 이를 지어 신선을 기다렸다 하였고,《抱朴子》에는 "崑崙
  山上, 有五城十二樓"라 함.
【淒淒】 비를 맞아 깨끗함.
【宿雨】 밤새 내린 비.
【秦樹·漢宮】 秦나라 때의 도읍이 咸陽이었으며, 한나라 때 도읍이 당나라
  때 같은 지역의 長安이었으므로 결국 함양으로 이어진 가로수와 장안성의
  궁궐을 의미함.
【香生】 다른 판본에는 '香閑'으로 되어 있음. 또는 '春香'으로 된 판본도
  있으나 이는 오기임.
【小洞】 '洞'은 도가의 洞天을 의미함.
【方外】 세상 밖. 티끌 세상의 밖을 사는 사람. 方外之士.《莊子》大宗師에
  "孔子曰:「彼游方外者也, 用丘游方之內者.」"라 함. 여기서는 신선들이 사는
  세상을 말함.
【人間】 인간 세상. 신선 세계와 구분하여 일컫는 말. 이백의 〈山中問答〉에
  "問余何事棲碧山, 笑而不答心自閑. 桃花流水渺然去, 別有天地非人間"이라 함.
【丹丘】 仙人들이 사는 곳.《楚辭》遠遊에 "仍羽人于丹丘兮, 留不死之舊鄉"
  이라 함. 李白의 〈將進酒〉에 "岑夫子, 丹丘生, 將進酒, 君莫停"이라 함.

참고 및 관련 자료

1. 이는 韓翃이 친구와 함께 장안의 仙游觀이라는 도교 사원에 올라 함께
같은 제목으로 읊은 것임.

2. 中唐 高仲武의 《中興集》에 大曆 시기의 詩風을 "體狀風雅, 理致淸新"
이라 하여 이 시를 그러한 풍격으로 보았음.

3. 韻脚은 樓·收·秋·幽·丘.

187

〈春思〉 ·· 皇甫冉

봄날에

꾀꼬리 울고 제비 재잘재잘 새해를 알리는데,
마읍과 백룡퇴는 몇천 리 먼 곳인가?
집은 장안에 살아 궁궐 원유를 이웃하나,
마음은 밝은 달을 따라 오랑캐 먼 하늘 끝으로 가네.
베틀 위에 비단에 회문시를 지어 긴 한을 쓰고 있으며,
누각 위의 꽃가지는 홀로 잠드는 나를 비웃누나.
묻건대 대장군 두헌이여,
어느 때 개선하여 연연산 돌에다 그 공을 새기려뇨?

鶯啼燕語報新年, 馬邑龍堆路幾千?
家住層城鄰漢苑, 心隨明月到胡天.
機中錦字論長恨, 樓上花枝笑獨眠.
爲問元戎竇車騎, 何時返斾勒燕然?

【馬邑】 지금의 山西 朔縣 동북쪽에 있으며, 한나라 때 흉노를 방어하던 전진 기지 邊城.《搜神記》(13)에 "秦時築城於武周塞內, 以備胡. 城將成而崩者數焉. 有馬馳走, 周旋反復. 父老異之. 因依馬跡以築城, 城乃不崩, 遂名「馬邑」. 其故城在今朔州"라 하였고,《史記》高祖本紀 正義 및《後漢書》孝安帝紀 注에도 이를 인용하고 있음. 한편 晉《太康地紀》에 "秦築此城, 輒崩不成, 有馬周旋反覆, 父老異之, 因依以築城, 遂名馬邑"이라 함.

【龍堆】 白龍堆. 天山南路의 사막, 즉 쿰타거(庫姆塔格) 사막 新疆 羅布泊과 甘肅 玉門關 사이에 있으며 역시 古代 邊城.《漢書》西域傳에 "樓蘭國最在 東陲, 近漢, 當白龍堆"라 함.

【層城】 전설에 곤륜산에 층을 이룬 성이 三級九重으로 되어 있으며, 아래층을 樊桐(板桐)이라 하며 중간을 玄圃(閬風), 위층을 層城(天庭)이라 하여 하느님이 거하며, 그 위에 不死樹를 심어 놓았다 함. 여기서는 황제가 사는 장안을 말함.

【機中錦字】〈廻文詩〉의 고사를 말함.《晉書》(96) 列女傳「竇滔妻蘇氏」에 "竇滔 妻蘇氏善屬文. 苻堅時, 滔爲秦州刺史, 被徙流沙. 蘇氏思之, 織錦爲廻文詩寄滔, 循環婉轉以讀之, 詞甚凄切"이라 하여 前秦의 苻堅 때에 竇滔가 秦州刺史가 되어 流沙로 옮기게 되자, 그의 처 蘇蕙가 비단을 짜서 〈璇璣圖〉(廻文詩)를 지어 보냈음. 모두 840자로 종횡 혹 거꾸로 읽어도 문장이 됨. 이를테면 "詩情明顯, 怨義興理. 辭麗作此, 端無終始"의 경우 "始終無端, 此作麗辭. 理興 義怨, 顯明情詩"가 됨.

【元戎】 將軍, 元帥.

【竇車騎】 竇憲, 車騎將軍을 지냄. 東漢 和帝(劉肇: 89~105 재위)의 외삼촌. 侍中을 지냈으며 뒤에 죄를 얻자 주벌이 두려워 스스로 나서서 匈奴를 치겠다고 자청함. 그리하여 흉노를 대파하고 燕然山에 올라 班固로 하여금 자신의 공을 돌에 새기고 돌아와 大將軍이 됨.《後漢書》(53) 竇融 傳(竇憲) 참조.

【返斾】 승리의 깃발을 들고 凱旋함. 패(斾)는 깃발 끝에 제비 모형을 달아 늘어뜨린 軍旗.

【勒】 勒石. 즉 돌에 새김.《後漢書》에 "遂登燕然山, 去塞三千餘里, 刻石勒功, 紀漢威德, 令班固作銘"이라 함.

【燕然】 燕然山. 지금의 蒙古에 있는 杭愛山.

참고 및 관련 자료

1. 이는 思婦詩로써 멀리 원정을 나간 남편이, 좋은 봄날 자신을 그리워하고 있을 모습을 두고 읊은 것임.

2. 《全唐詩》에는 이 시의 제목 아래에 "一作劉長卿詩"라 하였음.

3. 韻脚은 年·千·天·眠·然.

❀ 황보염(皇甫冉: 714~767)

1. 자는 茂政, 丹陽(지금의 江蘇 丹陽縣) 사람으로 天寶 15년(756) 진사에 올라 無錫尉를 시작으로 大曆 초에 右補闕에 오름. 大曆十才子의 하나. 그의 시집 《皇甫冉詩集》(3권)은 그의 아우 皇甫曾이 編定하고 獨孤及이 서문을 썼으며 총 350篇이라 하였음. 그러나 《郡齋讀書志》(4, 上)에는 2卷이라 하였고 《直齋書錄解題》(19)에는 1卷이라 하였음. 한편 《全唐詩》에 詩 2卷(249·250)이 실려 있고, 《全唐詩外編》 및 《全唐詩續拾》에 6首가 補入되어 있음. 《新唐書》(202 文藝傳, 中)에 전이 있음.

2. 《唐詩紀事》(27)

○ 皇甫冉, 字茂政, 玄晏先生之後, 張曲江深愛之, 謂淸穎秀拔, 有江·徐之風. 大曆二年, 遷右補闕.

○ 高仲武云: 皇甫冉補闕, 自擢桂禮闈, 遂爲高格. 往以世道艱虞, 避地江外, 每文章一到, 朝廷作者變色. 於詞場爲先輩, 推錢郎爲伯仲, 誰家勝負, 或逐鹿中原. 如『菓熟任霜封, 籬疏從水度』. 又『裛露收新稼, 迎寒葺舊廬』. 又『燕知社日辭巢去, 菊爲重陽冒雨開』. 可以雄視潘·張, 平揖沈·謝, 又巫山詩終篇皆麗, 自晉·宋·齊·梁·陳·周·隨已來, 採掇者無數, 而補闕獨獲驪珠, 使前賢失步, 後輩却立, 自非天假, 何以追斯? 恨長轡未騁, 而芳蘭早凋, 悲夫!

3. 《全唐詩》(249)

皇甫冉, 字茂政, 潤州丹陽人. 晉高士謐之後, 十歲能屬文, 張九齡深器之. 天寶十五載, 擧進士第一, 授無錫尉. 歷左金吾兵曹. 王縉爲河南帥, 表掌書記. 大曆初, 累遷右補闕, 奉使江表, 卒於家. 冉詩天機獨得, 遠出情外. 集三卷, 今編詩二卷.

4. 《唐才子傳》(3) 皇甫冉

冉, 字茂政, 安定人, 避地來寓丹陽. 耕山釣湖, 放適閒淡. 或云秘書少監彬之姪也. 十歲能屬文, 張九齡一見, 歎以淸才. 天寶十五年, 盧庚榜進士, 調無錫尉.

營別墅陽羨山中. 大曆初, 王縉爲河南節度, 辟掌書記, 後入爲左金吾衛兵曹參軍, 仕終拾遺·左補闕. 公自擢桂禮闈, 便稱高格. 往以世道艱虞, 遂心江外, 故多飄薄之歎. 每文章一到朝廷, 而作者變色, 當年才子, 悉願締交, 推爲宗伯. 至其造語玄微, 端可平揖沈·謝, 雄視潘·張. 惜乎長轡未騁, 芳蘭早凋, 良可痛哉! 有詩集三卷, 獨孤及爲序, 今傳.

188

〈晚次鄂州〉 ·· 盧綸

저녁 늦어 악주에 머물면서

구름 걷혀 멀리 한양성까지 보이는데도,
뱃길은 오히려 하룻길 거리로구나.
장사꾼 낮잠에 빠진 것을 보니 풍랑이 고요함을 알겠고,
뱃사람 밤에 떠드는 것을 보니 조수가 밀려옴을 알겠도다.
삼상에서 늙은 이 몸 가을빛을 만나니,
만리 밖에서 돌아가고픈 심정은 밝은 달만 마주하고 있구나.
지난날의 사업들은 이미 전쟁으로 인해 모두 사라져 버렸는데,
게다가 강가에서 전고소리 들리니 이를 어찌 감당하리!

雲開遠見漢陽城, 猶是孤帆一日程.
估客晝眠知浪靜, 舟人夜語覺潮生.
三湘愁鬢逢秋色, 萬里歸心對月明.
舊業已隨征戰盡, 更堪江上鼓鼙聲!

【次】 원래 군대나 여행자가 하루 머무는 것을 '舍'라 하며 이틀 머무는 것을
'信', 그 이상 머물러 있는 것을 '次'라 함. 《左傳》莊公 3년에 "凡師一宿爲舍,
再宿爲信, 過信爲次"라 함. 여기서는 잠시 定泊함을 뜻함.

【鄂州】지금의 湖北 武昌市.

【漢陽】漢水의 북쪽이며 鄂州의 서쪽.

【一日程】하루 갈 거리. 《元和郡縣志》에 鄂州에서 漢陽까지 물길로 7리라 하였으나, 다만 "激浪崎嶇, 實舟人之所難也"라 함. 이 때문에 하루에 갈 거리라 한 것임.

【估客】商人. '估'는 '賈'와 같음.

【三湘】湖南 일대를 가리킴. 《太平寰宇記》에는 湘鄉·湘潭·湘陰을 삼상이라 하였고, 《長沙府志》에는 湘瀟·沅湘·蒸湘을 삼상이라 하였음.

【鼙聲】'鼙'는 군대의 신호용으로 쓰는 작은 戰鼓.

참고 및 관련 자료

1. 《全唐詩》의 이 시 제목 아래에 "至德中作"이라 함. 至德은 唐 肅宗의 연호로 元年은 756년 12월로 永王(李璘)이 江陵에서 반란을 일으켜 金陵으로 내려가다가 이듬해 2월 江南采訪使 李成式에 의해 패하여 李璘은 죽고 말았음. 《通鑑》唐紀에 "至德元載十二月, 永王璘鎭江陵, 薛鏐等爲之謀主, 以爲天下大亂, 惟南方完富, 宜據江陵, 保有江表, 如東晉故事; 璘擅引兵東巡, 沿江而下, 江淮大震"이라 함. 따라서 이 시는 그때 노륜이 鄱陽으로부터 長安으로 돌아오는 도중에 지어진 것으로 봄.

2. 韻脚은 城·程·生·明·聲.

189

〈登柳州城樓寄漳汀封連四州刺史〉 ····················· 柳宗元

유주 성루에 올라 장주, 정주, 봉주, 연주 네 주의 자사에게 부침

유주성 위 높은 누각은 넓은 황야로 이어지고,
바다와 같은 넓은 하늘에 수심만이 망망하구나.
놀란 바람은 부용꽃 호수에 물결을 일으키고,
빽빽한 빗줄기는 비스듬히 벽려 풀 담장을 파고드네.
먼 영남 이곳 나무는 겹쳐 있어 천리를 볼 시야를 가로막고,
유강의 강물은 마치 아홉 구비 창자처럼 굽어 흐르네.
우리 모두 문신을 하는 이 백월 땅 먼 곳에 와 있어,
보내고자 하는 소식조차 지체되는 막힌 고을 하나씩에 갇혀 있네.

城上高樓接大荒, 海天愁思正茫茫.
驚風亂颭芙蓉水, 密雨斜侵薜荔牆.
嶺樹重遮千里目, 江流曲似九回腸.
共來百粤文身地, 猶自音書滯一鄉!

【柳州】지금의 廣西 柳城縣. 柳宗元이 당시 柳州刺史로 좌천되어 있었음.
【漳州】지금의 福建 漳州. 당시 刺史는 韓泰.

【汀州】지금의 福建 長汀. 자사는 韓曄.

【封州】지금의 廣東 肇慶. 자사는 秦謙.

【連州】지금의 廣東 連縣. 자사는 劉禹錫. 이상 다섯 사람은 모두 王叔文의
동조 세력으로 永貞改革이 실패하자 모두가 南方으로 좌천되었음.

【大荒】황량한 대지. 사람이 가기 어려운 아주 먼 곳.《山海經》참조. 남방이
장안으로부터 아주 먼 곳이므로 이렇게 표현한 것.

【颭】바람에 물결이 일어남.

【芙蓉】실제 연꽃과는 전혀 다르지만 唐詩에서는 흔히 연꽃과 같이 거론함.

【薜荔】덩굴식물의 일종이며 木蓮이라고도 함.《離騷》에 "貫薜荔之落蕊"
이라 함.

【嶺】福建·廣東·廣西 지역을 嶺南이라 하며 이는 五嶺의 남쪽임을 말함.

【江】柳州城을 흐르는 柳江. 柳州는 柳江으로 인해 생긴 지명임. 그곳 강에는
버들이 많다 함.

【九回腸】온갖 생각에 창자가 뒤틀림. 司馬遷의 〈報任少卿書〉에 "腸一日而
九回"라 함.

【百粵】'百越'로도 표기하며 지금의 華南 일대 소수민족을 통틀어 말함. 당시
蠻夷의 지역으로 여겼음. '粵'은 '越'과 같음.

【文身】蠻人의 習俗으로《莊子》逍遙游에 "越人斷髮文身"이라 함. 한편《淮
南子》原道訓에 "九疑之南, 陸事少而水事衆, 於是民人被髮文身, 以象鱗蟲"
이라 하였고, 高誘 주에 "文身, 刻畫其體, 風黑其中, 爲蛟龍之狀, 以入水,
蛇龍不害也"라 함.

참고 및 관련 자료

1. 이는 元和 10년(815) 柳宗元이 柳州刺史로 있을 때, 같은 처지로 먼 남방에
좌천되어 와 있던 네 곳의 동료 자사들에게 보낸 것임. 원래 唐 順宗(李誦)
때 王叔文을 임용하여 대대적인 개혁을 서둘렀으며, 그때 유종원도 이에
참여하였으나 보수파의 엄청난 반대에 부딪쳐 140일 만에 실패를 고하였고,
그 와중에 유종원 등 8명이 먼 곳의 司馬로 좌천되고 말았음. 이것이 유명한
'八司馬事件'이며 유종원은 永州司馬(湖南 零陵)로 10년을 보낸 뒤 장안으로
돌아올 수 있었으나, 역시 반대파의 저지에 의해 다시 먼 柳州刺史로 갈 수

밖에 없었음. 이때 부임한 유종원이 유주성의 서쪽 성루에 올라 이를 지어
같은 처지의 다른 동료들에게 보낸 것임.

2.《柳子厚集》五百家 주에 韓仲韶는 "永貞元年, 公與韓泰, 韓曄, 劉禹錫,
陳謙, 凌準, 程异, 韋執誼皆以附王叔文貶, 號八司馬. 凌準, 執誼皆卒貶所.
异先用, 餘四人元和十年皆例召至京師. 又皆出爲刺史. 公爲柳州, 泰爲漳州,
曄爲汀州, 禹錫爲連州, 謙爲封州. 公六月到柳州, 此詩是年夏所寄也"라 함.

3. 韻脚은 荒·茫·牆·腸·鄉.

190

〈西塞山懷古〉 ·················· 劉禹錫

서새산에서의 회고

오준의 전함이 익주에서 내려가니,
금릉의 왕기는 어둠 속에 끝이 나고 말았구나.
이를 막으려던 천길 쇠고랑은 장강 물밑 바닥에 잠기고,
손호의 한 조각 항복 깃발 석두성에서 나오누나.
이 세상 살면서 흘러간 옛일 가슴 아프기 그 몇 번?
산 모습은 의구하게 찬 강물을 베고 누웠구나.
이제는 온 세상 한 집이 된 지금 이 날,
옛 보루엔 쓸쓸히 이 가을 갈대꽃만 피어 있네.

王濬樓船下益州, 金陵王氣黯然收.
千尋鐵鎖沉江底, 一片降幡出石頭.
人世幾回傷往事? 山形依舊枕寒流.
從今四海爲家日, 故壘蕭蕭蘆荻秋.

【西塞山】長江의 요새이며 삼국시대 吳나라의 국방요충지. 지금의 湖北
大冶縣 동쪽에 있음.
【王濬】삼국 마지막 吳나라를 멸한 장수이며 행정가. 자는 士治. 弘農 湖縣

(지금의 河南 靈寶) 사람으로 西晉 초 益州刺史였음. 晉 武帝가 吳나라를 치고자 그에게 2천 명을 태울 수 있는 전함을 만들도록 하였으며, 太康 원년(280) 정월 드디어 益州(四川 成都)를 출발하여 배를 타고 내려와 곧바로 오나라 도읍 建業(江蘇 南京)으로 향하여 石頭城을 공격, 결국 오나라 마지막 임금 孫皓가 항복하고 말았음. 자세한 것은 《三國志》吳志 및 《晉書》(42) 王濬傳 참조.

【樓船】 二層 이상으로 만든 큰 군함을 말함. 고대 공격 및 전투용 전함을 말함. 《晉書》에 의하면 폭이 20보, 수용 군사 2천 명에 배 위에 누각을 짓고 말이 달릴 수 있을 정도였다 함.

【益州】 지금의 四川 成都.

【金陵】 지금의 南京. 옛날 東吳의 도읍지. 建康. '金陵王氣'는 戰國시대 楚나라 威王이 그 땅에 王氣가 서리고 있는 것을 보고 이에 금을 묻어 그 氣를 눌렀다 하여 '금릉'이라는 지명이 유래되었으며, 秦始皇이 천하를 병탄하고 다시 천자의 기운이 있다 하여 이름을 秣陵으로 폄하하였음. 그러나 삼국 吳와 東晉 이후 南朝(宋·齊·梁·陳)를 거쳐 도읍이 되면서 지명을 建康(建業) 이라 하였고, 明나라는 여기에서 나라를 세웠다가 永樂(聖祖, 朱棣)이 北京 으로 옮기면서 南京이 됨.

【千尋鐵鎖沈江底】 吳나라가 천 길 되는 鐵鎖로서 王濬의 戰艦에 항거하였 으나, 실패하여 그 철쇄는 長江 바닥에 침몰하고 말았음을 말함. 《晉書》 王濬傳을 참조할 것.

【降幡】 항복을 알리는 깃발. 오나라 마지막 임금 손호(孫皓, 孫晧)가 깃발을 들고 晉나라에게 항복함. 손호는 자는 元宗(243~284). 이름은 彭祖, 혹 자는 皓宗이라고도 함. 孫權의 孫子이며 孫和의 아들. 처음 烏程侯에 봉해졌다가 孫休(景帝)가 죽자 제위에 오름. 황음무도하여 민심을 잃고, 晉 武帝 咸寧 6년(280)에 나라가 망하여 歸命侯에 封해짐. 《三國志》(48)에 전이 있음.

【石頭】 城 이름. 지금의 南京 石頭山이며 오나라의 최후 보루.

【四海爲家】 통일이 되어 천하가 한집안이 되었음을 말함. 《史記》高祖紀에 "天子以四海爲家"라 하였고 《荀子》議兵篇에도 "四海之內若一家, 通達之屬 莫不從服"이라 함. 《論語》顔淵篇에는 "四海之內, 皆兄弟也. 君子何患乎無 兄弟也?"라 함.

【故壘】 폐기된 保壘. 西塞 보루를 가리킴.

【蘆荻】 갈대와 억새. 가을의 쓸쓸함을 표현하는 소재임.

1. 이는 穆宗 長慶 4년(824) 劉禹錫이 夔州로부터 和州刺史로 부임하면서 湖北 大冶縣 동쪽 西塞山을 들러 삼국시대 吳나라 멸망을 회고하여 읊은 것임.

2.《唐詩紀事》(39)에는 "長慶中, 元微之, (劉)夢得, 韋楚客同會(白)樂天舍, 論南朝興廢, 各賦〈金陵懷古〉詩, 劉滿引一杯, 飮已卽成, 曰:「王濬樓船下益州, 金陵王氣黯然收. 千尋鐵鎖沉江底, 一片降幡出石頭. 人世幾回傷往事? 山形依舊枕寒流. 從今四海爲家日, 故壘蕭蕭蘆荻秋.」白公覽詩, 曰: '四人探驪龍, 子先獲珠, 所餘鱗爪何用耶?' 於是罷唱"이라 함.

3. 淸 翁方綱의《石洲詩話》에 "劉賓客〈西塞山懷古〉之作, 極爲白公(白樂天) 所賞, 至於爲之罷唱. 起四句, 洵是傑作, 後四則不振矣. 此中唐以後, 所以氣力衰颯也, 固無八句皆緊之理, 然必鬆處, 正是緊處, 方有意味, 如此作結, 毋乃飮滿時思滑之過耶?〈荊州道懷古〉一詩, 實勝此作"이라 함.

4. 方世擧의《蘭叢詩話》에는 "前半專叙孫吳, 五句以七字總括東晉, 宋, 齊, 梁, 陳五代, 局陣開拓, 乃不緊迫. 六句落到西塞山, '依舊'二字有高峰墮石之捷速. 七句落到懷古, '今逢'二字有居安思危之遙深. 八句'蘆荻'是卽時景, 仍用'故壘', 終不脫題. 此搏結一片之法也. 至於前半一氣呵成, 具有山川形勢, 制勝謀略, 因前驗後, 興廢皆然, 下以'幾回'二字輕輕兜滿, 何其神妙!"라 함.

5. 韻脚은 州·收·頭·流·秋.

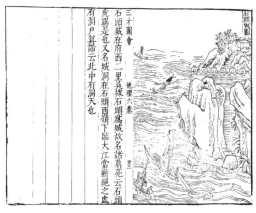

石頭城《三才圖會》

191-1

〈遣悲懷〉三首(1) ··· 元稹

슬픈 회포를 보냄(1)

사공의 가장 어리고 귀여운 딸 사도온과 같았던 그대,
검루처럼 가난한 나에게 시집온 뒤로는 모든 일이 힘들었지.
옷도 제대로 없는 나를 돌아보고 옷상자를 뒤졌고,
으박지르는 나를 위해 술값으로 비녀를 뽑아 주었지.
거친 채소로 배를 채우고 콩잎도 달게 먹으며,
낙엽으로 섶을 삼아 보태고는 고목 홰나무 쳐다보았지.
지금 나는 봉급이 십만을 넘는 고관이 되어
이렇게 그대에게 제사를 올리고 또 제단까지 마련했다오.

謝公最小偏憐女, 自嫁黔婁百事乖.
顧我無衣搜蓋篋, 泥他沽酒拔金釵.
野蔬充膳甘長藿, 落葉添薪仰古槐.
今日俸錢過十萬, 與君營奠復營齋.

【遣】排遣과 같음. '회포나 슬픔 등을 보내다, 떨쳐버리다, 털어버리다, 지워
버리다'등의 뜻이 있음.

【謝公】謝安(320~385)을 가리킴.《晉書》列女傳의 謝道韞의 고사를 말함. 謝道韞은 謝奕(?~358)의 딸이며 謝安의 질녀로서, 사안이 아주 아끼고 사랑하였음. 謝道韞은 총명하고 재주가 있었으며 王凝之의 아내가 됨.《世說新語》言語篇에 "謝太傅寒雪日內集, 與兒女講論文義; 俄而雪驟, 公欣然曰:「白雪紛紛何所似?」兄子胡兒曰:「撒鹽空中差可擬.」兄女曰:「未若柳絮因風起.」公大笑樂. 卽公大兄無奕女, 左將軍王凝之妻也"라 하였으며, 그 밖에 많은 고사를 남겼던 총명한 여인이었음. 여기서는 자신의 아내 위혜총이 그와 같이 어릴 때 사랑을 받았던 훌륭한 여자였음을 말한 것.

【黔婁】아주 가난한 남편을 만났음을 비유함. 皇甫謐의《高士傳》(中)에 "黔婁先生者, 齊人也. 修身淸節, 不求進於諸侯. 魯恭公聞其賢, 遣使致禮賜粟三千鍾, 欲以爲相, 辭不受. 齊王又禮之以黃金百斤聘爲卿, 又不就. 著書四篇, 言道家之務, 號黔婁子, 終身不屈以壽終"라 하였으며,《列女傳》(2)에도 "魯黔婁先生之妻也. 先生死, 曾子與門人往弔之. 其妻出戶, 曾子弔之. 上堂, 見先生之尸在牖下, 枕墼席稿·縕袍不表. 覆以布被, 首足不盡斂. 覆頭則足見, 覆足則頭見. 曾子曰:「邪引其被則斂矣.」妻曰:「邪而有餘, 不如正而不足也. 先生以不邪之故, 能至於此. 生時不邪, 死而邪之, 非先生意也.」曾子不能應. 遂哭之曰: 「嗟乎! 先生之終也, 何以爲諡?」其妻曰:「以康爲諡」曾子曰:「先生在時, 食不充虛, 衣不蓋形, 死則手足不斂, 旁無酒肉. 生不得其美, 死不得其榮, 何樂於此? 而諡爲康乎?」其妻曰:「昔先生, 君嘗欲授之政, 以爲國相, 辭而不爲, 是有餘貴也; 君嘗賜之粟三十鍾, 先生辭而不受, 是有餘富也. 彼先生者, 甘天下之淡味, 安天下之卑位; 不戚戚於貧賤, 不忻忻於富貴, 求仁而得仁, 求義而得義, 其諡爲康, 不亦宜乎?」曾子曰:「唯斯人也而有斯婦.」君子謂:「黔婁妻爲樂貧行道.」詩曰:『彼美淑姬, 可與寤言』此之謂也. 頌曰:『黔婁旣死, 妻獨主喪, 曾子弔焉, 布衣褐衾, 安賤甘淡, 不求豐美, 尸不揜蔽, 猶諡曰康.』"라 함. 원진은 결혼 초 校書郎, 左拾遺를 거쳐 간언을 잘못하여 河南尉로 옮겨가는 등 낮은 벼슬에 머물렀음.

【蓋篋】신(蓋)은 조개풀이라는 풀이름. 여기서는 풀로 짠 고리짝. 衣服을 넣어 두는 상자. 가난한 살림을 의미함.

【泥他沽酒】'泥'는 당시 口語로 '이리저리 달래고 보채다'의 뜻. 그를 달래고 윽박질러 술을 사 오도록 함. 그러나 일부 해석에는 나를 달래어 술값으로 쓰도록 자신의 비녀를 뽑은 것으로도 해석함. 즉 '他'를 원진 자신으로 본 것임.

【長藿】긴 콩잎. 곽은 콩잎의 일종으로 국을 끓여 먹을 수 있음.

【古槐】오래 묵은 홰나무. 땔감이 없어 고통을 겪었음을 말함.

【俸錢】봉급으로 받는 돈. 아내가 죽은 뒤 벼슬이 올라 監察御史가 되었으며, 당시 六部의 尙書 이상은 月俸이 十萬에 가까웠다 함. 따라서 이 시는 자신의 봉급이 그 정도 되던 同中書門下平章事가 된 뒤에 지어졌을 것으로 봄.

【營奠復營齋】祭奠과 齋祭를 차림. 제사를 올림을 말함.

참고 및 관련 자료

1. 이는 元稹이 죽은 아내 韋蕙叢을 애도하며 슬픔에 겨워 지은 〈悼亡妻〉의 聯詩임. 韋蕙叢은 자는 茂之이며 원진보다 4살 아래. 太子少保 韋夏卿의 막내딸로 元和 4년(809)에 겨우 27세로 생을 마쳤으며, 당시까지 원진은 그럴 듯한 관직에 오르지 못한 채 고생을 하였음. 원진은 43세에 겨우 同中書門下平章事가 되었으며, 따라서 이 시는 그로부터 50세 전후에 죽은 옛 아내를 그리워하여 지은 것임.

2. 唐 范攄의《雲溪友議》에 "元公初娶京兆韋氏, 字蕙叢, 官未達而苦貧. 繼室河東裴氏, 字柔之, 二夫人俱有才思, 時彦以爲佳偶. 初韋蕙叢卒, 不勝其悲, 爲詩悼之"라 함.

3. 韓愈의 〈監察御史元君妻京兆韋氏夫人墓誌銘〉에는 "夫人固前受敎於賢父母, 得其良夫, 又及敎於先姑氏, 率所事所言, 皆從儀法, 年二十七, 以元和四年七月九日卒"이라 함.

4. 韻脚은 乖·釵·槐·齋.

❀ 원진(元稹: 779~831)

1. 자는 微之(혹 威明), 河南(지금의 洛陽) 사람으로 排行이 아홉째여서 친구들이 그를 '元九'라 불렀음. 24세 때 校書郎에 올라 당시 工部尙書 韋夏卿의 막내딸 韋蕙叢을 아내로 맞음. 아내 죽고 뒤에 원진은 江陵으로 좌천되었다가 뒤에 순탄한 벼슬길을 걸었으며, 德宗 長慶 2년에 재상직에 오르기도 하였음. 그러나 얼마 뒤 裴度와 알력으로 재상을 버리고 서울을 떠남. 원진은 특히 白居易와 교분이 깊어 백거이의 〈長恨歌〉에 전을 붙여 〈長恨歌傳〉을 짓기도

하였으며 貞元 연간부터 太和 때까지 30여 년간 시단에 이름을 날려 '元和體'라는 시풍을 형성하였음.《新唐書》(藝文志, 4)에 "元氏長慶集一百卷, 又小集十卷, 元積"이라 著錄되어 있으며 《郡齋讀書志》(卷4, 中)에는 "有長慶集百卷, 今亡其四十卷"이라 하였고, 《直齋書錄解題》(卷18)에는 《元氏長慶集》이 60卷으로 著錄되어 있음. 그의 詩는 《全唐詩》에 모두 28卷(396~423)이 실려 있으며, 《全唐詩外編》 및 《全唐詩續拾》에 詩 10首 斷句 53句가 補入되어 있음.《舊唐書》(166) 및 《新唐書》(274)에 전이 있음.

2.《唐詩紀事》(37)

元積, 一云微之, 守浙東, 樂天守蘇臺, 遞簡唱和, 內一聯云:『有月多同賞, 無杯不共持』, 兩地暗合.

3.《全唐詩》(396)

元積, 字微之, 河南河內人. 幼孤, 母鄭賢而文, 親授書傳, 舉明經書判入等. 補校書郎. 元和初, 應制策第一, 除左拾遺, 歷監察御使. 坐事貶江陵士曹參軍, 徙通州司馬. 自虢州長史徵爲膳部員外郎, 拜祠部郎中·知制誥, 召入翰林爲中書舍人·承旨學士, 進工部侍郎同平章事. 未幾罷相, 出爲同州刺史, 改越州刺史. 兼御史大夫·浙東觀察使. 太和初, 入爲尙書左丞·檢校戶部尙書, 兼鄂州刺史·武昌軍節度使. 年五十三卒, 贈尙書僕射, 積自少與白居易倡和, 當時言詩者稱『元白』, 號爲『元和體』. 其集與居易同名《長慶》, 今編詩二十八卷.

4.《唐才子傳》(6) 元積

積, 字微之, 河南人. 九歲工屬文, 十五擢明經, 書判入等, 補校書郎. 元和初, 對策第一, 拜左拾遺. 數上書言利害, 當路惡之, 出爲河南尉. 後拜監察御使, 按獄東川, 還次敷水驛, 中人仇士良夜至, 積不讓邸, 仇怒, 擊積敗面. 宰相以積年少輕威, 失憲臣體, 貶江陵士曹參軍, 李絳等論其枉. 元和末, 召拜膳部員外郎. 積詩變體, 往往宮中樂色皆誦之, 呼爲才子. 然綴屬雖廣, 樂府專其警策也. 初在江陵, 與監軍崔潭峻善, 長慶中, 崔進其謌詩數千百篇, 帝大悅, 問:「今安在?」曰:「爲南宮散郎.」擢祠部郎中, 知制誥. 俄遷中書舍人·翰林承旨, 後拜同中書門下平章事. 初以瑕釁, 舉動浮薄, 朝野雜咲, 未幾, 罷. 然素無檢, 望輕, 不爲公議所右, 除武昌節度使, 卒. 在越時, 辟竇鞏. 鞏工詩, 日酬和, 故鏡湖·泰望之奇益傳, 時號「蘭亭絶唱」. 微之與白樂天最密, 雖骨肉未至, 愛慕之情, 可欺金石, 千里神交, 若合符契, 唱和之多, 無踰二公者. 有《元氏長慶集》一百卷, 及《小集》十卷, 今傳.

◎ 夫松栢飽風霜, 而後勝梁棟之任; 人必勞餓空乏, 而後無充詘之態. 譽早必氣銳, 氣銳則志驕, 志驕則斂怨. 先達者, 未足喜; 晚成者, 或可賀. 況慶弔相望於門閭不可測哉! 人評元詩「如李龜年說天寶遺事, 貌悴而神不傷」. 況尤物移人, 移俗遷性, 足見其舉止斐薄丰茸, 仍且不容勝己, 至登庸成忝, 貽笑於多士, 其來尙矣. 不矜細行, 終累大德. 豈不聞「言行君子之樞機, 榮辱之主」邪? 古人不恥能治而無位, 恥有位而不能治也.

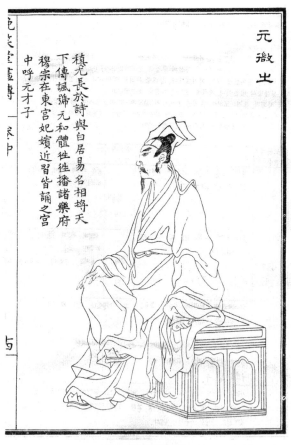

元積《晚笑堂畫傳》

191-2

〈遣悲懷〉三首(2) ·· 元稹

슬픈 회포를 보냄(2)

옛날에 죽은 뒤의 일 농담으로 이야기했었는데,
오늘 아침 그런 일이 이렇게 모두 눈앞에 닥치다니!
그대 입던 옷들은 이미 남에게 주었고 눈에 띄는 대로 주었건만,
반짇고리 그대로 남겨둔 채 차마 열지 못한다오.
옛정을 생각하여 그때 그대가 부리던 종들 불쌍히 여기고,
꿈에 그대가 보이기에 지전을 살라 보내드리오.
진실로 이런 한이야 사람마다 다 있으리라 알고는 있지만,
가난하고 천한 부부였기에 온갖 일이 다 서러웠어라!

昔日戱言身後事, 今朝都到眼前來!
衣裳已施行看盡, 針線猶存未忍開.
尙想舊情憐婢僕, 也曾因夢送錢財.
誠知此恨人人有, 貧賤夫妻百事哀!

【身後事】일부 판본에는 '身後意'로 되어 있음. "죽은 뒤 무엇이 되어 어떻게
  만나자"등의 사랑 이야기를 함.

【行看盡】 눈에 띄는 대로 즉시 모두 남김없이 줌.

【針線】 아내가 쓰던 반짇고리 등 바느질 도구들.

【婢僕】 아내가 거느리며 다스리던 여종과 남자 종들.

【送錢財】 저승으로 가는 돈을 불살라 당신에게 보냄. 중국 풍속에 제삿날이면 紙錢을 태워 저승 노잣돈으로 보냄. 여기서는 꿈에 아내가 보여 그 때문에 제삿날이 아님에도 지전을 태움을 말함.

참고 및 관련 자료

1. 章燮의 주에 淸 蘅塘退士의 말을 인용하여 "古今悼亡詩充棟, 終無能出此範圍者, 勿以淺近忽之"라 하였으며 장섭 자신의 평에는 "此從死後詠到生前, 留言遺物, 眞情幻變, 一一抽出, 何等悲懷!"라 함.

2. "貧賤夫妻百事哀"는 천고의 명구로 유전되고 있음.

3. 韻脚은 來·開·財·哀.

191-3

〈遣悲懷〉三首(3) ·· 元稹

슬픈 회포를 보냄(3)

한가로이 앉아서 그대를 슬퍼하니 내 신세도 슬프다오.
백년을 다 모은 들 그 많다는 시간 얼마나 되오리까?
등유는 자식이 없었으니 아무리 생각해도 그것은 운명이요,
반악의 〈도망시〉는 오히려 말로만 허비한 것.
죽고 다음 한 무덤에 묻히는 일 아득하니 어찌 바랄 수 있겠소?
다음 세상에 인연 있어 만난다는 것도 더욱 기대하기 어려운 일,
오직 긴긴 밤이 끝나도록 눈을 감지 못한 채로,
그대 이생에서 펴지도 못한 미간에 보답이나 하였으면.

閑坐悲君亦自悲, 百年都是幾多時?
鄧攸無子尋知命, 潘岳悼亡猶費詞.
同穴窅冥何所望? 他生緣會更難期.
惟將終夜長開眼, 報答平生未展眉.

【百年都是】일부본에는 "百年多是"로 되어 있음.
【鄧攸】永嘉의 난 때 피난하면서 조카를 살리려고 아들을 버렸으나, 뒤에 아들을 낳지 못하여 대가 끊어지고 말았음. 《晉書》(90) 良吏傳(鄧攸)에

"鄧攸字伯道, 平陽襄陵人也. 祖殷, 亮直强正. 鍾會伐蜀, 奇其才, 自黽池令召爲
主簿. 賈充伐吳, 請殷爲長史.……出爲河東太守, 永嘉末, 沒于石勒. ……石勒
過泗水, 攸乃斫壞車, 以牛馬負妻子而逃. 又遇賊, 掠其牛馬, 步走, 擔其兒及
其弟子綏. 度不能兩全, 乃謂其妻曰:「吾弟早亡, 惟有一息. 理不可絶. 止應自
棄我兒耳. 幸而得存, 我後當有子.」妻泣而從之, 乃棄之. 其子朝棄而暮及, 明日,
繫之於樹而去. ……至江東, 攸每有進退, 無喜慍之色. 久之, 遷尙書右僕射.
咸和元年卒, 贈光祿大夫, 加金章紫綬, 祠以小牢. 攸棄子之後, 妻不復孕. 過江,
納妾, 甚寵之, 訊其家屬, 說是北人遭亂, 憶父母姓名, 乃攸之甥. 攸素有德行,
聞之感恨, 遂不復畜妾. 卒以無嗣. 時人義而哀之, 爲之語曰:「天道無知,
使鄧伯道無兒!」弟子綏服攸喪三年"이라 하였고,《世說新語》德行篇에도
"鄧攸始避難, 於道中棄己子全弟子. 旣過江, 取一妾, 甚寵愛; 歷年後, 訊其
所由, 妾具說是北人遭亂; 憶父母姓名, 乃攸之甥也. 攸素有德業, 言行無玷,
聞之哀恨, 終身遂不復畜妾"라 하였으며, 賞譽篇에는 "謝太傅重鄧僕射, 常言:
「天地無知, 使伯道無兒!」"라 함. 그 외《蒙求》,《小學》善行篇(實明倫) 및
《晉陽秋》,《中興書》등에 도 널리 실려 있음.

【尋知命】"아무리 생각해 보아도 그렇게 선을 베풀었음에도 명이 그런 것일
뿐 인력으로는 어쩔 수 없다는 것을 알게 되었다"는 뜻.

【潘岳】자는 安仁(247~300). 文學에 뛰어났던 인물. 죽은 아내를 위해 지은
〈悼亡詩〉가 유명하며, 이 시는《文選》(23)에 실려 있음.《晉書》(55)에 전이
있음. 어려서 文才가 있어 奇童이라 불렸음. 처음 河陽令이되어 그곳에
桃李를 심은 일로 널리 알려졌으며, 뒤를 이어 黃門侍郞이 되어「潘黃門」
이라 불림.「二十四友」의 하나로 趙王 司馬論이 제위를 찬탈하자, 中書令
孫秀가 반악이 모반을 꾀한다고 誣告하여 三族이 멸족당하는 화를 입음.
반악은 詩賦에 뛰어 났으며, 특히 哀誄의 글에 특징을 보임.〈悼亡詩〉
외에〈馬汧督誄〉·〈哀永逝文〉등이 가장 유명함. 明나라 張溥가 輯佚한
《潘黃文集》이 있음.

【同穴】부부가 죽어서 같은 무덤에 묻힘.《詩經》王風 大車에 "穀則異室,
死則同穴. 謂子不信, 有如皦日"이라 함.

【杳冥】멀고 아득한 일. '무슨 의미가 있으랴'의 뜻.

【他生】다른 세상에 태어남. 내세에 다시 태어나 만남.

【長開眼】길이 눈을 뜨고 있음. 홀아비를 뜻함. 홀아비는 한자로 '鰥'이라 하며
이는 물고기는 눈을 감지 못한다 하여 붙여진 명칭임.《孟子》梁惠王(下)에

"老而無妻曰鰥; 老而無夫曰寡; 老而無子曰獨; 幼而無父曰孤"라 함.

【平生】평소. 이생에 살아 있을 때를 말함.

【未展眉】늘 근심에 젖어 눈썹을 펴고 환하게 웃어본 적이 없음.

참고 및 관련 자료

1. 清 洪亮吉의 《北江詩話》에는 "明御史江陰李忠懿〈獄中寄父〉詩:『出世再應爲父子, 此心原不間幽明.』讀之使人增天倫之重. 宋蘇文忠公〈獄中寄子由〉詩:『與君世世爲兄弟, 又結他生未了因.』讀之令人增友愛之誼. 唐杜工部〈送鄭虔〉詩:『便與先生成永訣, 九重泉路盡交期.』讀之令人增友朋之風義. 唐元相〈悼亡〉詩:『惟將終夜長開眼, 報答平生未展眉.』讀之令人增伉儷之情, 孰謂詩不可以感人哉?"라 함.

2. 원진의 다른 시에 역시 아내를 애도한 것으로 "曾經滄海難爲水, 除卻巫山不是雲. 取次花叢懶回顧, 半緣修道半緣君"이라 했다 함.(李肇《國史補》)

3. 韻脚은 悲·時·詞·期·眉.

192

〈自河南經亂, 關內阻飢, 兄弟離散, 各在一處.
　因望月有感, 聊書所懷, 寄上浮梁大兄,
　於潛七兄, 烏江十五兄, 兼示符離及下邽弟妹〉⋯ 白居易

하남은 난을 겪음으로부터 관내가 막혀
굶주리고, 형제들은 흩어져 각각 따로 있게
되었음. 이에 달을 보고 느낌이 있어
애오라지 소회를 써서 부량의 큰형과 어잠의
일곱 번째 형, 그리고 오강의 열다섯 번째 형에
부치고 아울러 부리 및 하구의 제매에게 보임

어려운 때에 해마다 기근까지 들어 생업이 공허해지니,
형제들은 나그네 되어 각기 동서남북 흩어져 버렸구나.
전원은 전쟁이 휩쓸고 간 뒤라 쓸쓸해졌고,
골육들은 사방 길에 흩어져 이산하고 말았네.
우리 모습 나뉘어 천리의 기러기가 되었고,
뿌리 떠나 흩어진 가을 쑥 신세로다.
똑같이 이 순간 밝은 달 쳐다보며 눈물짓고 있을지니,
온 밤 고향 그리는 마음 다섯 곳이 같겠구나!

時難年荒世業空, 弟兄羈旅各西東.

田園寥落干戈後, 骨肉流離道路中.

弔影分爲千里雁, 辭根散作九秋蓬.

共看明月應垂淚, 一夜鄉心五處同!

【河南經亂】建中 3, 4년(782~783) 朱泚와 李希烈의 난을 가리킴.

【關內阻飢】興元 원년(784) 관중에 큰 기근이 들어 백거이 고향 下邽(섬서
渭南)의 가족들이 江南으로 피난하였으며 이때 형제와 가족이 뿔뿔이
흩어지게 되었음.

【浮梁】지명. 지금의 江西 浮梁縣 景德鎭. 큰형 白幼文이 그곳에서 主簿
벼슬을 하고 있었음.

【於潛】지금의 浙江 於潛縣(지금의 杭州 관할 지역). 백거이의 從兄(七兄)이
그곳에 있었음.

【烏江】지금의 安徽 和縣. 백거이의 從祖兄(十五兄)이 그곳에서 主簿를 하고
있었음.

【符離】지금의 安徽 宿縣. 백거이의 아우가 그곳에 있었음.

【下邽】백거이의 고향. 陝西 渭南縣 동북. 그곳에 여동생이 남아 있었음.

【世業】조상이 남겨준 生業.

【羈旅】타향에서 나그네가 되어 떠돌거나 벼슬함.

【寥落】황폐해짐. 雙聲連綿語.

【干戈】전쟁을 뜻함.

【流離】흩어짐. 雙聲連綿語.

【弔影】몸은 그림자를, 그림자는 몸을 위로함. 혈혈단신으로 의지할 곳이
없음을 말함. 李密의 〈陳情表〉에 "煢煢子立, 形影相弔"라 함.

【九秋】가을 석달을 가리킴. 모두 90일이므로 九秋라 한 것임.

【共看明月】서로 떨어져 있지만 높이 뜬 달은 같은 시간에 볼 수 있음.
謝莊의 〈月賦〉에 "隔千里兮共明月"이라 함.

【五處】浮梁, 於潛, 烏江, 符離, 下邽.

1. 白居易는 下邦(지금의 陝西 渭南)에서 태어나 조부 때 河南 新鄭으로 옮겨 살았음. 그러나 열서너 살 때 淮西節度使 朱泚와 李希烈의 반란이 일어나 越 땅으로 피난하였으며, 다시 德宗 貞元 말에 河南 일대에 민란이 일어나 漕運까지 막히고 關內의 연이은 흉년으로 기근에 시달렸음. 이에 자신도 江州司馬로 좌천되어 있을 때, 각지에 흩어진 가족을 생각하며 시대의 고통을 읊은 것임.

2. 이 시의 작품 시기는 元和 10년(815)으로 백거이 44세 때로 보기도 하고 혹 貞元 15년(799) 그가 洛陽에 있을 때로 보기도 함.

3. 淸 章燮은 "唐書白居易傳: 拜左贊善大夫, 出爲江州刺史, 中書舍人王涯上言不宜治郡, 追貶江州司馬, 按此詩當在是時作"이라 하였으며, 蘅塘退士의 말을 인용하여 "一氣貫注, 八句如一句, 如少陵〈聞冠軍作〉如一格律"이라 함.

4. 《唐詩繹》에는 "末二折到望月, 一語總攝, 筆有餘情"이라 함.

5. 韻脚은 空·東·中·蓬·同.

193

〈錦瑟〉 ·· 李商隱

금슬

금슬은 이유 없이 오십 줄이나 되었었지.
현마다 오리발마다 한창이었을 때를 그리워하게 하네.
장자의 새벽 나비 꿈, 나도 그런 미몽에 빠져봤고,
망제의 봄 마음을 나도 두견에게 의탁했었지.
푸른 바다 밝은 달을 보면 눈물이 구슬되는 남해 교인을 떠올렸고,
남전산에 날씨 따뜻하면 옥 기운이 연기처럼 피어남을 믿었었네.
이러한 꿈같던 것이 이루어진다고 여겼던 추억들,
그 당시엔 몰랐네, 시간은 이미 망연히 흘러갔네!

錦瑟無端五十弦, 一弦一柱思華年.
莊生曉夢迷蝴蝶, 望帝春心托杜鵑.
滄海月明珠有淚, 藍田日暖玉生煙.
此情可待成追憶, 只是當時已惘然!

【錦瑟】 비단으로 장식한 슬. 혹은 令狐楚 婢女의 이름. 瑟은 현악기의 일종.
《史記》封禪書와 《漢書》郊祀志에 "太帝使秦女鼓五十弦, 悲, 帝禁不止, 故破
其瑟爲二十五弦"이라 함. 당나라 때 瑟은 대개 25현이었다 함.

【無端】 '이유가 없이'의 뜻.

【柱】 瑟에서 현의 줄을 고정시켜 매는 기둥. 오리발.

【莊生】 莊子(莊周)의 胡蝶夢.《莊子》齊物論에 "昔者莊周夢爲胡蝶, 栩栩然胡
蝶也, 自喩適志與! 不知周也. 俄然覺, 則蘧蘧
然周也. 不知周之夢爲胡蝶與, 胡蝶之夢爲
周與? 周與胡蝶, 則必有分矣. 此之謂「物化」"
라 함.

莊子(莊周)《三才圖會》

【望帝】 고대 蜀의 임금. 杜宇.《說文》에 "蜀王
望帝姪其相妻, 慙亡去, 爲子雟鳥"라 하였으며,
子雟은 子規·杜鵑을 뜻함. 이 새가 슬프게
울어 그 피를 쏟아 두견화가 되었다 함.《禽經》에 "江左曰子規, 蜀右曰杜鵑"
이라 하였고,《蜀王本紀》에 "鱉靈死, 其屍逆江而流至蜀, 王杜宇以爲相, 宇自
以德不及靈, 傳位而去, 其魄化爲鳥, 因名此, 亦曰杜鵑, 卽望帝也"라 함. 한편
《十三州志》에도 "獨杜宇稱帝於蜀, 號曰望帝, 使鱉冷鑿巫山治水, 有功. 望帝
自以爲德薄, 乃委國禪鱉冷, 號曰開明, 遂自亡去, 化爲子規"라 함. 子規(杜宇,
杜鵑)는 우는 소리가 '不如歸去'(돌아감만 못하다)라는 음을 내며 鱉靈(鱉冷)
에게 나라를 넘겨준 것을 원통해한다고 믿었음. 여기서는 두견이와 두견화를
함께 묶어 말한 것.

【珠有淚】《博物志》(2)에 "南海外有鮫人, 水居如魚, 不廢織績, 其眼能泣珠"라
하였고,《搜神記》(12)에도 "南海之外有鮫人, 水居如魚, 不廢織績, 其眼泣則
能出珠"라 하였으며,《述異記》(下)에도 "南海中有鮫人, 室水居如魚, 不廢機織,
其眼泣則出珠. 晉木玄〈虛海賦〉云:「天琛水怪, 鮫人之室.」"라 하여 이 전설을
원용한 것임.

【藍田】 지금의 陝西 藍田縣 동남쪽이며, 옥이 생산되는 곳으로 날씨가 따뜻해
지면 옥의 기운이 연기처럼 피어오른다 함. 晩唐 司空圖의 〈與極浦書〉에
中唐 戴叔倫의 말을 인용하여 "詩家之景, 如藍田日暖, 良玉生煙, 可望而不可
置於眉睫前也"라 하여 당시 이러한 구절이 널리 쓰였음을 알 수 있음.

【此情】 앞서 말한 네 가지 情況. 즉 胡蝶之夢·望帝春心·鮫人淚珠·藍田日暖을
말함.

【惘然】 마치 무엇을 잃어버린 것과 같은 상황이나 모습.

1. 이는 大中 12년(858) 이상은이 죽기 직전에 47세 때 지은 것으로 과거의 아름다웠던 시절을 회상하며 탄식하는 내용으로 보임.

2.. 이 시에 대해서는 여러 가지 설이 있음. 즉 (1)宋 劉攽의 《山中詩話》에는 錦瑟은 令狐楚의 婢女 이름으로, 이상은이 연정을 품었다가 이를 회고하여 지은 것이라는 설. (2)《湘素雜記》에는 蘇東坡의 말을 인용하여 《古今樂志》에 실려 있는 악기의 이름으로 50弦이며 그 소리는 適·怨·淸·和를 상징하며, 중간에 莊生·望帝·鮫人淚珠·藍田煙玉으로 나뉜 것이며 따라서 詠物詩라는 설. (3)淸 朱鶴齡은 이는 이상은이 죽은 아내 王氏를 애도하여 지은 것으로, 왕씨가 죽을 때 25세였으며 瑟이 25현이므로 이를 둘로 끊으면 50현이 된다는 뜻이라는 설. (4)金 元好問과 淸 何焯은 이는 이상은이 신세를 탄식하여 지은 것으로 '莊生'은 꿈을, '望帝'는 내세를, '滄海'와 '藍田'은 드러내지 않는 지조를, '明月'과 '日暖'은 좋은 시절임에도 불우한 신세를 읊은 것이라 하였음. (5)淸 程湘衡은 이는 이상은의 《李義山詩集》 첫머리에 내 세운 것으로 보아, 자신이 살아온 아름다운 夢想을 대신한 序이며 이를 說詩 형식으로 지은 것이라는 설 등이 있음.

3. 金 元好問은 "詩家總愛西崑好, 只恨無人作鄭箋"이라 함.

4. 韻脚은 弦·年·鵑·煙·然.

194

〈無題〉 ·· 李商隱

제목없이

어젯밤 뜨던 별과 어젯밤 불던 바람,
그림 같은 누각의 서쪽 계수나무로 지은 집 동쪽.
내 몸에는 채봉의 두 날개는 없지만,
마음엔 신령한 물소뿔처럼 한 줄기 통하는 줄이 있다네.
서로 떨어져 앉아서 송구놀이로 마시는 술은 따뜻하고,
두 조로 나뉘어 사복놀이로 하는 촛불 등잔은 붉게 빛났지.
아차! 벌써 새벽 출근 북소리, 나는 응당 조정으로 가야지,
난대로 말달리니 마치 나뒹구는 쑥대 같은 모습이리.

昨夜星辰昨夜風, 畫樓西畔桂堂東.
身無彩鳳雙飛翼, 心有靈犀一點通.
隔座送鉤春酒暖, 分曹射覆蠟燈紅.
嗟余聽鼓應官去! 走馬蘭臺類轉蓬.

【彩鳳】혹 '綵鳳'으로도 표기하며 神鳥. 鶴과 비슷하며 五色의 날개를
가졌다 함.

【靈犀】《南州異物志》에 "犀有神異, 表靈以角"이라 하였으며, 《抱朴子》에는
"通天犀角, 有白理如線"이라 함. 그리고 《漢書》 西域傳 注에는 "通犀, 謂中
央色白, 通兩頭"라 하여 뿔에 흰 무늬 한 줄이 가운데로 통하는 모습을
가지고 있다 하였음. 그 때문에 '一點通'이라 한 것임.

【送鉤】술을 마실 때의 유희의 일종으로 酒令, 혹 藏鉤之戲라 함. 周處의
《風土紀》에 의하면 두 조로 나누어 鉤(갈고리의 일종)를 돌려 누구의 손에
있는지를 알아맞혀 이로써 벌주를 마시는 놀이이며, 《漢武故事》에 의하면
원래 漢 武帝의 鉤弋夫人이 손을 갈고리처럼 쥔 채 태어나 자라면서도
펴지지 않아 그 고리 모양을 만들어 시작한 놀이라 함. 그러나 《槁簡
贅筆》에 "唐人酒戲極多, 釣鼈竿, 堂上五尺, 庭中七尺, 紅絲線繫之石盤,
譜諸魚四十品, 逐一作牌子, 刻魚名, 各有詩於牌上, 或一釣連二物, 錄事擇其
一以行功罰焉"이라 하여 놀이 방법이 다름.

【射覆】역시 고대의 놀이 방법. 《漢書》 東方朔傳에 "上嘗使諸數家射覆, 置守
宮盂下; 射之, 蓋不能中, 朔自贊曰:「臣嘗受易, 請射之.」"라 하였고, 注에
"數家, 術數之家也. 於覆器之下置諸物, 令暗射之, 故云覆射"라 하여 물건을
엎어놓은 그릇 속에 넣고 이를 알아맞히는 놀이. 《酒令叢鈔》에 "今酒座所
謂射覆, 又名射雕覆者, 以上一字爲雕, 下一字爲覆, 設注意'酒'字, 則言'春'字·
'漿'字使人射之, 蓋言'春酒'·'酒漿'也. 射者言某字 彼此會意也"라 함.

【聽鼓】시간을 알리는 북소리를 듣고 조정에 나감. 이상은은 武宗 會昌
연간에 秘書省 校書郎(正字)으로써 시간 맞추어 출근을 해야 했음을 말함.

【蘭臺】秘書省. 원래 漢代 책을 소장하던 궁중 도서관. 唐 高宗 때 秘書省을
蘭臺로 개칭하였음.

【轉蓬】뿌리 없이 이리저리 굴러다니는 쑥대. 혹 '斷蓬'으로 된 판본도 있음.

[참고 및 관련 자료]

1. 제목 없이 글을 편하게 쓰기 시작한 것은 이상은으로부터 시작되었다 함.
이는 시상의 한계를 벗어나기 위한 것이었다 함.

2. 이상은은 정치적으로도 뜻을 제대로 펴지 못했지만, 애정생활도 허다한 고사를 가지고 있어 혹 女道士와 또는 令狐楚의 婢女에게도 연정을 품었다 함. 그로 인해 속박과 장애를 받았으며, 이것이 시상에 영향을 주어 많은 豔情詩를 짓게 된 것이라 보기도 함. 이 또한 밤에 여인과 놀면서 새벽 출근을 서두르는 염정시로 보고 있음.

3. 韻脚은 風·東·通·紅·蓬.

李商隱(義山)《晚笑堂畫傳》

195

〈隋宮〉 ··· 李商隱

수나라 궁궐

장안의 자천 궁전은 안개와 내에 잠기도록 비워두고,
무성 강도江都를 취하여 황제의 살 곳을 만들고자 하였구나.
만약 옥새가 인연 따라 당 고조에 돌아가지 않았다면,
비단 돛배는 틀림없이 하늘 끝까지 계속 이어졌으리라.
지금에는 썩은 풀에 반딧불도 없어지고,
그때 심었던 수양버들엔 저녁 까마귀만 깃들었네.
지하에서 만약 진 후주를 만난다면,
어찌 무슨 낯으로 거듭 〈후정화〉를 물을 수 있으리오?

紫泉宮殿鎖煙霞, 欲取蕪城作帝家.
玉璽不緣歸日角, 錦帆應是到天涯.
於今腐草無螢火, 終古垂楊有暮鴉.
地下若逢陳後主, 豈宜重問後庭花?

【隋宮】隋 煬帝(楊廣: 605~618 재위)는 운하를 완성한 뒤 大業 12년(616)부터
자주 江都(지금의 江蘇 揚州)까지 내려가, 화려한 궁궐을 짓고 호화로운
생활을 즐기며 방탕하게 놀이에 빠져 북쪽 수도 장안으로 돌아가기를

잊고 살았음. 그러다가 물자가 바닥나고 북방 출신의 많은 신하들이 고향이 그리워 돌아가기를 청하였으나 이를 듣지 않자, 최후로 宇文述의 아들 宇文 化及이 그를 그곳에서 목 졸라 죽여 隋나라가 망하게 된 것임. 양제의 揚州에 순행하여 행궁 江都宮・顯福宮・臨江宮 등을 지었음.《通鑑紀事 本末》에 "隋煬帝至江都, 荒淫益甚, 宮中爲百餘房, 各盛供張, 實以美人, 日令 一房爲主人"이라 함. 그 외《隋書》와《貞觀政要》등에 자세히 실려 있음.

【紫泉】 수나라 도읍 長安에 있던 궁 이름. '紫泉'은 원래 '紫淵'으로 唐 太祖 李淵의 이름을 피하여 '紫泉'이라 한 것임. 司馬相如의 〈上林賦〉에 "丹水更 其南, 紫淵徑其北"이라 하였으며, 여기서는 본 도읍 장안 궁궐을 버리고, 멀리 강도에 와서 놀이에 빠진 수 양제의 상황을 말한 것임.

【鎖煙霞】 연하(안개, 내)가 잔뜩 끼어 이를 둘러 덮고 있음.

【蕪城】 廣陵, 곧 江都(揚州)를 말함. 양주의 옛 이름은 광릉이었으며, 남조 宋라 鮑照의 〈蕪城賦〉에 전란으로 황폐하여 蕪城이라 부른 것. 지금의 江蘇 江都.

【玉璽】 천자의 도장. 원래 秦始皇이 李斯에게 명하여 藍田의 옥을 구하여 "受命于民, 其壽永昌" 8자를 새겨 대대로 이어지도록 한 것임. 여기서는 隋나라가 망하고 唐나라가 건국하였음을 말함. 大業 14년(618) 煬帝가 江都(揚州)에서 宇文化及에게 살해되고, 같은 해 李淵이 山西 晉陽(太原)에서 당나라를 건국함. 舊唐書 唐祖紀에 "武德元年五月, 隋恭帝奉皇帝璽組于 高祖"라 함.

【日角】 이마 위의 뛰어나온 뼈가 해와 같은 골상으로 帝王의 相을 말함. 《尙書》鄭玄 주에 "日角, 謂中庭骨起狀如日"이라 하였고《後漢書》光武 帝紀에 "光武美鬚目, 大口・隆準・日角"라 하였음. 여기서는 唐 高祖 李淵을 가리킴.《舊唐書》唐儉傳에, "唐祖召訪時事, 儉曰:「明公日角龍庭, 李氏又 載圖牒, 天下屬望, 指麾可取.」"라 함.

【錦帆】 隋 煬帝의 龍舟. 그 돛을 모두 비단으로 하였다 함.《開河記》에 "帝自 洛陽遷駕大梁, 詔江淮諸州造大船五百隻, 龍舟旣成, 泛江沿淮而下, 時舳艫 相繼, 連接千里, 自大梁至淮口, 聯綿不絶, 錦帆過處, 香聞百里"라 함.

【螢火】 隋 煬帝가 밤에 반딧불로 구경을 하겠다고 천하의 반딧불을 잡아 오도록 한 일을 말함.《隋書》煬帝紀에 "大業十二年, 上於景華宮徵求螢火, 得數斛, 夜出遊山放之, 光徧巖谷"이라 함. 한편《禮記》月令에는 "腐草 爲螢"이라 함.

隋煬帝 〈夜遊圖〉

【垂楊】 隋 煬帝가 강남을 순행하면서 자신의 성씨인 楊氏를 자랑하고자
운하 가에 모두 머드나무를 심도록 하여 무려 1천3백 리에 이르렀다 함.
뒤에 그 제방을 '隋堤'라 함.《開河記》에 "詔民間有柳一株賞一縑, 百姓爭
獻之. 又令親種, 帝自種一株, 群臣次第種, 栽畢, 帝御筆寫賜垂楊柳姓楊,
曰楊柳也"라 함.

【陳後主】 陳叔寶(583~589 재위). 南朝 陳의 마지막 임금. 荒淫과 奢侈를
일삼다가 재위 7년 만에 隋 文帝, 즉 煬帝의 아버지 楊堅의 開皇 9년(589)
에 망하였음. 江都는 바로 진 후주의 땅이었으며, 그곳을 양제가 좋아하여
놀이터로 삼았음.

【後庭花】 陳 後主가 애첩 麗華로 하여금 춤과 노래로 표현토록 하여 즐겼던
宮中 舞曲. 너무 애절하며 荒淫無度하여 망국을 불러온 노래라 함. 원제목은
〈玉樹後庭花〉.《隋遺錄》(上)에, "煬帝在江都, 昏湎滋深, 嘗遊吳公宅雞臺, 恍惚
與陳後主相遇, 尙喚帝爲殿下. 後主舞女數十, 中一人逈美, 帝屢目之, 後主
云:「麗華也.」乃以海蠡酌紅粱新醞勸帝, 帝飮之, 甚歡. 因請麗華舞〈玉樹後
庭花〉. 麗華徐起, 終一曲. ……後主問曰:「龍舟之游樂乎? 始謂殿下致治在
堯舜之上, 今日復此逸游, 大抵人生各圖快樂, 曩時何見罪之深耶?」帝忽寤"
라 함. 여기서는 "양제 자신도 진 후주처럼 똑같은 이곳에서 황음무도하게
놀다가 나라를 망쳤으니 어찌 지하에서 진 후주에게 여화로 하여금 〈후정화〉
를 다시 춤추고 노래하도록 청할 수 있겠는가?"의 뜻.

1. 이는 江都(지금의 江蘇 揚州)에 머물며 쾌락을 즐겼던 隋 煬帝와 그곳에서
나라를 잃은 陳 後主(陳叔寶)의 일을 회고하며 읊은 일종의 詠史詩임.

2. 淸 沈德潛의 《唐詩別裁》에는 "言天命若不歸唐, 游幸豈止江都而已? 用筆
靈活, 後人只鋪敍故實, 所以板滯也. 末言亡國之禍, 甚於後主, 他時魂魄相遇,
豈宜重以後庭花爲問乎?"라 함.

3. 《唐詩繹》에는 "此詩全以議論驅駕事實, 而復出以嵌空玲瓏之筆, 運以縱橫
排宕之氣, 無一筆呆寫, 無一句實砌, 斯爲詠史懷史之極"이라 함.

4. 元 范希文의 《對床夜語》에는 "前輩云: 詩家病使事太多, 蓋皆取與題合者
類之, 如此乃是編事, 雖工何益? ……若〈隋宮〉詩云:「玉璽不緣歸日角, 錦帆
應是到天涯」…則融化斡旋, 如自己出, 精粗頓異也"라 함.

5. 《五朝善鳴詩集》에는 "五六是他人結語, 用在詩腹, 別以新奇之意作結, 機杼
另出, 義山當日所以獨步於開成·會昌之間"이라 함.

6. 韻脚은 霞·家·涯·鴉·花.

196-1

〈無題〉二首(1) ·· 李商隱

무제(1)

온다더니 빈말이요 가고 난 뒤엔 소식 깜깜,
누상에 빗긴 달에 벌써 오경 종소리라.
꿈에서 멀리 이별하니 울면서 불러도 대답없네,
깨어나서 쓰는 편지 먹도 제대로 갈지 않은 채.
촛불은 금 비취 병풍에 반쯤 비쳐 오고,
사향은 수놓은 부용 이불을 조금씩 넘어 스며드네.
유신은 이미 봉래산도 멀다고 한탄했는데,
나는 봉래산보다 더 멀리 만 겹 산을 격해 있구나!

來是空言去絶蹤, 月斜樓上五更鐘.
夢爲遠別啼難喚, 書被催成墨未濃.
蠟照半籠金翡翠, 麝熏微度繡芙蓉.
劉郎已恨蓬山遠, 更隔蓬山一萬重!

【蹤】'踪'과 같음. 종적, 발자국 흔적.
【五更鐘】새벽이 올 때 시간을 알리는 종소리. 고대 하루 밤을 五更으로
  나누었으며, 오경은 새벽 5시 전후의 시간에 해당함.

【墨未濃】 먹을 충분히 갈아 짙게 한 다음 글씨를 써야 하나, 여기서는 '너무 급하여 먹이 제대로 갈리기도 전에 흐린 먹물로 글씨를 쓰다'의 뜻.

【金翡翠】 금을 장식한 비취 병풍. 아래의 부용과 더불어 애정을 상징하는 말로 쓰였음.

【麝熏】 향로에 麝香을 피워 그 향기가 부용꽃 수놓은 이불에 스며듦.

【劉郞】 東漢의 劉晨을 가리킴. 阮肇와 함께 天台山으로 들어갔다가 선녀를 만나 사랑을 나눈 뒤 돌아왔더니 이미 3백년이 흘렀다는 고사를 말함. 《幽明錄》과 《搜神記》 逸文에 "劉晨·阮肇入天台取穀皮, 遠不得返. 經十三日, 飢. 遙望山上有桃樹, 子實熟. 遂躋險援葛至其下, 噉數枚, 飢止體充. 欲下山, 以杯取水. 見蕪菁葉流下, 其鮮新. 復有一杯流下, 有胡麻焉. 乃相謂曰:「此近人家矣」. 遂渡山, 出一大溪. 溪邊有二女子, 色甚美. 見二人持杯, 便笑曰:「劉·阮二郞捉向杯來」. 劉·阮驚. 二女遂欣然如舊相識曰:「來何晚耶?」因邀還家. 南東二壁各有絳羅帳, 帳角懸鈴, 上有金銀交錯. 各有數侍婢使令. 其饌有胡麻飯·山羊脯·牛肉, 甚美. 食畢, 行酒. 俄有群女持桃子, 笑曰:「賀汝婿來」. 酒酣作樂. 夜後各就一帳宿, 婉態殊絶. 至十日, 求還, 苦留半年. 氣候草木是春時, 百鳥啼鳴, 更懷鄕, 歸思甚苦. 女遂相送, 指示歸路. 旣還, 鄕邑零落, 已十世矣"라 하였으며, 이 고사는 《蒙求》, 《仙佛奇蹤》(1) 등에도 널리 실려 있음.

【蓬山】 道敎 三神山(蓬萊·方丈·瀛洲)의 하나인 蓬萊山. 신선들이 사는 東海 속의 仙境. 《十洲記》에 "蓬萊山對東海之東北岸, 周回五千里, 外別有圓海繞山. 圓海水正黑, 而謂之冥海也. 無風而洪波百丈, 不可得往來, 唯飛仙有能到其處耳"라 함.

참고 및 관련 자료

1. 이상은의 〈무제〉 시는 모두 4수이며, 그중 이는 첫째 수와 둘째 수를 여기에 실은 것임. 셋째 수는 오율이며, 넷째 수는 七律로 되어 있음.

2. 이상은 특유의 豔情詩임.

3. 韻脚은 蹤·鐘·濃·蓉·重.

〈無題〉二首(2) ·· 李商隱

무제(2)

사각사각 동풍에 가랑비 내리고,
부용꽃 핀 못 밖에는 우레 소리 가볍도다.
두꺼비 모습 금향로 입을 채워도 향내는 들어갈 수 있고,
옥호 도르래 우물 깊다 해도 두레박줄은 다시 끌어올릴 수 있다네.
가충의 딸 발 틈으로 젊은 한수에게 반하였고,
낙수의 신 복비는 베개를 주어 조식에게 사랑을 남겼지.
봄날 이 안타까움이여, 꽃과 함께 다투어 피지를 말아다오.
한 치의 그리움이 타고남은 한 치의 재가 될까 두렵도다!

颯颯東風細雨來, 芙蓉塘外有輕雷.
金蟾齧鎖燒香入, 玉虎牽絲汲井廻.
賈氏窺簾韓掾少, 宓妃留枕魏王才.
春心莫共花爭發, 一寸相思一寸灰!

【颯颯】바람이 불어 나뭇잎 등이 흔들리는 소리나 모습. '삽삽'으로 읽음.
【輕雷】가벼운 우레 소리. 실제 임이 오는 수레바퀴 소리를 상징함. 司馬
　相如의 〈長門賦〉에 "雷殷殷其響起兮, 聲象君之車音"이라 함.

【金蟾】두꺼비 형상을 한 금속 향로. 고대인들은 두꺼비는 사악한 기운을 막아준다고 믿어 이로써 향로를 만들고, 그 입에는 자물쇠 고리를 물고 있는 형상을 조각하여 사용하였음.

【玉虎】우물 난간의 도르래(轆轤).

【賈氏】賈充의 딸이 韓壽와 몰래 사랑을 나눈 이야기. 「韓壽竊香」의 고사. 《世說新語》惑溺篇에 "韓壽美姿容, 賈充辟以爲掾; 充每聚會, 其女於靑璅中看, 見壽, 悅之; 內懷存想, 發於吟詠. 後婢往壽家, 具述如此, 幷言女色麗. 壽聞之心動, 遂請婢潛修音問, 及期往宿. 壽蹻捷絶人, 踰牆而入, 家中莫知. 自是充覺女盛自拂拭, 說暢有異於常. 後會諸吏, 聞壽有奇香之氣, 是外國所貢; 一箸人, 則歷月不歇. 充計武帝唯賜己及陳騫, 餘家無此香; 疑壽與女通, 而垣牆重密, 門閤急峻, 何由得爾? 乃託言有盜, 令人修牆. 使反曰: 「其餘無異. 唯東北角有人跡, 而牆高, 非人所踰.」 充乃取女左右考問, 卽以狀對. 充祕之, 以女妻壽"라 함. 이는 《晉書》(40) 賈充傳(賈謐)과 《蒙求》 등에도 실려 있음. '韓掾少'는 한수가 연의 벼슬에 젊고 멋진 소년이었음을 말함.

【宓妃】洛水의 女神. 魏 陳思王(東阿王)은 曹植(子建)의 〈洛神賦〉에 그와의 사랑을 상상하여 자신이 사모하던 甄后와의 사랑을 읊은 고사를 뜻함. 曹植이 甄氏를 사모하자, 형 曹丕(魏 文帝)가 그를 빼앗아 비로 삼았으며, 뒤에 견씨가 郭妃에게 억울한 죽음을 당하자 더욱 안타까워 洛水를 서성일 때, 어떤 여인이 자신이 집에서 쓰던 것이라 하며 베개를 주었는데 그것이 바로 견씨의 것이었다 하며, 이에 〈낙신부〉를 지었다 함. 《文選》李善 注에 〈感甄記〉를 인용하여 "魏東阿王漢末求甄逸女, 旣不遂, 太祖回與五官中郎將(曹丕). 植殊不平, 晝思夜想, 廢侵與食. 皇初中, 入朝, 帝示植甄后玉縷金帶枕, 植見之不覺泣. 想已爲郭后讒死, 帝亦尋悟, 因令太子留宴飮, 仍以枕賚植. 植還, 度轘轅, 少許時, 將息洛水上, 思甄后, 忽見女來, 自云:「我本託心君王, 其心不遂, 此枕是我在家時從嫁, 前與五官中郎將, 今與君王.」遂用薦枕席"이라 함.

【魏王才】曹植은 文才가 뛰어나 謝靈運은 "천하의 재능이 모두 합해 한 섬이라면 조자건의 재능은 그중 8말은 차지할 것"이라 칭송함. 《南史》謝靈運傳에 "天下才共有一石, 曹子建獨得八斗, 我得一斗, 自古及今同用一斗. 奇才敏捷, 安有繼之?"라 함. 《蒙求》및 《幼學瓊林》에도 실려 있음.

1. 淸 馮浩의 《玉溪生詩箋注》에 이 2수를 두고 "蓋恨令狐綯之不省陳情也"라 함.

2. 兪守眞의 《唐詩三百首詳析》에 "第二首是回憶前情, 起首從眼前景說起, 頷聯以用物爲譬, 意謂金蟾雖堅, 香燒猶可齧入, 井雖深, 絲索亦可汲引, 我何以無隙可乘, 終成遺恨? 頸聯以故事作喩, 當初賈氏窺簾, 幸而緣合, 而今宓妃留枕, 終屬夢想. 其間遇合離散, 那得不令人想思? 結聯又作慰藉之語, 莫再想思, 尤覺想思之苦"라 함.

3. 韻脚은 來·雷·廻·才·灰.

〈籌筆驛〉 ⋯⋯⋯⋯⋯⋯⋯⋯⋯⋯⋯⋯⋯⋯⋯⋯⋯ 李商隱
주필역

물고기와 새들조차 제갈량의 군율을 두려워하고,
바람과 구름은 항상 그의 경비 울타리를 호위해 주었지.
그럼에도 제갈량의 신책은 한갓 명령으로 그치고 말았으니,
끝내 후주 유선의 항복을 알리러 달려가는 수레를 지켜볼 수밖에.
관중과 악의의 재주에도 진실로 욕될 수 없는 능력이었건만,
관우와 장비도 죽어 도움이 없었으니 어찌할 수 있었으리오?
지난날 내 금리를 지나며 제갈량 무후의 사당을 들렸을 때,
그가 즐겨 부르던 〈양보음〉을 읊어 그 여한에 잠긴 적이 있었네.

魚鳥猶疑畏簡書, 風雲常爲護儲胥.
徒令上將揮神筆, 終見降主走傳車.
管樂有才原不忝, 關張無命欲何如?
他年錦里經祠廟, 梁父吟成恨有餘.

【籌筆驛】 지금의 사천 광원현 주필. 삼국시대 제갈량이 오를 치면서 이곳에
주둔하여 군사 계획을 籌備했다 하여 그 이름이 유래됨.
【魚鳥】 다른 판본에는 '猿鳥'로 되어 있음.

【簡書】 고대 문서를 竹簡에 썼으므로 簡書라 함.《詩經》小雅 出車에 “豈不懷歸, 畏此簡書”라 함. 여기서는 군대의 動員令이나 혹 戒嚴令과 같음. 제갈량의 軍用文書를 두려워함. 諸葛亮의 軍律이 엄격하였음을 말함.

【儲胥】 군중의 木柵과 대나무 울타리. 疊韻連綿語의 물명. 警備鐵柵과 같음. 《漢書》揚雄傳〈長楊賦〉에 “木擁槍累, 以爲儲胥”라 함.

【上將】 上將軍. 武侯 諸葛亮을 가리킴.

【降主】 ‘降主’는 일부본에는 ‘降王’으로 되어 있음. 後主 劉禪을 가리킴. 위 景元 4년(263) 鄧艾가 蜀을 멸하고 劉禪이 항복하자, 그와 신하·후궁들을 모두 洛陽으로 옮김.《蜀志》後主傳에 “鄧艾至城北, 後主輿櫬自縛詣軍壘門, 艾解縛焚櫬, 延請相見, 因承制拜後主爲驃騎將軍. 明年, 後主擧家東遷至 洛陽”이라 함.

【管樂】 管仲과 樂毅. 관중은 春秋시대 齊 桓公을 도와 패업을 이루도록 도운 재상이며, 樂毅는 戰國시대 燕나라의 뛰어난 장수. 諸葛亮이 자신을 관중과 악의에 비유하였음.《三國志》(35) 蜀志 諸葛亮傳에 “諸葛亮字孔明, 琅邪陽都人也. 漢司隷校尉諸葛豐後也. 父珪, 字君實, 漢末爲太山郡丞. 亮早孤, 從父玄爲袁術所署豫章太守, 玄將亮及亮弟均之官. 會漢朝更選朱皓代玄. 玄素與荊州牧劉表有舊, 往依之. 玄卒, 亮躬畊隴畝, 好爲《梁父吟》. 身長八尺, 每自比於管仲·樂毅, 時人莫之許也. 惟博陵崔州平·潁川徐庶元直與亮友善, 謂爲信然. 時先主屯新野. 徐庶見先主, 先主器之, 謂先主曰:「諸葛孔明者, 臥龍也, 將軍豈願見之乎?」先主曰:「君與俱來.」庶曰:「此人可屈致也. 將軍 宜枉駕顧之.」由是先主遂詣亮, 凡三往, 乃見. 因屛人曰:「漢室傾頹, 姦臣 竊命, 主上蒙塵. 孤不度德量力, 欲信大義於天下, 而智術淺短, 遂用猖獗, 至于今日, 然志猶未已, 君爲計將安出?」亮答曰:「自董卓已來, 豪傑並起, 跨州連郡者不可勝數. 曹操比於袁紹, 則名微而衆寡, 然操遂能克紹, 以弱爲 强者, 非惟天時, 抑亦人謀也. ……」先主解之曰:「孤之有孔明, 猶魚之有水也. 願諸君勿復言」羽·飛乃止.(下略)”라 함.

【忝】 수욕을 당함.

【關張】 關羽와 張飛. 두 사람 모두 전투 중에 죽음.《三國志》蜀志 關羽傳에 “羽率衆攻曹仁於樊, 不能克, 引軍退還. 孫權已據江陵, 遣將逆擊羽, 斬羽於 臨沮”라 하였고, 張飛傳에는 “先主伐吳, 飛當率兵萬人, 自閬中會江州, 臨發, 其帳下將張達·范彊殺飛”라 함.

【他年】 왕년. 지난 어느 해. 大中 5년 이상은이 西川節度使 劉仲郢을 따라

成都 錦里를 지날 때 그곳의 武侯祠에서 〈武侯廟古柏〉이라는 시를 읊은 적이 있음.

【錦里】錦官城. 四川 成都 남쪽에 있음. 錦城이라고도 함.《元和郡縣志》(32)에 "錦城在縣南十里, 故錦官城也"라 함. 원래는 비단(錦) 織組를 주관하던 官署가 있어 錦官이라 하였으며, 강 이름 역시 錦江이라 부르게 된 것임. 成都에는 옛날 大城, 小城이 있었으며, 소성 아래 금강은 비단 세탁으로 이름나서, 文翁이라는 관리가 蜀을 다스릴 때 소성에 錦里를 명명하여 드디어 소성을 錦官城이라 부르게 되었다 함. 뒤에 成都를 대신하는 말로도 쓰였음.

【梁父吟】〈梁甫吟〉이라고 표기함. 諸葛武侯가 즐겨 읊으며 氣槪를 다짐했던 曲調. 春秋시대 晏子(晏嬰)의 꾀에 죽음을 당한 세 용사의 이야기(《晏子春秋》참조)를 기린 내용임. 가사는 《樂府詩集》에 "步出齊城門, 遙望蕩陰里. 里中有三墳, 纍纍正相似. 問是誰家塚? 田疆古冶氏. 力能拜南山, 文能絶地理. 一朝被讒言, 二桃殺三士. 誰能爲此謀? 相國齊晏子"로 되어 있음.

참고 및 관련 자료

1. 이는 宣宗 大中 9년(855) 이상은이 西川節度使 劉仲郢을 따라 조정으로 돌아오면서 利州 錦谷(지금의 四川 廣元) 籌筆驛을 지나면서 때 읊은 것임. 그러나 張爾田의 《玉谿先生年譜會箋》에는 "此隨仲郢還朝到此作. 結指大中五年, 西川推獄, 曾至成都也"라 하여 大中 5년(851)로 보았음.

2. 何焯은 "論議固高, 尤在抑揚頓挫處, 使人一唱三嘆, 轉有餘味"라 함.

3. 《瀛奎律髓》에는 許印芳의 평을 인용하여 "沈鬱頓挫, 意境寬然有餘, 義山學杜, 此眞得其骨髓矣"라 함.

4. 宋 蔡寬夫의 《詩話》에 의하면 王安石이 만년에 이상은의 시를 좋아하며 "唐人知學老杜而得其藩籬者, 惟義山一人而已"라 했다 함.

5. 韻脚은 書·胥·車·如·餘.

198
〈無題〉 ··· 李商隱

무제

만날 때도 어렵더니 헤어지기 또 어렵네.
동풍은 힘이 없어 온갖 꽃들 다 시든다.
봄누에 죽을 때까지 실을 다 뽑아내어야 끝이 나고,
초는 타서 재가 되어야 비로소 눈물을 다 말린다.
새벽 거울 속 얼굴은 단지 근심 때문에 트레머리 변하였고,
저녁 부르는 노래는 달빛도 차가워졌음을 느끼겠네.
봉래산 가는 길 여기서 길이 많은 것도 아니니,
파랑새야 은근히 가서 찾아보고 소식이나 전해다오.

相見時難別亦難, 東風無力百花殘.
春蠶到死絲方盡, 蠟炬成灰淚始乾.
曉鏡但愁雲鬢改, 夜吟應覺月光寒.
蓬山此去無多路, 靑鳥殷勤爲探看.

【東風】 봄바람. 봄바람이 더 이상 힘을 쓰지 못하여 봄꽃이 시들어 가는 것을
어쩌지 못함.

【春蠶】봄누에. 이는 南朝 民間樂府〈作蠶絲〉의 "春蠶不應老, 晝夜常懷絲. 何惜微軀盡, 纏綿自有時"라 한 것을 典故로 한 것이라 함.

【蠟炬】촛불. 밀랍으로 만들어 蠟燭이라 함.

【乾】'마르다'의 뜻. '간'으로 읽음.

【雲鬢】구름처럼 틀어 올린 여인의 트레머리.

【蓬山】章燮 本에는 '蓬萊'로 되어 있음. 蓬萊山. 道敎 三神山(蓬萊·方丈·瀛洲) 의 하나인 蓬萊山. 신선들이 사는 東海 속의 仙境. 《十洲記》에 "蓬萊山對 東海之東北岸, 周回五千里, 外別有圓海繞山. 圓海水正黑, 而謂之冥海也. 無風 而洪波百丈, 不可得往來, 唯飛仙有能到其處耳"라 함.

【靑鳥】神話 속의 三靑鳥. 三足鳥라고도 하며, 西王母의 使者 역할을 함. 여기 서는 소식을 전해 주는 사람을 뜻함. 使臣, 使者의 의미로도 쓰임. 《漢武 故事》에 "七月七日, 忽有靑鳥, 飛集殿前. 東方朔曰:「此西王母欲來.」有頃, 王母至, 三靑鳥來侍王母旁"이라 하였으며, 《山海經》海內北經에는 "西王母 梯几而戴勝, 其南有三靑鳥, 爲西王母取食. 在昆侖虛北"이라 함.

【無多路】길이 많거나 복잡하여 찾아갈 수 없는 것이 아님.

【殷勤】'慇懃'으로도 표기하며 疊韻連綿語.

참고 및 관련 자료

1. 이는 역시 이상은 특유의 豔情詩임.

2. "春蠶到死絲方盡, 蠟炬成灰淚始乾"은 지금도 격언처럼 민간에 널리 회자 되고 있음.

3. 韻脚은 難·殘·乾(간)·寒·看.

199

〈春雨〉 ··· 李商隱

봄비

봄날에 흰 내의 입고 깊은 탄식하며 누워서,
백문의 쓸쓸했던 일을 떠올리니 뜻대로 되지 않은 일도 많았네.
홍루는 비를 사이에 두고 서로 바라보니 찬 기운 돌고,
내려뜨린 발 안 수레에 흔들리는 등불 켜고 홀로 돌아오네.
먼 길 저문 날에 그대 봄 저녁 늦어짐을 슬퍼하고,
새벽잠에 오히려 꿈에라도 어렴풋이 그대를 보았으면.
구슬 귀고리와 편지 어떻게 보낼 수 있을까?
만리 비단처럼 펼쳐진 구름에 기러기 한 마리 날아가네.

悵臥新春白袷衣, 白門寥落意多違.
紅樓隔雨相望冷, 珠箔飄燈獨自歸.
遠路應悲春晼晚, 殘宵猶得夢依稀.
玉璫緘札何由達? 萬里雲羅一雁飛.

【白袷衣】夾衣. 흰색으로 선비들이 평소 집에서 입는 평상복.
【白門】地名. 金陵(南京)을 대신하여 부른 것. 南朝 宋이 이곳을 都邑으로
　　하여 建業(建康)이라 하고 西門을 白門이라 불렀음. 서쪽은 五行으로 金이며

색깔은 白色을 상징함. 《南史》에 "建康宣陽門, 謂之白門"이라 함. 南朝
民家에 〈楊叛兒〉에 "暫出白門前, 楊柳可藏烏. 歡作沈香水, 濃作博山爐"라 함.
【寥落】쓸쓸함을 표현하는 雙聲連綿語.
【紅樓】부귀한 사람의 딸이 사는 집을 말함. 白居易의 〈秦中吟·議婚〉에 "紅樓
富家女, 金縷繡羅襦"라 함.
【珠箔】수레의 창문에 늘어뜨린 구슬을 꿰어 만든 발. 혹 가랑비가 마치
구슬이 발을 늘어뜨린 것과 같음을 표현한 것이라고도 함.
【腕晚】해가 져서 저물어 감. 宋玉 〈九辯〉에 "白日腕晚其將入兮, 明月銷鑠而
滅毀"라 함.
【依稀】'어렴풋이'의 뜻. 희끗희끗하게 보여 비슷하기도 하고 구분하기도 쉽지
않음을 말함. 疊韻連綿語.
【玉璫緘札】玉璫은 구슬로 만든 귀고리. 緘札은 편지. 고대 남녀 사이에 사랑의
정표로 주고받았으며, 지금의 '侑緘'고 같은 말. 章燮의 注에 《風俗通》曰:
耳珠曰璫. 玉璫緘札, 猶今所云侑緘"이라 함.
【雲羅】구름층이 흡사 비단 무늬와 같음.
【雁】기러기. 기쁜 소식을 전해 준다고 여겼음.

참고 및 관련 자료

1. 張采田의 《玉溪先生年譜會箋》에 "首二句想其流轉金陵寥落之狀"이라 함.
2. 宋 蔡寬夫의 《詩話》에는 "王荊公萬年亦喜稱義山詩, 以爲唐人知學老杜而
得其藩籬者, 惟義山一人而已"라 함.
3. 淸 紀昀의 평론에 "此因春雨感懷, 非詠春雨也. 亦宛轉有致, 但格未高耳"
라 함.
4. 韻脚은 衣·違·歸·稀·飛.

200-1

〈無題〉二首(1) ·· 李商隱

무제(1)

봉황새 꼬리 본뜬 향기 나는 비단 몇 겹을 겹쳐,
푸른 무늬 둥근 장식의 휘장 밤 깊도록 바느질하고 있네.
둥근 달 같은 부채, 희미한 빛으로도 부끄러움 감추지 못하고,
우레 같은 임 오는 수레소리 있어도 말을 통치 못하였네.
일찍이 적막한 밤 촛불도 타버리고 어두운 밤을 보냈는데,
석류꽃 피는 오월이 와도 임 소식은 아예 없네.
얼룩무늬 반마만 수양버들 언덕에 매여져 있는데,
어느 곳 서남쪽에서 좋은 바람 불어오기를 기다릴까?

鳳尾香羅薄幾重, 碧文圓頂夜深縫.
扇裁月魄羞難掩, 車走雷聲語未通.
曾是寂寥金燼暗, 斷無消息石榴紅.
斑騅只繫垂楊岸, 何處西南待好風?

【鳳尾香羅】봉황새 꼬리 무늬를 넣은 향기 나는 비단. 부잣집 복장을 뜻함.
'鳳紋羅'라 함.
【碧文圓頂】윗부분 둥근 머리 위를 푸른색으로 묶을 수 있도록 한 휘장.

程泰之의 《演繁露》에 "唐人昏禮多用厚帳, 捲爲圈以相連瑣, 百開, 百闔, 大抵如今尖頂圓亭子, 而用靑氈通冒四隅上下, 以便移置"라 함.

【扇裁】 비단을 재단하여 부채를 만듦. 班婕妤의 〈怨歌行〉에 "裁爲合歡扇, 團團如明月"이라 함.

【月魄】 달이 처음 뜰 때나 질 때의 희미한 빛. 《尙書》 康誥에 "惟三月哉生魄"이라 함. 《幼學瓊林》에 "初一是死魄, 初二旁死魄, 初三哉生明, 十六始生魄"이라 함.

【車走雷聲】 수레가 다니면서 내는 은은한 소리가 마치 우레 소리 같음을 형상한 것으로 사랑하는 사람이 오는 의미로 쓰임. 司馬相如의 〈長門賦〉에 "雷殷殷其響起兮, 聲象君之車音"이라 함.

【金爐】 '金'은 촛대, '爐'은 촛불이 다 타서 사그라듦.

【石榴紅】 5월을 대신하는 말. 石榴花가 피었을 때를 함.

【斑騅】 푸르고 검은 잡색의 말. 고대 斑馬(班馬)는 남을 태우고 멀리 떠나는 말을 의미함. '斑'은 '班'과 동음으로 '헤어지다'의 뜻이 들어 있음. 《左傳》 襄公 18년에 "邢伯告中行伯云:「有班馬之聲, 齊師其遁」"이라 하였고, 주에 "夜遁, 馬不相見, 故鳴. 班, 別也"라 함. 한편 李白의 〈送友人〉에도 "揮手自玆去, 蕭蕭班馬鳴"이라 함. 그러나 여기서는 《樂府》 明下童曲의 "陸郎乘斑騅, 望門不欲歸"에서처럼 가까이 있으면서도 서로 정을 터놓을 수 없는 상대가 곁에 있음을 뜻하는 것으로 봄.

【西南】 西南風을 말함. '그대 품에 안겨들다'의 뜻. 曹植의 〈七哀詩〉 "君若淸路塵, 妾若濁水泥. 浮沈各異勢, 會合何時諧? 願爲西南風, 長逝入君懷"라 한 것을 원용한 것으로 봄.

【楊柳】 南朝 민가 〈折楊柳〉 시에 "楊柳亂成絲, 攀折上春時. ……曲中無別意, 幷是爲想思"라 함.

【待好風】 일부 판본에는 '任好風'으로 되어 있음.

⬤ 참고 및 관련 자료 ⬤

1. 이는 여인의 입장에서 사랑하는 사람을 기다리는 형상을 노래한 것으로 일종의 閨怨詩임.

2. 韻脚은 重·縫·通·紅·風.

200-2

<無題> 二首(2) ·· 李商隱

무제(2)

겹겹의 휘장 깊이 늘어진 아래 막수당이라 이름 붙인 방,
누워 잠을 청해도 맑은 밤 온갖 생각 끝없어라.
무산 여신의 삶도 원래 꿈이었을 뿐이며,
청계의 예쁜 아가씨 본래 낭군 없이도 살았다지.
풍파는 마름 풀 가지 연약함을 아랑곳하지 않은 채 모질게 불고,
달 아래 이슬은 누가 계수나무 꽃향기를 더욱 짙게 하였는가?
그립다고 곧이 말해도 아무런 도움 전혀 없어,
마음대로 슬퍼하며 미친 듯 살아가도 안 될 것이 뭐 있으리!

重幃深下莫愁堂, 臥後淸宵細細長.
神女生涯原是夢, 小姑居處本無郞.
風波不信菱枝弱, 月露誰敎桂葉香?
直道相思了無益, 未妨惆悵是淸狂!

【重幃】 겹겹의 휘장. 혹 '重帷'로 된 판본도 있음. '幃'는 '帷'와 같은 뜻임.
【莫愁】 전혀 수심 따위는 모르는 여자. 남편과 헤어질 일이 없어 행복에 겨운
여자. 고대 石城 땅의 예쁘고 노래를 잘 부르던 여자. 뒤에 少女를 통칭하는

말로 쓰임.《古樂府》에 〈莫愁樂〉이란 곡조가 있으며, 이는 〈石城樂〉에서
나왔다 하여 "石城女子名莫愁"라는 구절이 있음. 石城은 지금의 湖北 鍾祥
縣. 梁 武帝(蕭衍)의 〈河中之水歌〉에 "河中之水向東流, 洛陽女兒名莫愁. ……
十五嫁作盧家婦, 十六生子名阿侯. 盧家蘭室桂爲梁, 中有鬱金蘇合香"이라
하였고,《舊唐書》音樂志에 "〈莫愁樂〉出於〈石城樂〉. 石城有女子名莫愁,
善歌謠. 石城樂和中復有莫愁聲. 故歌云:「莫愁在何處? 莫愁石城西; 艇子打
兩槳, 催送莫愁來.」"라 함.

【淸宵】맑고 고요한 밤.

【細細長】여인의 섬세한 감정과 온갖 생각으로 인해 밤이 길게 느껴짐.

【神女】巫山의 神女. 楚 襄王과 雲雨之情의 신화를 남긴 여인. 宋玉의
〈高唐賦〉에 "楚懷王游高唐, 夢遇神女. 去而辭曰:「妾在武山之陽, 高丘之陰.
旦爲朝雲, 暮爲行雨, 朝朝暮暮. 陽臺之下.」因爲之立廟, 號曰朝雲"라 하였으며,
〈神女賦序〉에는 "楚襄王與宋玉游於雲夢之浦, 使玉賦高唐之事, 其夜王寢, 夢
與神女遇, 其狀甚麗"라 함.

【小姑】靑溪小姑. 蔣侯(《搜神記》참조)의 셋째 여동생으로 시집을 가지 않고
홀로 산 예쁜 여인. 三國 吳나라 사람들이 그를 神으로 모셔 제사를 지냈음.
《古樂府》〈靑姑小溪曲〉에 "開門白水, 側根橋梁; 小姑所居, 獨處無郎"이라 함.

【菱枝】'菱'은 '蔆'과 같음. 마름 풀의 여린 가지. 맑고 연약하며 깨끗함을
비유함.

【桂葉】계수나무 꽃. 전체 平仄을 맞추기 위해 '花'자 대신 '葉'자를 쓴 것임.
'가을 달빛 이슬 아래 그 향기가 더욱 짙다'의 뜻.

【了無】전혀 없음.

【未妨】방해하지 않음.

【惆悵】슬픔을 표현하는 雙聲連綿語.

【淸狂】淸狂은 마음대로 놓아 즐기며 俗世를 벗어남.

─────────────

참고 및 관련 자료

1. 이상은은 女道士·宋華陽 자매 등에 대해 지나칠 정도의 연정을 가지고
있었다 하며, 그로 인해 많은 艶情詩, 閨怨詩를 지은 것으로 알려졌음. 이 시
역시 그 일례로 보고 있음.

2. 淸 何焯은 "義山無題數詩, 不過自傷不逢, 無聊怨題, 此篇乃直露本意"라 함.

3. 王夫之의 《唐詩評選》에는 "艷詩別調"라 하였고, 《李義山詩辨正》에는 "一字一淚"라 함.

4. 韻脚은 堂·長·郞·香·狂.

201

〈利州南渡〉 .... 溫庭筠

이주의 남쪽 나루

담담한 물빛 공중에 비낀 석양을 마주하고,
구부러진 섬 창망히 푸르스름한 먼 산에 이어졌네.
파도치는 물가에 말 울음소리는 노저어 가는 자를 보고 있고,
버드나무 가에는 사람 쉬면서 배 돌아오기를 기다리네.
몇 떨기 모래가 풀밭엔 갈매기 무리 흩어져 앉아 있고,
만 이랑 강가 밭에는 한 마리 해오라기 날아오르네.
그 누가 알리오, 범려를 찾아 배 띄워 저어가며
오호 안개 낀 물 위에 홀로 기심을 잊고 사는 이런 모습을?

澹然空水對斜暉, 曲島蒼茫接翠微.
波上馬嘶看棹去, 柳邊人歇待船歸.
數叢沙草群鷗散, 萬頃江田一鷺飛.
誰解乘舟尋范蠡, 五湖煙水獨忘機?

【利州】지명. 지금의 四川 廣元縣. 籌筆驛이 있던 곳임. 南渡는 그 城 남쪽에 있는 渡口(나루)를 말함.

【澹然】물빛이 깨끗한 모습.

【翠微】산이 푸르면서 희미한 모습을 말함.

【范蠡】春秋末 越나라 대부. 자는 少伯. 越王 句踐을 도와 吳王 夫差를 멸한 명신. 吳나라를 멸하자, 功成身退를 이루고자 이름을 鴟夷子皮로 바꾸고 몰래 五湖에 배를 띄워 가족과 함께 사라짐. 뒤에 齊나라 陶 땅에서 큰 부자가 되어 陶朱公이라 하였음. 《史記》越王句踐世家에 "范蠡事越王句踐, 旣苦身勠力, 與句踐深謀二十餘年, 竟滅吳, 報會稽之恥, 北渡兵於淮以臨齊·晉, 號令中國, 以尊周室, 句踐以霸, 而范蠡稱上將軍. 還反國, 范蠡以爲大名之下, 難以久居, 且句踐爲人可與同患, 難與處安, 爲書辭句踐曰:「臣聞主憂臣勞, 主辱臣死. 昔者君王辱於會稽, 所以不死, 爲此事也. 今旣以雪恥, 臣請從會稽之誅.」句踐曰:「孤將與子分國而有之. 不然, 將加誅于子.」范蠡曰:「君行令, 臣行意.」乃裝其輕寶珠玉, 自與其私徒屬乘舟浮海以行, 終不反. 於是句踐表會稽山以爲范蠡奉邑. 范蠡浮海出齊, 變姓名, 自謂鴟夷子皮, 耕于海畔, 苦身勠力, 父子治産. 居無幾何, 致産數十萬. 齊人聞其賢, 以爲相. 范蠡喟然嘆曰:「居家則致千金, 居官則至卿相, 此布衣之極也. 久受尊名, 不祥.」乃歸相印, 盡散其財, 以分與知友鄕黨, 而懷其重寶, 閒行以去, 止于陶, 以爲此天下之中, 交易有無之路通, 爲生可以致富矣. 於是自謂陶朱公. 復約要父子耕畜, 廢居, 候時轉物, 逐什一之利. 居無何, 則致貲累巨萬. 天下稱陶朱公"이라 함. 그 외 《國語》越語 및 《越絶書》등에 그의 일화가 자세히 실려 있음.

【五湖】太湖와 그 주변의 호수들. 《越絶書》에 "吳亡後, 西施復歸范蠡, 同泛五湖而去"라 하였고, 《國語》越語(下)에 "遂乘輕舟以浮於五湖, 莫知其所終極. 王命工以良金寫范蠡之狀而朝禮之, 浹日而令大夫朝之, 環會稽三百里者以爲范蠡地, 曰:「後世子孫, 有敢侵蠡之地者, 使無終沒於越國, 皇天后土·四鄕地主正之.」"라 함.

【機】機心. 기교를 부려 이익을 취하거나 위험에서 벗어나고자 하는 교묘한 마음을 말함. 부정적 의미로 쓰임. 《莊子》天地篇에 "機心存於胸中則純白不備. ……功利機巧, 必忘乎人之心"이라 하였고, 《史記》貨殖列傳에는 "天下熙熙, 皆爲利來; 天下攘攘, 皆爲利往"이라 함.

1. 이는 온정균이 四川 利州에 이르러 恬靜한 삶을 꿈꾸며 읊은 것임.
2. 《精選評注五朝詩學津梁》에 "高曠夷優之致, 落落不群"이라 함.
3. 韻脚은 暉·微·歸·飛·機.

202

〈蘇武廟〉 ·· 溫庭筠

소무 사당

소무는 한나라 사신으로서 떠나기 전 이미 혼백을 녹였나니,
옛 사당과 높은 나무는 둘 모두 다 망연하도다.
구름 가에 기러기는 흉노 하늘의 달 아래 소식을 끊었고,
언덕 위의 양들은 변새의 연무 낀 풀 뜯으러 돌아갔었지.
돌아오던 날 자신을 보내주던 누대는 그 화려하던 갑장이 아니었고,
떠날 때 썼던 관과 찼던 검은 한창 나이 때의 일이었었네.
무제는 죽은 뒤라 소무가 전속국, 관내후로 추앙됨을 보지 못하였으니,
지금 나도 부질없이 가을 파도를 향해 흘러버린 세월 통곡하노라.

蘇武魂銷漢使前, 古祠高樹兩茫然.
雲邊雁斷胡天月, 隴上羊歸塞草煙.
廻日樓臺非甲帳, 去時冠劍是丁年.
茂陵不見封侯印, 空向秋波哭逝川.

【蘇武廟】지금의 甘肅 民勤縣 남쪽에 蘇武廟와 蘇武山이 있음.
【蘇武】漢나라 杜陵人. 자는 子卿(B.C.140~BC.60) 平陵侯 蘇建의 아들. 武帝
天漢 원년(B.C.100) 中郎將이 되어 匈奴에 사신으로 갔다가 포로가 되어,

선우(單于)의 위협에 굽히지 않고 멀리 北海까지 옮겨졌으나 19년을 버티었음. 뒤에 昭帝가 화친을 이루어 始元 6년(B.C.81)에 비로소 귀국하여 典屬國에 올랐으며, 宣帝 때 關內侯가 되었음. 그 뒤 成帝 때 未央宮의 麒麟閣에 蘇武와 함께 당시의 공신 11명의 초상을 그려 걸기도 하였음. 그의 〈與李陵詩〉에 "雙鳧俱北飛, 一鳧獨南翔"라 함. 漢書 蘇武傳 및 《新序》 節士篇 등에 그의 전이 자세히 실려 있음.

【古祠】 蘇武의 사당을 말함.

【雲邊】 소무가 멀리 北海 변방으로 옮겨지자, 그곳에서도 굴하지 아니하고 온갖 고생을 하며 견뎌냄.《漢書》蘇武傳에 "單于益驕, 非漢所望也. 武既至海上, 廩食不至, 掘野鼠去中實而食之. 杖漢節牧羊, 臥起操持, 節旄盡落. 積五六年, 單于弟於軒王弋射海上. 武能網紡繳, 檠弓弩, 於軒王愛之, 給其衣食. 三歲餘, 王病, 賜武馬畜服匿穹廬. 王死後, 人衆徙去. 其冬, 丁令盜武牛羊, 武復窮厄"이라 함.

【雁斷】 昭帝 때 흉노가 "소무는 이미 죽었다"고 하자, 한나라 사신이 거짓으로 "上林苑에서 기러기를 잡았는데 그 발에 소무가 살아 있다는 서신이 매어 있었다"라 하였음.《漢書》蘇武傳에 "昭帝即位. 數年, 匈奴與漢和親. 漢求武等, 匈奴詭言武死. 後漢使復至匈奴, 常惠請其守者與俱, 得夜見漢使, 具自陳道. 敎使者謂單于, 言天子射上林中, 得雁, 足有係帛書, 言武等在某澤中. 使者大喜, 如惠語以讓單于. 單于視左右而驚, 謝漢使曰:「武等實在.」於是李陵置酒賀武曰:「今足下還歸, 揚名於匈奴, 功顯於漢室, 雖古竹帛所載, 丹青所畫, 何以過子卿! 陵雖駑怯, 令漢且貰陵罪, 全其老母, 使得奮大辱之積志, 庶幾乎曹柯之盟, 此陵宿昔之所不忘也. 收族陵家, 爲世大戮, 陵尙復何顧乎? 已矣! 令子卿知吾心耳. 異域之人, 壹別長絶!」陵起舞, 歌曰:「徑萬里兮度沙幕, 爲君將兮奮匈奴. 路窮絶兮矢刃摧, 士衆滅兮名已隤. 老母已死, 雖欲報恩將安歸!」陵泣下數行, 因與武決. 單于召會武官屬, 前以降及物故, 凡隨武還者九人"라 함.

【甲帳】 漢 武帝때 신을 모시기 위해 꽃을 수놓아 만든 장막.《漢書》西域傳贊에 "孝武之世, 興造甲乙之帳, 絡以隨珠和璧"이라 하였고,《漢武故事》에는 "變大言神尙清靜. 上於是于宮外起神明殿九間. …… 以白珠爲簾, 玳瑁押之; 以象牙爲蔑, 帷幕垂流蘇, 以琉璃珠玉, 明月夜光, 雜錯天下珍寶爲甲帳, 其次爲乙帳. 甲以居神, 乙以自居"라 함. 무제가 소무를 보낼 때 화려한 갑장에서 잔치를 열어 보내 주었음을 말하며, 돌아온 뒤 그 갑장은 이미 사라지고

없었음. 흉노에서 오랜 세월을 보내고 나서 돌아와 이미 무제는 죽고 없음을 말함.

【丁年】 壯丁의 나이. 成年이 됨. 한나라 때는 남자 20세를 丁年이라 하였음. 李陵의 〈答蘇武書〉에 "丁年奉使, 皓首而歸"라 라고 하고, 주에 "丁年, 謂丁 壯之年也"라 함. 소무는 무제 천한 원년에 출사하여 시원 6년에 돌아와 39세에 떠나 59세에 돌아왔음.

【茂陵】 漢 武帝의 陵墓. 지금의 陝西 興平縣 동북에 있음. 여기서는 한 무제를 가리킴.

【逝川】 세월이 물 흐르듯 흘렀음.《論語》子罕篇에 "子在川上, 曰:「逝者如 斯夫! 不舍晝夜.」"라 함.

┌─────────────────┐
│ 참고 및 관련 자료 │
└─────────────────┘

1. 온정균 시에 몇 편의 邊塞詩가 있으며 이는 그중 하나. 구체적 시기는 알 수 없음.

2.《唐詩別裁》(25)에 "五六與'此日六軍同駐馬'(李商隱 〈馬嵬〉)一聯俱屬逆 挽法, 律詩得此, 化板滯爲跳脫矣"라 함.

3. 蘇武에 대한 시는 李白의 〈蘇武〉"蘇武在匈奴, 十年持漢節. 白雁上林飛, 空傳一書札. 牧羊邊地苦, 落日歸心絶. 渴飮月窟水, 饑餐天上雪. 東還沙塞遠, 北愴河梁別. 泣把李陵衣, 相看淚成血"등이 유명하며,《昭明文選》에 실려 있는 李陵의 〈與蘇武詩〉(3首)"(其一)良詩不再至, 離別在須臾. 屛營衢路側, 執手野踟躕. 仰視浮雲馳, 奄忽互相踰. 風波一失所, 各在天一隅. 長當從此別, 且復立斯須. 欲因晨風發, 送子以賤軀. (其二)喜會難再遇, 三載爲千秋. 臨河 濯長纓, 念子悵悠悠. 遠望悲風至, 對酒不能酬. 行人懷往路, 何以慰我愁. 獨有盈觴酒, 與子結綢繆. (其三)攜手上河梁, 遊子暮何之? 徘徊蹊路側, 悢悢 不得辭. 行人難久留, 各言長相思. 安知非日月, 弦望自有時. 努力崇明德, 皓首 以爲期"는 중국문학사에서 五言詩의 시발로 보기도 함.

4. 韻脚은 前·然·煙·年·川.

〈宮詞〉 ·· 薛逢
궁사

십이루 안에서 새벽 화장을 다 마치고,
망선루 위에서 임금을 바라보네.
입 다문 동물 조각 금 자물쇠 문고리는 차갑고,
구리로 만든 시계 한낮에는 물방울도 더디네.
구름 머리 빗고 나서 다시 거울을 마주 보고,
비단옷 바꿔 입어 향내가 더욱 짙게 해 보기도 하네.
멀리 정전을 살펴보니 발이 열린 곳에
짧은 겉옷 바지 입은 궁녀들이 임금 침상 닦고 있네.

十二樓中盡曉妝, 望仙樓上望君王.
鎖銜金獸連環冷, 水滴銅龍畫漏長.
雲髻罷梳還對鏡, 羅衣欲換更添香.
遙窺正殿簾開處, 袍袴宮人掃御牀.

【十二樓】五城十二樓.《史記》封禪書에 "黃帝時爲五城十二樓, 以候神人於執期, 命曰迎年"이라 하였으며, 仙人들을 모시기 위한 곳이었음. 여기서는 皇帝 後宮의 누대를 가리킴.

【望仙樓】 樓臺 이름. 唐 武宗때 宮苑에 세웠음.《唐書》武宗紀에 "會昌五年, 作望仙樓於神策軍"이라 함.
【金獸】 宮門의 자물쇠. 황금색 짐승 모양임.
【水滴】 龍의 모습을 한 물시계.
【袍袴】 짧은 두루마기와 수놓은 바지로 宮女의 복장. 사역하는 급수가 낮은 궁녀를 말함.

참고 및 관련 자료

1. 임금을 기다리는 궁녀로서 안타까움을 대신 읊은 宮怨詩임.
2. 韻脚은 妝·王·長·香·牀.

❋ 설봉(薛逢)

1. 자는 陶臣, 蒲州(지금의 山西 永濟縣) 사람으로 武宗 會昌 원년(841) 진사에 올라 侍御史·尚書郎 등을 거쳐 巴州刺史, 秘書監을 역임함.《新唐書》(藝文志, 4)에 《詩集》10卷, 《別紙》13卷, 《賦集》14卷이 著錄되어 있으며, 《郡齋讀書志》에는 다만 《薛逢歌詩》2卷, 《直齋書錄解題》에는 《薛逢集》1卷 및 《四六集》1卷만이 著錄되어 있음.《全唐詩》에는 그의 詩 1卷(548)이 실려 있고, 《全唐詩續拾》에 詩 2首, 斷句 1句가 실려 있음.《舊唐書》(190)과 《新唐書》(203)에 전이 있음.

2. 《唐詩紀事》(59)
逢, 字陶臣, 蒲州人, 會昌進士. 初與劉瑑交, 會瑑當國, 有薦逢知制誥者. 瑑猥曰: 「先朝以兩省官給事舍人, 先治州縣.」 乃得除. 逢未試州, 執不可. 乃出刺巴州. 而楊收·王鐸同牒署, 收輔政, 逢有詩, 微辭譏訕. 收銜之, 復斥蓬·綿二州刺史. 鐸爲相, 又以詩訾鐸云: 『昨日鴻毛萬鈞重, 今朝山嶽一毫輕.』 遂不見齒. 終祕書監.

3. 《全唐詩》(548)
薛逢, 字陶臣, 蒲州河東人. 會昌初, 擢進士第, 授爲萬年尉, 直弘文館. 歷侍御史·尚書郎, 出爲巴州刺史. 復斥蓬州, 尋以太常少卿召還, 歷給事中. 遷祕書監, 卒. 集十卷, 今編詩一卷.

4.《唐才子傳》(7) 薛逢

逢, 字陶臣, 蒲州人. 會昌元年, 崔峴榜第三人進士. 調萬年尉. 未幾, 佐河中幕府. 崔鉉入相, 引直弘文館. 歷侍御士·尙書郞. 持論鯁切, 以謀略高自標顯. 布衣中, 與劉琢交, 而文辭出逢下, 常易琢. 及當國, 有薦逢制誥者, 琢猥言:「先朝以兩省官給事舍人, 治州縣, 乃得除·逢未試州, 不可.」乃出爲巴州刺史. 初, 及第與楊收·王鐸同年, 而逢文藝最優. 收輔政, 逢有詩云:「誰知金印朝天客, 同是沙堤避路人.」收御之, 斥爲蓬·綿二州刺史. 及鐸相, 逢又賦詩云:「昨日鴻毛萬鈞重, 今朝山岳一毫輕.」鐸怒, 中外亦鄙逢褊傲. 遷秘書監, 卒. 逢晚年岨峿宦塗, 嘗策贏赴朝, 値新進士榜下, 綴行而出, 呵殿整然, 見逢行李蕭條, 前導曰:「回避新郞君!」逢靸然, 因遣一介語之曰:「報道莫貪相! 阿婆三五少年時, 也會東塗西抹來.」其人辟易.

◎ 逢天資本高, 學力亦贍, 故不甚苦思, 而自有豪逸之態, 第長短皆率然而成, 未免失淺露俗, 蓋亦當時所尙, 非離群絶俗之詣也. 夫道家三寶, 其一「不敢爲天下先.」前人者, 孰肯後之? 加人者, 孰能受之? 觀逢恃才怠傲, 恥在喧卑而喋喋脣齒, 亦猶「惡醉而强酒」也. 累擯遠方, 寸進尺退, 至龍鍾而自憤不已, 蓋禍福無不自己求者焉. 有詩集十卷, 又《別紙》十三卷, 賦集十四卷, 今竝行.

204

〈貧女〉 ⋯⋯⋯⋯⋯⋯⋯⋯⋯⋯⋯⋯⋯⋯⋯⋯⋯⋯⋯ 秦韜玉

가난한 처녀

가난한 집 처녀라 비단옷감의 향기는 구별하지도 못하고,
좋은 중매 부탁하려니 도리어 마음만 더욱 아프네.
누가 나의 이러한 풍류와 고상한 격조를 사랑하리오?
남들처럼 시대의 유행을 가련히 여겨 소박한 화장을 할 뿐.
감히 내 열 손가락 바느질 솜씨는 자신 있지만,
두 눈썹 치켜세워 화장함을 두고 남과 다투지는 않겠노라.
고생이 한스럽다, 해마다 수놓아 눌러 다진 바느질,
다른 처녀 시집가는 데에 쓰이는 혼례복을 위한 것이라네.

蓬門未識綺羅香, 擬托良媒亦自傷.
誰愛風流高格調? 共憐時世儉梳妝.
敢將十指誇鍼巧, 不把雙眉鬪畫長.
苦恨年年壓金線, 爲他人作嫁衣裳!

【蓬門】 쑥대로 대강 얽은 대문. 가난하고 미천한 집을 가리킴. 두보 객지에
"花徑不曾緣客掃, 蓬門今始爲君開"라 함.
【綺羅香】 비단에서 나는 향기.

【亦自傷】혹 '益自傷'으로 표기된 판본도 있음.

【時世】당시 화장에 사치를 부리던 유행 풍조.《唐會要》(31)에 大和 6년의 勅令을 인용하여 "奏婦人高髻險妝, 去眉開額, 甚乖風俗. 破壞常儀, 費用金銀, 過爲首飾, 并請禁斷"이라 함

【儉梳妝】머리 빗는 빗과 화장을 검소하게 함.

【誇鍼巧】바느질 솜씨를 자랑함. 자신 있음. '鍼'은 '針'과 같음.

【壓金線】壓은 刺繡의 技法. 손가락으로 눌러 다짐.

참고 및 관련 자료

1. 가난에 고통을 겪으며 사는 처녀를 대신 읊으면서 실제 貧士를 비유한 것임. 中和 2년(882) 秦韜玉이 進士에 오르기 전에 쓴 것으로 보고 있음.

2.《唐詩別裁》에 "語語爲貧士寫照"라 함.

3. 兪陛雲은 "此篇語語皆貧女自傷, 而實爲貧士不遇者寫牢愁抑塞之懷"라 함.

4. "苦恨年年壓金線, 爲他人作嫁衣裳"은 지금도 성어로 널리 회자됨.

5. 韻脚은 香·傷·妝·長·裳.

❀ 진도옥(秦韜玉)

1. 자는 中明(仲明), 京兆(지금의 陝西 長安) 사람으로 僖宗이 蜀으로 행차할 때 따라갔으며, 中和 2년(882) 진사에 올라 工部侍郎에 오름.《唐摭言》(9)에 '芳林十哲'이라 하였으며,《新唐書》(藝文志, 4)·《宋史》(藝文志, 7)에《秦韜玉集》3卷이 著錄되어 있음.《全唐詩》(卷670)에 詩 1卷,《全唐詩續拾》에 詩 1首, 斷句 2句가 수록되어 있음.

2.《唐詩紀事》(63)

韜玉, 字仲明, 京兆人. 父爲佐軍軍將. 韜玉出入田令孜之門, 又與劉曄·李巖士·姜垍·蔡鋌之徒, 交遊中貴, 各將兩軍書尺, 僥求巍科, 時謂對軍解頭. 僖宗幸蜀, 韜玉以工部侍郎爲令孜神策判官. 及小歸公主文, 韜玉准勅放及第, 仍編入其年牓中. 韜玉以書謝新人, 呼同年略曰:「三條燭下, 雖阻文闈: 數仞牆邊, 幸同恩地.」

3.《全唐詩》(670)

秦韜玉, 字仲明, 京兆人. 中和二年, 得准勅及第. 僖宗幸蜀, 以工部侍郎爲田令孜神策判官,《投知小錄》三卷, 今編詩一卷.

4.《唐才子傳》(7) 秦韜玉

韜玉, 字中明, 京兆人. 父爲左軍軍將. 韜玉少有詞藻, 工歌吟, 恬和瀏浣. 慕柏耆爲人, 然險而好進, 諂事大閹田令孜. 巧宦, 未期年, 官至丞郎, 判鹽鐵, 保大軍節度判官. 僖宗幸蜀, 從駕. 中和二年, 禮部侍郎歸仁紹放榜, 特勅賜進士及第, 令於二十四人內安排, 編入春榜, 令孜引擢工部侍郎. 韜玉歌詩, 每作, 人必傳誦. 〈貴公子行〉云:「堦前莎毯綠未捲, 銀龜噴香挽不斷. 亂華織錦柳撚線, 妝點池臺畫屏展. 主人功業傳國初, 六親聯絡馳朝車. 鬬雞走狗家世事, 抱來皆佩黃金魚. 卻笑書生把書卷, 學得顏回忍飢面.」又: 瀟水出道州九疑山中; 湘水出桂林海陽山中, 經靈渠, 至零陵與瀟水合, 謂之「瀟湘」, 爲永州永二水也. 清泚一色, 高秋八九月, 才丈餘, 淺碧見底. 過衡陽, 抵長沙, 入洞庭. 韜玉賦詩云:「女媧羅裙長百尺, 搭在湘江作山色」又云:「嵐光楚岫和空碧, 秋染湘江到抵淸」由是大知名, 號爲「絶唱」. 今有《投知小錄》三卷, 行於世.

卷六：七律・樂府

205

〈獨不見〉 ·· 沈佺期

그리워도 만나지 못함

노씨 집안 젊은 부인 울금향 규방에서,
대모 기둥 좋은 집에 한 쌍의 바다제비처럼 살았네.
구월 차가운 다듬이 소리 낙엽을 재촉하자,
십년 원정 나간 요양의 님을 그리워하네.
저 북쪽 백랑하에서는 소식도 끊어지고,
이곳 남쪽 장안에는 가을밤만 깊었구나.
누구를 위해 〈독불견〉의 수심만 품은 채,
게다가 밝은 달만 이 휘장에 비치도록 두는가?

　盧家少婦鬱金堂, 海燕雙棲玳瑁梁.
　九月寒砧催木葉, 十年征戍憶遼陽.
　白狼河北音書斷, 丹鳳城南秋夜長.
　誰爲含愁獨不見, 更教明月照流黃?

【獨不見】 이는 《樂府》 雜曲歌辭의 舊題로 《樂府解題》에 "獨不見, 傷思而不
　見也"라 함. 다른 판본에는 〈古意呈喬補闕知之.로 되어 있으며 喬知之는
　則天武后 萬歲通天(696) 때에 右補闕을 지냈던 인물임.

【盧家】梁 武帝(蕭衍)의 〈河中之水歌〉에 "河中之水向東流, 洛陽女兒名莫愁. ……十五嫁作盧家婦, 十六生子名阿侯. 盧家蘭室桂爲梁, 中有鬱金蘇合香" 이라 하여 이를 典故로 한 것임.

【鬱金】다년생 초본식물 이름으로, 봄에 꽃이 피면 그 향이 대단하다 함. 大秦國(로마)에서 난다고 믿었으며, 원래 이를 술에 넣어 鬱金酒, 혹 鬱鬯酒 를 만들었음. 여기서는 이를 벽에 발라 향내가 나도록 하여 椒房과 같은 풍속이 되었음. 본문 '鬱金堂'은 일부본에는 '鬱金香'으로 되어 있음.

【海燕】越燕이라고도 하며 일반 제비보다 작고 가슴은 보랏빛. 남방 百越 땅에 많으며 봄이면 사람이 사는 집 안으로 들어와 제비집을 지음.

【玳瑁梁】玳瑁는 거북과 비슷하며 껍질에 광택과 문채가 있어 장식용으로 사용함. 梁은 기둥.

【遼陽】지금의 遼寧 遼陽縣. 唐나라 때 遼州를 두었으며 북방의 중요 邊鎭.

【白狼河】大凌河. 료수의 지류이며 白狼山에서 발원하여 지금의 遼寧 凌源縣 을 거쳐 錦州를 지나 渤海로 흘러듦.

【丹鳳城】혹 '鳳城'이라고도 하며 長安을 가리킴. 長安城 서쪽에 雙闕이 있으며 그 위에 두 마리 銅雀 형상을 만들어 걸었음. 銅雀은 鳳凰을 뜻하며 丹은 구리 빛깔을 말함. 원래 秦 穆公의 딸 弄玉과 簫史(蕭史)의 고사에서 비롯된 것임. 《列仙傳》(上)에 "蕭父者, 秦穆公時人也. 善吹簫, 能致孔雀白鶴 於庭. 穆公有女, 字弄玉, 好之. 公遂以女妻焉. 日敎弄玉作鳳鳴, 居數年, 吹似 鳳聲, 鳳凰來止其玉. 公爲作鳳臺, 夫婦止其上, 不下數年. 一旦, 皆隨鳳凰飛去. 故秦人爲昨鳳女祠於雍宮中, 時有簫聲而已"라 함.

【獨不見】노래 제목이면서 동시에 그 속의 내용처럼 '안타깝게 그러한 노래만 가슴에 수심으로 담고 달빛이 휘장에 비치도록 그렇게 두고 있는가?' 의 뜻.

【流黃】노란색 실로 짠 옷감. 古樂府 〈相逢行〉에 "大婦織綺羅, 中婦織流黃" 이라 하였으며 이 옷감은 주로 휘장을 만드는 데에 사용한다 함.

참고 및 관련 자료

1. 다른 판본에는 모두 〈古意呈補闕喬知之(혹, 古意呈喬補闕知之)〉(옛 뜻을 살려 보궐 교지지에게 드림)라는 제목으로 되어 있음.

2.《唐詩選脉會通評林》에는 陳繼儒의 평을 인용하여 "雲卿初變律體, 如此篇雖未離樂府餘調, 而落筆圓轉靈通"이라 함.

3. 明 胡應麟의《詩藪》에는 "體格丰神, 良稱獨步, 惜頷聯頗偏枯, 結非本色"이라 함.

4.《唐詩近體》에는 "精細嚴整中血脈流貫, 元氣渾然. 以此入樂府, 眞不可多得之作"이라 함.

5. 韻脚은 堂·梁·陽·長·黃.

卷七：五言絕句

〈鹿柴〉 ··· 王維
사슴우리

텅 빈 산속 사람은 보이지 아니하고,
단지 사람의 소리만 들릴 뿐.
석양에 되비치는 햇빛 깊은 숲으로 들어와서
다시 꺾여 푸른 이끼 위를 비추고 있네.

空山不見人, 但聞人語響.
返景入深林, 復照靑苔上.

【鹿柴】 사슴을 키우는 작은 우리를 뜻함. '柴'는 채(砦)와 같으며 棚, 籬落의
　뜻. 《廣韻》에 "砦, 羊棲宿處"라 함.
【返景】 '景'은 '影'과 같음. 反影. 되 비치는 햇빛. 《初學記》 日部에 "日西落,
　光返照於東謂之日景. 景在上曰反景, 在下曰倒景"이라 함.
【靑苔】 돌에 낀 푸른 이끼.

> 참고 및 관련 자료

1. 이 시는 王維 만년의 작품이며 《輞川集》 20수 중의 다섯 번째 실려 있음.
《輞川集》 序에 "余別業在輞川山谷, 其游止有孟城坳·華子岡·文杏館·斤竹嶺·

鹿柴·木蘭柴·茱萸沜·宮槐陌·臨湖亭·南垞·欹湖·柳浪·欒家瀨·金屑泉·白石灘·北垞·竹里館·辛夷塢·漆園·椒園等, 與裴迪閑暇各賦絶句云爾"라 하여 그중 하나임.

2. 明代 李日華는 이 시를 두고 "明心寒水骨, 妙語出天香"이라 평하였음.

3. 韻脚은 響·上.

207

〈竹里館〉 ·· 王維

대숲 속의 정자

홀로 그윽한 대숲 속에 앉아,
거문고도 타고 다시 긴 휘파람도 불어보네.
깊은 숲 속이라 아는 사람 없고,
다만 밝은 달만이 나를 비춰보고 있네.

獨坐幽篁裏, 彈琴復長嘯.
深林人不知, 明月來相照.

【竹里館】王維가 만년에 藍田 輞川(지금의 陝西 藍田縣 서남쪽 20리)에 은거
하면서 그곳의 죽리관을 두고 읊은 것임.《輞川集》의 17번째 시.
【幽篁】대숲. 그윽한 竹林.〈九歌〉山鬼에 "余處幽篁兮終不見天, 路險難兮獨
後來"라 함.
【長嘯】긴 휘파람. 한적한 雅趣를 표현하는 말.

(참고 및 관련 자료)

1. 이 시는 왕유《輞川集》의 제 17번째 절구로 죽리관을 두고 읊은 것임. 앞장
서문 참조.

2. 黃叔燦의 《唐詩箋注》에 "妙絶天成, 不涉色相, 色籟俱淸, 讀之肺腑若洗"라 평하였음.

3. 《唐音癸籤》에 "摩詰以淳古澹泊之音, 寫山林閑適之趣, 如輞川諸詩, 眞一片水墨不着色畫"라 함.

4. 明 唐汝詢의 《唐詩解》에는 "林間之趣, 人不易知, 明月相照, 似若會意"라 함.

5. 韻脚은 嘯·詔.

6. 《千家詩》 原註(王相)

篁, 竹也. 竹本淸幽之品, 故曰幽篁. ○此言獨居之樂也. 維在輞川竹裡館中, 獨坐幽竹之下, 揮琴一曲, 長嘯數聲, 深林之中, 人不知之, 但有明月相照而已. ○維, 字摩詰, 開元中爲尙書右丞, 盛唐.

208

〈送別〉 ·· 王維

송별

산속에서 그대를 보내고 나서,
날 저물어 사립문을 닫노라.
봄풀은 해마다 푸르려니와,
왕손은 다시 올 수 있을지?

山中相送罷, 日暮掩柴扉.
春草明年綠, 王孫歸不歸?

【罷】 보내기를 마침.
【柴扉】 사립문, 柴門.
【春草·王孫】《楚辭》招隱士에 "王孫游兮不歸, 春草生兮萋萋"라 하였으며, 이 구절을 원용한 것임.
【王孫】 公子王孫 원래 귀족의 자손을 뜻하나 여기서는 이별하는 친구를 말함.

참고 및 관련 자료

1. 韻脚은 扉·歸.
2. 須溪 교정의 《唐王右丞集》에는 "古今斷腸, 理不在多"라 함.

209

〈相思〉 ·· 王維

그리움

남방에 자란다는 홍두나무 꽃가지,
봄이라 몇 가지나 피었을까요?
그대여 많이 따서 옷깃에 꽂아주오.
이 꽃은 그리움을 가장 사무치게 한다지요.

紅豆生南國, 春來發幾枝?
願君多采擷, 此物最相思.

【紅豆】 자귀나무, 合歡樹, Paradise Tree가 아닌가 함. 木本 식물로 잎은 홰
　나무와 같으며, 흰색 혹은 담홍색 비단 같은 꽃이 핌. 열매는 완두처럼 생
　겼음. 廣東·廣西·臺灣 등에 널리 자라고 있음. 그 열매를 '想思子'라 하며
　남녀 사이의 애정을 상징함.
【南國】 남방. 남쪽지역.
【采擷】 꽃을 따서 옷깃에 장식을 함. '采'는 '採'와 같으며 '摘'의 뜻. 혹 '采
　襭'로 된 판본도 있으며 이 경우 '따서 옷깃에 꽂다'의 뜻이 됨.

1. 이 시는 民歌風으로 읊은 것이며 당나라 때 이미 널리 퍼져 玄宗 때 궁중 가수 李龜年이 安史의 난으로 江南을 유랑할 때 늘 이 노래를 불러 좌중의 눈물을 자아내었다고 함. 한편 이 시의 주에 "是年十七"이라 하여 왕유 17세 때 지은 것이라 함.

2. 《讀雪山房唐詩序例》에 "直擧胸臆, 不可雕鎪"라 함.

3. 韻脚은 枝·思.

210

〈雜詩〉 ································· 王維

잡시

그대는 고향에서 왔으니,
응당 고향 사정을 알겠지.
오던 날 비단 창문 앞,
찬 매화 피었던가? 어떻던가?

君自故鄕來, 應知故鄕事.
來日綺窻前, 寒梅著花未?

【雜詩】《文選》雜詩 解題에 "不拘流例, 遇物卽詠"이라 함.
【來日】떠나오던 날.
【綺窻】비단 장막을 친 창문. 혹 조각을 하여 매화와 어울리도록 만든 창
틀임을 떠올리도록 제시한 것.《古詩》에 "交疏結綺窻, 阿閣三重階"라 함.
'窻'은 '窓'과 같음.
【寒梅】차가운 추위 속에 피는 매화. 唐 王績의 〈在京思故園見鄕人問〉에
"衰年多弟姪, 若個賞池臺? 舊園今在否, 新樹也應栽? 柳行疏密布, 茅齋寬
窄裁? 經移何處竹, 別種幾株梅? 渠當無絶水, 不計總生苔? 院果誰先熟,
林郞那後開?"라 함.
【著花未】'著花'는 '착화'로 읽으며 '着花'와 같음. 꽃이 피어 가지에 붙어
있음. 강한 생명력을 의미함. '未'는 與否를 묻는 의문종결 표현임.

1. 雜詩는 《文選》 雜詩 解題에 "不拘流例, 遇物卽詠"이라 하여 구태여 제목을 붙이지 아니하고 사물에 감응을 받아 즉시 지었음을 뜻하며 이를 '雜詩體'라 함.

2. 《唐人萬首絶句選評》에 "問得淡絶, 妙絶. 與東山詩'有敦瓜苦'章, 從微物關情, 寫出歸時之喜. 此亦以微物懸念, 傳出件件關心, 思家之切"이라 평하였음.

3. 《唐宋詩擧要》에는 "陶淵明詩云:「爾從山中來, 早晚發天目. 我居南窓下, 今生幾叢菊」王介甫詩云:「道人北山來, 問松我東崗. 擧手指屋脊, 云今如許長」與右丞此章同一杼軸, 皆情到之辭, 不假修飾而自工者也"라 함.

4. 宋 洪邁의 《容齋詩話》에도 "杜公〈送韋郎歸成都〉云:「爲問南溪竹, 抽梢合過牆」〈憶弟〉云:「故園花自發, 春日鳥還飛」王介甫云:「道人北山來, 問松我東崗. 擧手指屋脊, 云今如許長」古今詩人懷想故居, 形之篇詠, 必以松竹梅菊爲比興, 諸子句皆是也"라 함.

5. 韻脚은 事·未.

211

〈送崔九〉 ································· 裴迪

최구를 보내며

산으로 돌아가는 길 깊든지 얕든지,
응당 산수의 아름다움을 끝까지 구경하게.
그러나 무릉의 어부 흉내는 낸답시고,
잠시 도원에 놀다오겠노라 하지는 말게.

歸山深淺去, 須盡丘壑美.
莫學武陵人, 暫游桃源裏.

【崔九】崔興宗. 排行이 아홉 번째여서 崔九로 부른 것. 裴迪, 王維와 함께
終南山에 은거하며 교유하였음. 王維의 〈送崔九興宗游蜀〉시가 있음.
【深淺去】산세나 물길이 깊으면 깊은 대로 얕으면 얕은 대로 그에 따라
걸어감.
【丘壑】山林泉壑. 隱者가 사는 곳을 뜻함. 終南山 옛 은거지로 되돌아감을
말함.
【莫學】'學'은 '效'와 같으며 '흉내내다'의 뜻. 이는 문장 끝까지 연결되며
"산수의 아름다움을 눈으로 맘껏 구경하되 엉뚱한 길 들어서지 말고 곧바로
옛 은거지로 갈 것"을 은근히 걱정한 것이며 그의 山水 探源의 奇行을
표현한 것임.

【武陵人】武陵의 漁夫. 武陵은 지금 湖南 常德縣에 있음. 陶淵明의 〈桃花源記〉에 무릉의 어부가 복사꽃이 떠내려오는 물길을 거꾸로 찾아들었다가 발견한 또 다른 세계. 《陶淵明集》(6) 참조.

【桃源】桃花源. 복사꽃이 떠내려오는 물길의 근원지. 樂土, 유토피아(烏托邦) 이상향.

참고 및 관련 자료

1. 이는 《全唐詩》에는 제목이 〈崔九欲往南山馬山口號與別〉로 되어 있음. 武陵桃源을 떠올리며 깊은 산속 은거지로 되돌아가는 친구를 보내며, 그의 丘壑에 대한 酷愛를 표현한 送詩임.

2. 韻脚은 美·裏.

❀ 배적(裴迪)

1. 關中(陝西) 사람으로 초기에는 王維, 崔興宗 등과 함께 終南山에 은거하며 시를 주고받으며 교유하였음. 天寶 말에 벼슬에 올라 蜀州刺史가 되어 杜甫, 李頎 등과 사귀었으며 尙書省郞에 오름. 그의 시는 지금 29수가 《王右丞集》에 남아 있음. 《全唐詩》에 小傳이 있음.

2. 왕유와 가까웠으며 《唐才子傳》(2) 王維에는 함께 그의 전을 싣고 "嘗自寫其景物奇勝, 日與文士邱爲·裴迪·崔興宗遊覽賦詩, 琴樽自樂"라 함.

212

〈終南望餘雪〉 ·· 祖詠

종남산 잔설을 바라보며

종남산 북쪽 산세가 뛰어난데다가,
산 쌓인 눈은 다시 구름 위에 떠 있구나.
수풀 끝 눈 개인 햇빛 밝은데,
도리어 장안성에는 저녁 추위가 더해 가네.

終南陰嶺秀, 積雪浮雲端.

林表明霽色, 城中增暮寒.

【終南】 終南山. 산 이름. 당시 서울 長安 남쪽에 우뚝 솟아 있던 산. 지금의
  陝西省 西安市 남쪽에 있으며 혹 南山이라고도 함. 秦嶺山脈의 주봉.
  혹 太一山(太乙山)・中南山・周南山 등으로 불렸음.
【陰嶺】 山의 북쪽. 장안에서 바라보면 산의 북쪽이 보임.
【雲端】 구름의 끝. 구름 꼭대기.
【林表】 수풀의 끝. 구름과 닿는 곳.
【霽色】 비나 눈・구름・안개 등이 걷힌 뒤의 햇빛.

1. 이 시는 조영이 과거에 응시하여 답안으로 쓴 것이며 宋 計有功의 《唐詩紀事》에 의하면 "有司試〈終南望餘雪〉詩. 詠賦云:「終南陰嶺秀」四句, 卽納於有司. 或詰之, 詠曰:「意盡」. ……開元中, 進士唱第尙書省, 落第者, 至省門散去, 詠吟曰:「落去他兩兩三三戴帽子, 日暮祖侯吟一聲, 長安竹柏皆枯死.」"라 하여 본래 五言六韻, 즉 12구의 五言排律로 지어야 하였으나, 이 네 구절만 짓고 답안지를 제출하여 남이 힐난하자 "더 쓸 말이 없음"이라고 대답했다는 고사를 가지고 있음.

2. 《詩境淺說續篇》에 "詠高山積雪, 若從正面着筆, 不過言山之高·說之色, 及空翠與皓素相映發耳. 此詩從側面着想, 言遙望雪後南山, 如開霽色, 而長安萬戶, 便覺生寒, 則終南之高寒可想. 用流水對句, 彌見詩心靈闊. 且以霽色爲喩, 確是積雪, 而非飛雪, 取譬殊工"이라 함.

3. 王士禎의 《漁陽詩話》에는 "눈에 대한 시를 거론하면서 陶淵明의 「傾耳無希聲, 在目皓已潔」과 王維의 「灑空深巷靜, 積素廣庭寬」 및 이 조영의 시를 가장 뛰어난 작품으로 평하였음.

4. 韻脚은 端·寒.

213

〈宿建德江〉 ···································· 孟浩然

건덕강에 자면서

배 옮겨 안개 짙은 물가에다 대고 나니,
날은 저물어 나그네 근심 새롭게 솟아나네.
들은 넓어 하늘이 나무에 나직이 내려와 있고,
강이 맑으니 달이 사람 가까이 와 있구나.

移舟泊煙渚, 日暮客愁新.
野曠天低樹, 江清月近人.

【建德江】新安江이 建德縣을 거치며 이곳을 建德江이라 불렀음. 지금의 浙江
　建德縣 일대. 錢塘江의 상류이며 富春江이라고도 함.
【煙渚】내가 끼어 몽롱하게 뒤덮인 강 언덕. '渚'는 강이나 물속으로 뻗어
　들어간 언덕이나 모래톱 따위를 말함.
【野曠】들판이 훤히 트여 있음.

1. 開元 18년(730) 왕유가 長安에서 벼슬을 구했으나 실패하고, 남쪽 錢塘江을 거쳐 浙江 중부 建德縣을 유랑할 때 지은 것으로 봄.

2. 宋 嚴羽《滄浪詩話》에 "孟浩然之詩, 諷吹之久, 有金石宮商之聲."이라 함.

3. 韻脚은 新·人.

214

〈春曉〉 ·· 孟浩然

봄 새벽잠

봄 잠 고단하여 새벽 오는 줄 몰랐더니,
곳곳 새 우는 소리로다.
지난밤 귓속을 때리던 비바람 소리,
얼마나 많은 꽃잎 떨어졌을지 알고도 남겠노라.

春眠不覺曉, 處處聞啼鳥.
夜來風雨聲, 花落知多少?

【覺曉】 날이 밝아옴을 알아차림. 잠이 깨어남을 말함.
【夜來】 '밤새도록', '밤이 시작되면서'의 뜻.
【知多少】 다소는 '꽤 많이'의 뜻. '얼마나 많이 떨어졌을까'의 뜻으로 매우
많이 떨어졌음을 말함.

참고 및 관련 자료

1.《千家詩》에는 제목이 〈春眠〉으로 되어 있으나, 《全唐詩》(160)와 《孟浩
然集》(4)에 모두 〈春曉〉로 되어 있음.

2. 韻脚은 曉·鳥·少.

3. 《千家詩》原註(王相)

此先生高隱自得不求聞達, 而不係惜於世務之寓言也. 言方春暮猶寒, 日高而始寐, 不覺其曉, 但聞窗外啼鳥之聲也. 因想昨宵枕上風雨之聲, 不絶想庭前花吹落不知多少矣. 因風雨而變春眠聞鳥聲而未起, 任花落而不知其蕭然, 閒寂之情亦可見矣.

215

〈夜思〉 ·· 李白
　　깊은 밤 고향 생각

침상 아래 밝은 달빛,
땅에 서리가 내렸나 의심하였네.
고개 들어 밝은 달 쳐다보다가,
고개 숙여 고향 생각 간절히 하네!

牀前明月光, 疑是地上霜.
擧頭望明月, 低頭思故鄕!

【夜思】 다른 기록에는 제목이 모두 〈靜夜思〉로 되어 있음.
【牀】 寢牀. 寢臺. '床'자와 같음.

> **참고 및 관련 자료**

1. 제목 〈夜思〉는 모든 다른 기록에는 〈靜夜思〉라 하여 더욱 많이 알려져
있으며, 원래 樂府의 相和歌 楚調曲의 옛 제목. 처음 謝朓가 이 제목으로 시를
지었으며, 이태백이 의작한 것임. 아울러 六朝시대 民歌 〈子夜秋歌〉 "秋風入
窗裏, 羅帳起飄颺; 仰頭看明月, 寄情千里光"의 영향을 받은 것으로 여기고 있음.

2. 이 시는《分類補注李太白詩》(6) 樂府와《樂府詩集》(90) 新樂府辭, 그리고
《全唐詩》(165)에는 모두 "牀前看月光, 疑是地上雪. 擧頭望山月, 低頭思故鄕"
으로 되어 글자가 약간씩 차이가 있다.

3. 沈德潛《唐詩別裁》에 "只眼前景, 口頭語, 而有弦外音, 味外味, 使人神遠"
이라 평하였음.

4. 韻脚은 霜·鄕.

5.《千家詩》原註(王相)

樂府題. 此見月思鄕之作也. 言將寢之時, 明月入窓照我牀頭, 其白如霜, 而牀
前安得有霜? 擧頭而觀則明月正當空也. 因月而疑霜, 因霜而思, 寒月冷霜則
低頭徘徊, 致動我故鄕之思.

216

〈怨情〉 ………………………………………………………………… 李白

원망의 정

미인이 구슬발 걷어올리고,
한참을 앉아 눈썹을 찡그리네.
다만 눈물 젖은 흔적만 보일 뿐,
누구를 원망하는지는 알 수 없구나.

美人卷珠簾, 深坐蹙蛾眉.
但見淚痕濕, 不知心恨誰?

【卷】 '捲'과 같음. 발 따위를 거두거나 말아 올림.
【珠簾】 구슬을 엮어서 만든 발.
【深坐】 오랫동안 움직이지 아니하고 앉아 있음. '靜坐'와 같음.
【蹙】 '顰'과 같으며 혹 일부본에는 '蹙'으로 되어 있음. 顰蹙·顰蹙·效顰 등
　과 같은 뜻으로 西施에서 비롯된 고사로 미인이 눈썹을 찡그림을 말함.
　《莊子》天運篇에는 '矉'으로 되어 있으며 "西施病心而矉其里, 其里之醜人
　見之而美之, 歸亦捧心而矉其里. 其里之富人見之, 堅閉門而不出, 貧人見之,
　挈妻子而去走. 彼知矉美, 而不知矉之所以美. 惜乎, 而夫子其窮哉!"라 함.
【蛾眉】 여인의 아름다운 눈썹. 마치 나방처럼 반원형 곡선의 형태를 띠고
　있어 이렇게 표현한 것이며, 미인을 대신하는 말로 쓰이기도 함. 白居易
　〈長恨歌〉에 "宛轉蛾眉馬前死"라 함.

1. 규방의 한과 정서를 읊은 것임.

2. 章燮의 注에 "首句寫望, 次句繼之以愁, 然後寫出漏痕, 深淺有序, 信手拈來, 無非妙筆"이라 함.

3. 韻脚은 眉·誰.

《李太白文集》

217

〈八陣圖〉 ··· 杜甫
팔진도

천하를 셋으로 나누는 계책에 의해 세상을 덮을 공을 세운 것이요,
명성은 팔진도에서 이루어졌도다.
강물 흘러도 돌은 구르지 않은 법,
그러나 오나라를 삼키겠다는 실책에 여한을 남기고 말았네.

功蓋三分國, 名成八陣圖.
江流石不轉, 遺恨失吞吳.

【八陣圖】 '八陳圖'로도 표기하며 제갈량이 창안한 포진법. 天·地·風·雲·龍·
虎·鳥·蛇의 여덟 형태로 8×8=64개의 5척 높이 돌무더기를 만들었으며,
별자리와 五行의 相生相剋을 상징한 훈련 진법이라 함. 劉備가 夷陵에서
패하여 蜀으로 돌아왔을 때, 추격하던 吳나라 陸遜의 군대가 이 팔진법에
의해 패퇴당하였다 함. 이 八陣圖를 설치했던 곳은 지금 四川省 奉節縣
남쪽에 있으며,《水經注》江水注에 "江水又東逕諸葛圖壘南. 石磧平曠, 望兼
川陸, 有亮所造八陣圖, 東跨故壘, 皆累細石爲之. 自壘西去聚, 石八行, 行間
相去二丈, 因曰'八陣旣成, 自今行師, 庶不覆敗'. 皆圖兵勢行藏之權, 自後深
識者, 所不能瞭. 今夏水漂蕩, 歲月消損, 高處可二三尺, 下處磨滅殆盡"이라
하였음. 그러나 이 '八陣圖'를 시행했던 유적지는 그 외에도 陝西 沔縣
(《水經注》沔水)와 四川 新繁縣(《益州記》) 등이 있음.

【蓋】덮음. 項羽(項籍)의 〈垓下歌〉에 "力拔山兮氣蓋世. 時不利兮騅不逝, 騅不逝兮可奈何, 虞兮虞兮奈若何"라 함.

【三分國】'天下三分之計'를 말함. 諸葛亮(자는 孔明. 191~234)은 한말 陽都人으로 은거하여, 스스로 밭을 갈며 자신을 管仲과 樂毅에 비교하여 사람들이 그를 臥龍先生이라 불렀음. 뒤에 蜀漢 劉備의 三顧草廬로 불려가 天下三分之策을 정하고, 유비를 도와 荊州와 益州를 차지하여 吳·蜀·魏 삼국 정립을 이루었음. 유비의 遺囑에 의해 그 아들 劉禪을 도와 〈出師表〉를 쓰고 북벌을 시도했으나 五丈原에서 생을 마침. 죽은 뒤 武鄕侯에 봉해졌으며 시호는 忠武.《三國志》(35)에 전이 있음.

【遺恨失吞吳】吳(229~280)나라를 삼키고자 했던 것이 잘못이었음을 말함. 원래 오나라와 연합하여 조조를 물리쳤어야 한다는 처음 의견을 지키지 못하여 여한이 있음을 말함. 吳나라는 삼국 吳나라로, 建業(지금의 南京)에 도읍을 정하였으며 孫權이 大帝를 칭하고 있었음. 蜀은 이로부터 세력이 급격히 쇠락하고 말았음.

참고 및 관련 자료

1. 大曆 원년(766) 두보가 蜀을 나서서 夔州에 이르렀을 때 지은 것임. 두보는 평생 제갈량을 경모하였으며, 여기에서도 역시 그의 공과 업적을 노래한 것임.

2. 淸 朱鶴齡의 《杜詩箋注》에 "此當是大曆元年初, 至夔州時作"이라 함.

3. 淸 沈德潛의 《唐詩別裁》에 "吳蜀脣齒, 不應相仇, 失策於吞吳, 非謂恨未曾吞吳也. 隆中初見時, 已云東連孫權, 拒曹操矣"라 함.

4. 韻脚는 '圖, 吳'임.

5.《杜詩諺解》重刊本(5)
功은 세헤 눈횃ᄂ 나라해 두펫고
일후믄 八陣ㅅ 圖애 이렛도다
ᄀᆞᄅ미 흘로딕 돌흔 옮디 아니ᄒᆞ얏ᄂ니
기튼 슬호믄 吳를 슴ㅅ교리라 호믈 그르ᄒᆞ니라

《杜詩諺解》초간본

218

〈登鸛雀樓〉 ··· 王之渙

관작루에 올라

해는 산을 다 하고 나서야 사라지고,
황하는 멀리 바다로 흘러들겠지.
천리까지 볼 수 있는 시력을 다해보고자,
다시 누대 한 층을 더 올라가 보네.

白日依山盡, 黃河入海流.
欲窮千里目, 更上一層樓.

【鸛雀樓】 누대 이름. 일부본에는 '鸛鵲樓'로 되어 있으나 鸛雀樓가 맞음.
지금의 山西 永濟縣(옛 蒲州府 관할) 서남 황하 언덕에 있으며, 모두 3층의
누대. 앞쪽은 동쪽을 향하고 있으며, 中條山이 보이고 아래로는 黃河가
내려다보임. 시야가 널리 트여 당대 많은 시인들이 시를 남김. 한편 鸛雀은
물새로 큰기러기(鴻)와 비슷하나, 크기가 크며 긴 목에 붉은 부리. 흰 바탕에
검은 꼬리와 날개를 가지고 있다 함. 이 새가 그 물가에 많이 서식하여
이름이 지어졌다 함.
【白日】 태양. 해.
【黃河】 중국 제2대 강의 하나로 청해 바옌커라(巴顔喀喇)산 북쪽에서 발원
하여 靑海·甘肅·寧夏·內蒙古·陝西·山西·河南·河北·山東을 거쳐 황해로
흘러드는 물.

【千里目】 시력의 한계를 천리까지 둠. 시야에 막힘이 없도록 하기 위하여 한 층씩 더 올라감. 《楚辭》九辯에 "湛湛江水兮上有楓, 目極千里兮傷客心"이라 함.

참고 및 관련 자료

1. 제목 〈鸛鵲樓〉는 《全唐詩》(253)에 모두 〈登鸛雀樓〉로 되어 있으며, 일부 기록에는 朱斌의 작이라 되어 있음.

2. 宋 沈括의 《夢溪筆談》에 "河中有鸛雀樓三層, 前瞻中條, 下瞰大河. 唐人留詩極多, 唯李益·王之渙·暢諸三篇, 能狀其景"이라 함.

3. 韻脚은 流·樓.

4. 《千家詩》 原註(王相)
樓在蒲州. 此登樓眺遠之作也. 登此樓時已薄暮, 但見百日銜山, 而欲盡黃河之水, 由西滔滔東入於海矣. 然樓中所見, 尙爲山所蔽樹所遮, 而樓之上, 更有一層. 於是登最高之處而望之, 則千里長河及群山萬壑, 儼然在目矣. ○之渙, 盛唐詩人.

❀ 왕지환(王之渙. 688~742)

1. 唐代 시인. 자는 季陵. 당나라 幷州(지금의 山西 태원시) 사람으로 당 武后 垂拱 4년에 태어나 玄宗 天寶 원년에 죽었다. 향년 55세. 일찍이 文安縣尉를 역임하였으며, 성격이 호방하고 웅혼한 글을 남겨 당시 그의 작품은 樂工의 가사로 많이 채택되었다 함. 변새의 풍광을 잘 묘사하였으며 高適, 岑參, 王昌齡과 이름을 함께 하였음. 다만 그의 작품은 현재 겨우 절구 6수만이 전하여 이는 《全唐詩》에 수록되어 있음. 그중 〈涼州詞〉와 본 〈登鸛鵲樓〉는 가장 널리 알려진 작품임. 그의 이름은 三間草堂本 《唐才子傳》에는 '王之奐'으로 되어 있음. 그의 詩文集은 歷代 書目에는 보이지 않으며 《全唐詩》(253)에 詩 6首가 전하고 있음.

2. 《唐詩紀事》(26)
○ 之渙, 幷州人, 與兄之咸·之賁皆有文名, 天寶間人. 樂天作 〈滁州刺史鄭旷墓誌〉云:「與王昌齡·王之渙·崔國輔聯唱迭和, 名動一時.」

王之渙 "更上一層樓" 河丁 全相摹(현대)

○〈出塞〉詩云:『黃沙直上白雲間. 一片孤城萬仞山. 羌笛何須怨楊柳, 春光不過玉門關.』

○〈登鸛鵲樓〉云:『白日依山盡, 黃河入海流. 欲窮千里目, 更上一重樓.』

3.《全唐詩》(253)

王之渙, 幷州人, 兄之咸·之賁皆有文名. 天寶間, 與王昌齡·崔國輔·鄭昈聯唱迭和, 名動一時. 詩六首.

4.《唐才子傳》(3) 王之渙

之渙, 薊門人. 少有俠氣, 所從游皆五陵少年, 擊劍悲歌, 從禽縱酒. 中折節工文, 十年, 名譽日振. 恥困場屋, 遂交謁名公. 爲詩情致雅暢, 得齊·梁之風. 每有作, 樂工輒取以被聲律. 與王昌齡·高適·暢當忘形爾汝, 嘗其詣旗亭, 有梨園名部繼至, 昌齡等曰:「我輩擅詩名, 未定甲乙. 可觀諸伶謳詩, 以多者爲優.」一伶唱昌齡二絶句, 一唱適一絶句. 之渙曰:「樂人所唱皆下俚之詞.」須臾, 一佳妓唱曰:「黃沙遠上白雲關, 一片孤城萬仞山. 羌笛何須怨楊柳, 春風不度玉門間.」復唱二絶, 皆之渙詞. 三子大笑. 曰:「田舍奴. 吾豈妄哉!」諸伶竟不諭其故, 拜曰:「肉眼不識神仙」三子從之酣醉終日. 其狂放如此云. 有詩, 傳於今.

219

〈送靈澈〉 ··· 劉長卿

영철 스님을 보내며

푸른 숲 속 죽림사,
가물가물 저녁 종소리.
삿갓 짊어지고 석양을 띠고,
청산에 홀로 저 멀리 가고 있네.

蒼蒼竹林寺, 杳杳鐘聲晚.
荷笠帶斜陽, 靑山獨歸遠.

【靈澈】 靈徹(748~816)로도 표기하며 唐나라 때 유명한 詩僧. 속성은 湯,
자는 澄源(源澄). 會稽(지금의 紹興) 사람으로 처음 雲門寺로 출가하여
嚴維·皎然 등에게 시를 배움. 貞元 연간에 長安에 들러 이름을 날렸으나,
貴戚의 미움을 받아 汀州로 유배를 가기도 함. 元和 초에 유배에서 풀려
장안으로 돌아왔으나 다시 東南쪽을 떠돌다 생을 마침.《全唐詩》(810)에
詩 1卷(16首와 斷句 10句) 외에《全唐詩續拾》에 詩 1句, 斷句 2句가 補入
되어 있으며,《唐詩紀事》(72)에 관련 기록이 있음.《唐才子傳》(3)에 자세한
전기가 실려 있음.
【竹林寺】 절 이름. 潤州(지금의 江蘇省 鎭江縣)성 남쪽에 있으며 鶴林寺라고도
불렸음.《輿圖備考》에 "鎭江黃鶴山鶴林寺, 舊名竹林寺"라 함.

【杳杳】아득히 가물가물 먼 모습.

【荷笠】등에 삿갓을 메고 있음. 당시 유랑하는 승려의 복장 모습을 표현한 것.

참고 및 관련 자료

1. 이는 詩僧을 보내며 읊은 그림 같은 送詩임.
2. 韻脚은 晚·遠.

〈彈琴〉 ·· 劉長卿

칠현금 연주 소리

차갑고 맑은 소리 칠현금에서 울려나네,
조용히 들리나니 〈풍입송〉이로구나.
옛 곡조라면 비록 내 사랑하건만,
흔히 지금 사람들은 연주하지 않고 있네.

泠泠七弦上, 静聽松風寒.
古調雖自愛, 今人多不彈.

【泠泠】 '령령'으로 읽으며, 거문고 소리가 맑으면서 차가움을 뜻함.
【七絃】 七絃琴. 줄이 일곱인 금. 원래 神農氏가 처음 五絃琴을 만들었으며,
周 文王이 七絃琴으로 개선하여 만들었다 함.
【松風寒】 고대 거문고 연주용 曲操 이름. 원 곡명은 〈松入風〉이지만, 여기
서는 押韻을 위해 '소나무 바람 차갑다'로 풀어쓴 것임.

참고 및 관련 자료

1. 다른 기록에는 제목이 〈聽彈琴〉으로 되어 있음. 제대로 전수되지 않고
있던 옛 곡조 〈風入松〉의 연주 소리를 듣고 읊은 것임.
2. 韻脚은 寒·彈.

221

〈送上人〉 ·································· 劉長卿

상인을 보내며

고고한 구름이 속세에 때묻지 않은 야학을 보내도다.
그대 어찌 인간 세상 티끌 속에 살 수 있으리!
옥주산도 사려 들지 마시오.
그곳도 이미 사람들이 알고 있다오.

孤雲將野鶴, 豈向人間住!
莫買沃洲山, 時人已知處.

【上人】 당나라 때 스님을 높여서 부르던 칭호. 지혜와 덕행을 구비한 높은
사람이라는 뜻. 구체적으로 누구인지는 알 수 없으나 靈澈스님이 아닌가 함.
【孤雲·野鶴】 '孤雲'은 작자 자신으로, '野鶴'은 스님을 비유함.
【將】 제목으로 보아 '보내다'의 뜻으로 풀이함. 그러나 '함께(與), 더불어(共)'의
뜻으로 풀이하여 작자 자신도 그 고고함에 포함시켜 자랑한 것으로 봄.
【人間】 인간 세상. 俗世. 仙界에 상대하여 쓰는 말. 이백의 〈山中問答俗人〉에
"桃花流水杳然去, 別有天地非人間"이라 함.
【莫買】 그 산을 사서 은거하고자 하지 말라는 뜻. 이미 세속에 알려져 때가
묻은 곳이 되고 말았기 때문임.《世說新語》排調篇에 "支道林因人就深公買
岫山. 深公答曰:「未聞巢·由買山而隱!」"라 한 데서 유래되며 뒤에 '買山'은
'隱居'의 다른 말로 쓰임.

【沃洲山】 산 이름. 지금의 浙江 新昌縣 동쪽에 있음. 唐 白居易의 〈沃洲山
禪院記〉에 "在剡縣南三十里"라 하였고, 《一統志》에는 "沃洲山在紹興府新昌
縣東三十五里, 與天姥峰對峙. 道書爲第十五福地"라 함. 그리고 《雲笈七籤》
에는 "七十二福地, 沃洲, 在越州剡縣南"이라 함. 支道林이 일찍이 이 산을
사서 은거하며 학을 길렀음.

⬭ 참고 및 관련 자료

1. 스님을 옥주산으로 보내면서 읊은 것으로, 劉長卿은 '五言長城'이라 이름
났으며, 이 시 또한 오언절구의 精髓로 널리 칭송됨.
2. 韻脚은 住·處.

222

〈秋夜寄邱員外〉 ························· 韋應物

가을 밤 원외랑 구단에게 보냄

그대 생각에 마침 가을밤일세.
서늘한 날씨에 산보하며 시를 읊네.
빈산에 솔방울만 뚝뚝 떨어지니,
그대도 응당 잠 못 이루고 있겠지.

懷君屬秋夜, 散步詠涼天.
空山松子落, 幽人應未眠.

【邱員外】 邱는 邱丹. 員外는 員外郎의 벼슬 이름. 蘇州 嘉興 사람으로 尙書郎·
尙書員外郎을 역임하다가 벼슬을 버리고 臨平山에서 韋應物, 呂渭 등과
교유하면서 시, 자연과 더불어 염담한 생활을 즐겼음.
【屬】 '마침 ~때에 해당함'의 뜻.
【松子】 원래는 잣을 뜻하나 여기서는 솔방울이 어울릴 듯.
【幽人】 그윽하고 한가한 사람. 邱丹을 가리킴.

1. 貞元 4년부터 7년(788~791)까지 韋應物이 蘇州刺史를 역임하면서 늘 그 곳의 永定寺에 머물렀음. 이때 邱丹도 員外郎의 벼슬을 버리고 浙江 臨平山 에서 도를 닦고 있었으며, 이때에 준 시임.

2. 李肇의 《唐國史補》(下)에 "應物立性高潔, ……所居焚香掃地而坐, 其爲詩 馳驟建安以還, 各得其風韻. 唯顧況·劉長卿·邱丹·秦繫·皎然之儔, 得厠賓列, 與之酬唱"이라 함.

3. 淸 翁方綱의 《石洲詩話》에 "王孟諸公, 雖極超詣, 然其妙處, 似猶可得以 言語形容之. 獨至韋蘇州, 則其奇妙全在淡處, 實無迹可求"라 함.

4. 韻脚은 天·眠.

223

〈聽箏〉 .... 李端

아쟁소리 들으며

금으로 장식한 오리발 기둥의 쟁을 울리며,
받침대 앞에 놓인 하얀 손 예쁘기도 하네.
주유가 돌아보아 고쳐주기를 바라는 듯,
때때로 일부러 틀려 보기도 하네.

鳴箏金粟柱, 素手玉房前.
欲得周郞顧, 時時誤拂弦.

【箏】 아쟁. 十三絃琴. 중국 고대 악기로 13현이었다 함.
【金粟柱】 柱는 쟁 위에 絃을 걸어 두는 기둥 오리발. 좁쌀 알 같은 금붙이로
장식한 귀한 악기임을 말함.
【玉房】 쟁을 놓아두는 받침대. 그러나 남의 거실을 높여 부르는 것이라고도 함.
【周郞】 周郞은 三國時代 吳나라 周瑜. 《三國志》 吳志 周瑜傳에 "周瑜, 字公瑾,
年少貌美, 年二十四任建威中郞將. 吳中呼爲周郞"이라 하였으며, 그는 음악에
정통하여 다른 사람 곡을 잘못타면 즉시 이를 알아내어 당시 사람들이 "曲有誤,
周郞顧"라 하였다 하여 '자신의 연주를 들어 주거나 고쳐 주기를 바라다'의
뜻으로 쓰임. 여기서는 애인을 두고 관심을 끌기 위한 애정 표현으로 봄.
【拂絃】 일부 판본에는 '拂弦'으로 되어 있으며 '弦'과 '絃'은 혼용하여 표기
하였음.

1. 이 시는 여인의 아쟁 소리를 듣고 그 情態를 아름답게 표현한 것임. 宋 計有功의 《唐詩紀事》에 "端, 趙州人. 始郭曖尙昇平公主, 賢明有才思, 尤多招士, 端等多從曖游. 曖進官, 大集客, 端賦詩最工, 錢起曰:「素爲之, 請賦起姓, 又工於前」客乃服"이라 함.

2. 韻脚은 前·絃.

🌸 **이단**(李端: 732~792)

1. 자는 正己, 趙郡 사람으로 大曆 5년(770)에 진사에 올라 秘書省校書郞에 올랐으나, 병으로 사직하고 終南山 草堂寺에 은거함. 뒤에 다시 벼슬에 나서 杭州司馬를 지냄. 柳中庸·張芬 등과 교유하였으며, 시로써 이름을 날려 錢起, 李益 등에게 칭송받음. '大曆十才子'의 하나. 《新唐書》(藝文志)·《郡齋讀書志》·《直齋書錄解題》 등에 모두 《李端詩集》 3卷이 著錄되어 있으며, 그의 詩는 《全唐詩》 3卷(284~286)에 실려 있고, 《全唐詩外篇》 및 《全唐詩續拾》에 詩 1首와 斷句 4句가 전함. 《唐詩紀事》(卷30)에도 관련 기록이 있음.

2. 《唐詩紀事》(30)

端, 趙州人. 始, 郭曖尙昇平公主, 賢明有才士, 尤多招士, 端等多從曖遊. 曖進官, 大集客, 端賦詩最工. 錢起曰:「素爲之, 請賦起姓.」又工於前, 客乃服.

3. 《全唐詩》(284)

李端, 字正己, 趙郡人. 大曆五年進士, 與盧綸·吉中孚·韓翃·錢起·司空曙·苗發·崔峒·耿湋·夏侯審唱和, 號大曆十才子. 嘗客駙馬郭曖第, 賦詩冠其坐客, 初授校書郞. 後移疾江南, 官杭州司馬卒. 集三卷, 今編詩三卷.

4. 〈書志贈暢當〉(《全唐詩》285, 幷序)

余少尙神仙, 且未能去, 友人暢當以禪門見導. 余心知必是, 未得其門, 因寄詩以咨焉. 『少喜神仙術, 未去已蹉跎. 壯志一爲累, 浮生事漸多. 衰顏不相識, 歲暮定相過. 請問宗居士, 郡其奈老何.』

5. 《唐才子傳》(5) 李端

端, 趙州人, 嘉祐之姪也. 少時居廬山, 依皎然讀書, 意況淸虛, 酷慕禪侶. 大曆五年, 李摶榜進士及第, 授秘書省校書郞. 以淸羸多病, 辭官, 居終南山草堂寺. 未幾, 起爲杭州司馬. 牒訴敲扑, 心甚厭之. 買田園在虎邱下. 爲耽深癖, 泉石少幽, 移家來隱衡山, 自號「衡嶽幽人」. 彈琴讀《易》, 登高望遠, 神意泊然. 初無宦情, 懷箕·潁之志. 嘗曰:「余少尙神仙, 且未能去. 友人暢當以禪門見導, 余心知必是, 未得其門.」詩更高雅, 於才子中, 名響錚錚. 與處士京兆柳中庸·大理評事江東張芬友善唱酬. 初來長安, 詩名大振. 時令公子郭曖尙昇平公主, 賢明有才, 延納俊士, 端等皆在館中. 曖嘗進官, 大宴, 酒酣, 主屬端賦詩, 頃刻而就, 曰:「靑春尉最風流, 二十功成便拜侯. 金距鬪雞過上苑, 玉鞭騎馬出長楸. 熏香荀令偏憐小, 傅粉何郎不解愁. 日暮吹簫楊柳陌, 路人遙指鳳凰樓.」主甚喜, 一座賞歎. 錢起曰:「此必端宿製, 請以起姓爲韻.」端立獻一章曰:「方塘似鏡草芊芊, 初月如鉤未上弦. 新開金埒看調馬, 舊賜銅山許鑄錢. 楊柳入樓吹玉笛, 芙蓉出水妬花鈿. 今朝都尉如相顧, 願脫長裾逐少年.」見者驚服. 主厚賜金帛, 終身以榮. 其工捷類此. 集三卷, 今傳於世.

224

〈新嫁娘〉 ·· 王建

새색시

새색시 사흘 만에 부엌으로 내려가,
손 씻고 국 끓여 솜씨를 보이는 날.
시어머니 식성을 알지 못한 터라,
시누이 시켜 먼저 맛보게 하네.

三日入廚下, 洗手作羹湯.
未諳姑食性, 先遣小姑嘗.

【羹湯】국. 여기서는 요리를 뜻함.
【未諳】아직 시어머니의 식성이나 구미를 제대로 파악하지 못한 상태임을
말함. '諳'은 '알다'의 뜻.
【遣】사역형 조동사. '보내어 ~하도록 하다'의 뜻.
【小姑】남편의 여동생. 시누이.
【嘗】'嚐'과 같음. 맛을 봄.

⎛ 참고 및 관련 자료 ⎞

　1. 風俗詩로써 원래 모두 3수이며, 이는 그중 첫째 수임. 고대 풍속에 시집
온지 사흘 되는 날에 부엌에 나가 처음 요리를 하여 솜씨를 보여야 하며,

이때 재치 있게 시누이에게 맛을 보도록 한 기민함을 읊은 것임.

2. 韻脚은 湯·嘗.

❀ 왕건(王建: 786~830?)

1. 자는 仲初, 潁川(지금의 河南 許昌) 사람으로 大曆 10년(775)에 진사에 올라 渭南縣尉를 거쳐 秘書丞·侍御史 등을 역임함. 太和 연간에 陝州司馬로서 從軍하여 西北 지역 邊塞를 둘러봄. 뒤에 咸陽으로 돌아왔으며, 나이가 들도록 처자가 없이 매우 고독하게 살았음. 그의 시는 張籍과 어깨를 나란히 하였다 함. 그러나 《直齋書錄解題》(19)에는 자를 '仲和'라 하였으며, 明 高棅의 《唐詩品彙》 "詩人爵里祥節"에는 '字仲和, 潁川人'이라 하였음. 《新唐書》(藝文志)·《郡齋讀書志》·《直齋書錄解題》에는 모두 詩 10卷으로 著錄되어 있음. 《全唐詩》에는 그의 詩 6卷(297~302)이 著錄되어 있으며, 그중 6卷째의 〈宮詞〉 1백 편 속에는 다른 사람의 作品도 섞여 있음. 《全唐詩續拾》에 詩 2首가 補入되어 있고 《唐詩紀事》(卷44)에 관련 기록이 실려 있음.

2. 《唐詩紀事》(44)

建, 大曆進士, 爲昭應丞, 太府寺丞, 終於司馬, 建在昭應, 楊巨源奇詩曰:『武皇金輅輾香塵, 每歲朝元及此辰. 光動泉心初浴日, 氣蒸山腹總成春. 謳歌已入雲韶曲, 詞賦方歸侍從臣. 瑞靄朝朝猶望幸, 天教赤縣有詩人.』

3. 《全唐詩》(297)

王建, 字仲初, 潁天人. 大曆十年進士. 初爲渭南尉. 歷祕書丞·侍御史. 太和中, 出爲陝州司馬, 從軍塞上, 後歸咸陽, 卜居原上. 建工樂府, 與張籍齊名, 〈宮詞〉百首, 尤傳誦人口. 詩集十卷, 今編爲六卷.

4. 《唐才子傳》(4) 王建

建, 字仲初, 潁川人. 大曆十年, 丁澤榜第二人及第. 釋褐授渭南尉, 調昭應縣丞. 諸司歷薦, 遷太府寺丞·秘書丞·侍御史. 太和中, 出爲陝州司馬. 從軍塞上, 弓劍不離身. 數年後歸, 卜居咸陽原上. 初, 遊韓吏部門牆, 爲忘年之友. 與張籍契厚, 唱答尤多. 工爲樂府歌行, 格幽思遠. 二公之體, 同變時流. 建性耽酒, 放浪無拘. 〈宮詞〉特妙前古. 建初與樞密使王守澄, 有宗人之分, 守澄以弟呼之. 談間故多知禁掖事, 作〈宮詞〉百篇. 後因過燕飲, 以相譏謔, 守澄深銜之, 忽曰:「吾弟所作〈宮詞〉, 內庭深邃, 何由知之? 明當奏上.」建作詩以謝,末句云:「不是姓同親向說, 九重爭得外人知?」守澄恐累己, 事遂寢. 建才贍, 有作皆工. 蓋嘗跋涉畏途, 甘分窮苦. 其〈自傷〉詩云:「衰門海內幾多人, 滿眼公卿總不親. 四授官資元七品, 再經婚娶尙單身. 圖書亦爲頻移盡, 兄弟還因數散貧. 獨自在家常似客, 黃昏哭向野田春.」又於征戍·遷謫·行旅·離別·幽居·官況之作, 俱能感動神思, 道人所不能道也. 集十卷, 今傳於世.

〈聊齋圖〉(부분)

225

〈玉臺體〉 ······························· 權德輿

옥대체

어젯밤엔 치마끈이 저절로 풀리고,
오늘 아침 갈거미가 옷을 타고 올랐네.
연지분은 버리지 못하리로다.
어쩌면 남편이 돌아온다는 징조는 아닐는지?

昨夜裙帶解, 今朝蟢子飛.
鉛華不可棄, 莫是藁砧歸?

【玉臺體】 남조 徐陵《玉臺新詠》의 詩體를 의미함.《玉臺新詠》은《文選》에
수록되지 않은 漢魏六朝의 纖巧하고 輕艶한 시만을 모은 것으로 뒤에
이러한 시들을 흔히 '玉臺體', '輕艶體', '宮體詩', '艶體詩', '艶情詩'라 불렀음.
【裙帶解】 부인의 치마끈이 저절로 풀어짐. 이는 부부가 화합할 징조라 여겼다
함. 章注에 "裙帶而自解者, 主應夫婦之兆"라 함. 그리고 明 胡震亨의《唐音
癸籤》(12)에는 "俗說: 裙帶解, 有酒食; 蟢子緣人衣, 有喜事"라 함.
【蟢子】 '蠨蛸', '長脚', 즉 '갈거미'라는 거미. 다리가 길고 몸체는 아주 작음.
喜子로도 표기함.《劉子》鄙名에 "今野人晝見蟢子者, 以爲有喜樂之端"이라
하였고, 陸璣의《詩疏》에 "喜子, 一名長脚, 荊州河內人謂之喜母. 此蟲來著
人衣,當有親客至, 有喜也"라 함. '蟢'와 '喜'는 諧聲으로 뜻이 통함.

【鉛華】脂粉. 고대 납으로 화장품을 만들어 흰빛을 내었음.

【莫是】可否나 기대를 뜻하는 반어형 의문문을 구성함. '莫否', '是不是'와 같음.

【蘽砧】蘽椹의 다른 표기. '남편(夫)'을 뜻하는 隱語.《名義考》에 "古有罪者, 席蘽伏於椹上, 以鈇斬之. 言蘽椹則兼言鈇矣. 鈇與夫同音, 故隱語蘽椹爲夫也. 蘽, 禾稈; 椹, 俗作砧"이라 함. 한편《玉臺新詠》에 수록된 〈古決絶詞〉에는 "蘽砧今何在? 山上復有山. 何當大刀頭? 破鏡飛上天'이라 하였음.

참고 및 관련 자료

1. 이 시는 徐陵의《玉臺新詠》의 輕艷한 체제를 본 따 지은 것으로 여인의 아름다운 모습을 읊은 것임.

2. 嚴羽《滄浪詩話》에는 "或者但謂纖艷者玉臺體, 其實則不然"이라 함.

3. 韻脚은 飛·歸.

❀ 권덕여(權德輿: 759~818)

1. 자는 載之, 天水 略陽(지금의 甘肅 天水縣) 사람으로 당나라 정치가이며 시인. 德宗 때 太常博士에 올랐으며, 貞元 15년(799) 中書舍人이 됨. 憲宗 초 兵部侍郎을 거쳐 太子賓客이 되었으며, 禮部尙書同平章事에까지 오름. 변론에 뛰어났으며 詩賦에 능하였고, 특히 樂府詩를 많이 남김. 그의 文集은《新唐書》(藝文志, 4)에《童蒙集》10卷,《集》50卷,《制集》50卷이 著錄되어 있으며, 宋나라 때《崇文總目》, 元 馬端臨의《文獻通考》(卷18, 經籍考 59)에《權公文集》50卷이 기록되어 있음. 한편《全唐詩》에 詩 10卷(320~329)이 편집되어 있고,《全唐詩外編》및《全唐詩續拾》에 詩 10首가 補入되어 있음.《唐詩紀事》(卷31)에 관련 기록이 실려 있음.《舊唐書》(148) 및《新唐書》(100)에 전이 있음.

2.《唐詩紀事》(31)

德輿, 字載之, 元和中爲相. 其文雅正贍縟, 動止無外飾, 其醞藉風流, 自然可慕. 楊嗣復序其文集曰:「貞元中, 奉詔考定賢良, 草澤之士昇名者七十七人. 及爲禮部侍郎, 擢進士第者七十有二. 鸞鳳杞梓, 舉集其門, 登輔相之位者前後十人.」

3.《全唐詩》(320)

權德輿, 字載之, 天水略陽人. 未冠, 卽以文章稱. 杜佑·裴冑交辟之, 德宗聞其材, 召爲太常博士. 改左補闕, 兼制誥. 進中書舍人, 歷禮部侍郎, 三知貢擧. 憲宗元和初, 歷兵部·吏部侍郎, 坐郎吏誤用官闕, 改太子賓客. 俄復前官, 遷太常卿, 拜禮部尙書, 同平章事. 會李吉甫再秉政, 帝又自用李絳, 議論持異. 德輿從容不敢有所輕重, 坐是罷, 以檢校吏部尙書, 留守東都. 復拜太常卿. 徙刑部尙書, 出爲山南西道節度使. 二年, 以病乞還, 卒於道. 年六十. 贈左僕射, 謚曰文, 德輿積思經術, 無不貫綜. 其文雅正贍縟, 動止無外飾, 而醞藉風流. 自然可慕, 爲貞元·元和間縉紳羽儀, 文集五十卷, 今編詩十卷.

4.《唐才子傳》(5) 權德輿

德輿, 字載之, 秦州人. 未冠, 以文章稱諸儒間, 韓洄黜陟河南, 辟置幕府, 復從江西觀察使李兼府爲判官. 德宗聞其材, 召爲太常博士, 改左補闕. 中間累上書直言, 遷起居舍人. 貞元十五年, 知制誥, 進中書舍人. 憲宗初, 歷兵部侍郎·太子賓客. 以陳說謀畧多中, 元和五年, 自太常卿拜禮部尙書同中書門下平章事. 德輿善辯論, 開陳古今, 覺悟人主. 爲輔相, 尙寬, 不甚察察. 封扶風郡公. 德輿能賦詩, 工古調樂府, 極多情致. 積思經術, 無不貫綜, 手不釋卷. 雖動止無外飾, 其醞藉風流, 自然可慕. 貞元·元和間, 爲搢紳羽儀. 有文集, 今傳. 楊嗣復爲序.

226

<江雪> ··· 柳宗元

눈 내린 강

산이란 산엔 새 날아다니는 것조차 끊어지고,
길이란 길엔 사람 자취조차 사라졌네.
배 한 척 도롱이에 갓 쓴 늙은이,
차가운 강에 홀로 낚싯대 드리웠네.

千山鳥飛絶, 萬徑人蹤滅.

孤舟蓑笠翁, 獨釣寒江雪.

【萬徑人蹤滅】 '徑'은 길, '蹤'은 '踪'으로도 표기하며 발자취. 눈이 많이 내려
천지가 고요함을 그려낸 것임.
【蓑笠翁】 도롱이를 입고 갓을 쓴 늙은 낚시꾼 漁翁.

참고 및 관련 자료

1. 이는 柳宗元이 永州司馬로 폄직되어 있을 때, 그곳에서 읊은 것으로 한
폭의 그림 같은 시로써 널리 절창되고 있음.
2. 蘇軾은 柳宗元의 시가 韋應物 작품보다 낫다고 여기면서 "外枯而中膏, 似
淡而實美"라 평함.
3. 韻脚은 絶·滅·雪.

227
〈行宮〉 ⋯⋯⋯⋯⋯⋯⋯⋯⋯⋯⋯⋯⋯⋯⋯⋯⋯⋯⋯ 元稹
행궁

쓸쓸한 옛 낙양 상양의 행궁,
궁궐 꽃들만 적막하게 붉었네.
머리 희어진 궁녀 하나 있어,
한가로이 앉아 옛 현종의 고사를 늘어놓네.

寥落古行宮, 宮花寂寞紅.
白頭宮女在, 閑坐說玄宗.

【行宮】 離宮과 같음. 옛날 帝王이 출행할 때 머무는 궁궐. 洛陽의 上陽宮을
　가리킴.
【寥落】 쓸쓸히 퇴락함을 표현하는 雙聲連綿語.
【白頭】 '白髮'과 같음.
【閑坐】 '閒坐'와 같음.
【玄宗】 唐 明皇. 李隆基. 양귀비와의 애정고사로 유명한 임금. 그가 그 궁궐을
　행궁으로 이용하여 낙양을 자주 들렀음을, 늙은 궁녀가 회상하며 자신의
　젊었던 시절과 현종의 행차 등에 대하여 이야기를 들려줄 뿐임을 표현한 것.

참고 및 관련 자료

1. 이 시는 洛陽 上陽宮에서 쓸쓸히 늙어 가는 궁녀를 노래한 것임.

2. 高步瀛의 《唐宋詩擧要》(8)에 "白樂天新樂府有〈上陽白髮人〉, 此詩'白頭宮女', 當卽上陽宮女也. 上陽宮載洛陽爲離宮, 故曰行宮"이라 함.

3. 明 瞿佑의 《歸田詩話》에 "〈長恨歌〉一百二十句, 讀者不厭其長; 微之〈行宮〉詞纔四句, 讀者不覺其短, 文章之妙也"라 함.

4. 韻脚은 宮·紅·宗.

228

〈問劉十九〉 ························· 白居易

유십구에 질문함

금방 걸러온 녹의주,
붉은 질그릇 화로에 데우고 있네.
늦저녁 되어 눈은 내리려 하는데,
어찌 한 잔 마시지 않을 수 있겠나?

綠螘新醅酒, 紅泥小火爐.
晚來天欲雪, 能飮一杯無?

【劉十九】 劉氏 집안의 排行이 열아홉째인 사람. 嵩陽(지금의 河南 등봉)
사람이라 하며 구체적으로는 알 수 없음. 백락천의 허물없는 친구였을 것
으로 보임.
【綠螘】 술 이름. '綠蟻'로도 표기하며 螘와 蟻의 이체자. 당대 술을 담글 때
곡류와 누룩을 함께하여 하룻밤을 숙성시킨 다음 술을 걸렀으며, 그 위에
떠오르는 찌꺼기가 마치 녹청색 개미와 같아 이름이 붙여진 것이며 이 술은
거르자마자 즉시 마셔야 그 맛이 훌륭하다 함.
【新醅】 醅는 거르지 않은 술. 杜甫〈客至〉에 "盤飧市遠無兼味, 樽酒家貧只
舊醅"라 함. '新醅'는 걸러서 묵혀두지 않은 술. 즉시 마시게 되어 있음을
말함.

【紅泥】붉은색의 진흙으로 만든 토기(옹기) 화로.
【無】의문문을 만드는 語末助詞. '否'와 같음.

참고 및 관련 자료

1. 이는 白居易가 元和 12년(817) 江州司馬로 있을 때 지은 것임.
2. 본《唐詩三百首》를 편집한 蘅塘退士는 "信手拈來, 都成妙諦, 詩家三昧, 如是如是!"라 감탄함.

229

〈何滿子〉 ·· 張祜
하만자

고향은 삼천 리 먼 곳,
깊은 궁궐에 이십 년.
한 곡조 〈하만자〉로,
두 줄기 눈물 그대 앞에 떨굽니다.

故國三千里, 深宮二十年.
一聲何滿子, 雙淚落君前.

【何滿子】歌曲의 이름으로 宮詞. 총애를 다투거나 고향 생각을 할 때의
궁녀들 처지를 대신 읊는 怨歌의 일종. 開元 연간 何滿子라는 죄수가 지어
부른 曲이라 함.《樂府詩集》(80) 白居易의 〈聽歌六絶句, 何滿子〉 自註에
"開元中, 滄州有歌者何滿子, 臨刑, 進此曲以贖死, 上竟不免"이라 함.《杜陽
雜編》에는 "文宗時, 宮人沈阿翹爲帝舞何滿子, 調辭風態率皆宛暢, 然則亦舞
曲也"라 함. 한편 宋 王灼의《碧鷄漫志》(4)에는 "何滿子, 白樂天詩云:「世
傳滿子是人名, 臨就刑時曲始成. 一曲四歌八疊, 從頭便是斷腸成.」元微之〈何
滿子歌〉云: ……嬰刑繫在囹圄間, 下調哀音歌憤懣.」라 함.
【故國】故鄕을 가리킴.

1. 《全唐詩》에는 제목이 〈宮詞〉로 되어 있으며, 모두 3수. 이는 그중 첫째 수임.

2. 이 시는 당시 궁중에 전파되어 큰 소동이 벌어지기도 하였음. 宋 尤袤의 《全唐詩話》(4)에 "張祐所作〈宮詞〉傳入宮禁, 武宗疾篤, 目孟才人曰:「吾卽不諱, 妃何爲哉?」才人指笙囊泣曰:「請以此就縊」上惻然. 復曰:「妾嘗藝歌, 請對歌一曲, 以泄其憤」上許, 乃歌一聲〈何滿子〉, 氣亟立殞. 上令醫候之, 曰:「脉尙溫而腸已斷.」祐曾此作〈孟才人嘆〉, 詩云:「偶因歌態詠嬌嚬, 傳唱宮中二十春. 却爲一聲何滿子, 下泉須吊舊才人.」"이라 함.

3. 두목은 이 시에 화답하여 〈酬張祐處士見寄長句四韻〉에서 "可憐故國三千里, 虛唱歌辭滿六宮"이라 함.

4. 韻脚은 年·前.

❀ 장호(張祐)

1. 자는 承吉(혹은 長吉). 淸河(지금의 河北 鉅鹿) 사람으로 宮調에 능하였음. 長慶 연간에 令狐楚의 추천을 받았으나 나가지 않았으며, 스스로 丹陽 曲阿라는 곳에 은거하여 생을 마침. '張祐'로 잘못 표기된 기록도 있음. 그의 詩는 《新唐書》(藝文志, 4), 《崇文總目》(卷5), 《郡齋讀書志》(卷18) 등에 모두 詩 1卷으로 著錄되어 있으며, 《直齋書錄解題》(卷19)에만 詩 10卷으로 되어 있음. 《全唐詩》에는 그의 詩가 2卷(510·511)으로 편집되어 있고, 《全唐詩外編》 및 《全唐詩續拾》에 詩 155首, 斷句 8句, 제목 하나가 補入되어 있음. 《唐詩紀事》(卷52)에 관련 기록이 실려 있고, 北京圖書館에는 南宋 때 蜀刻本 《張承吉文集》 10卷이 남아 있음.

2. 《唐詩紀事》(52)

皮日休云: 祐, 字長吉, 元和中, 作宮體小詩, 辭曲豔發, 當時輕薄之流, 能其才, 合譟得譽. 老大稍窺建安風格, 誦樂府錄, 知作者本意, 短章大篇, 往往間出, 譏諷怨譎, 時與六義相左右. 善題目佳境, 言不可刊置別處, 此爲才子之最也. 或薦之天子, 書奏不下. 亦受辟諸侯府, 性狷介不容物, 輒自劾去. 以曲阿地古澹有南朝遺風, 遂築室種植而家焉. 性嗜木石, 悉力致之, 從南海間罷職事, 載羅浮石笋還. 不蓄美田利産爲身後計, 死未二十年, 而故姬遺孕, 凍餒不暇, 豈其怨刺於神明耶! 天果不愛才, 沒而猶譴耶! 又進士顏萱過祜丹陽遺居, 見其愛姬崔氏, 貧居荊榛下, 有一子杞兒, 求食汝墳矣. 憫然作詩弔之. 萱詩曰:『憶昔爲兒逐我兄, 曾拋竹馬拜先生. 書齋已換當時主, 詩壁空題故友名. 豈是爭權留怨敵, 可憐當路盡公卿. 柴扉草屋無人問, 猶向荒田責地征.』

3. 《全唐詩》(510)

張祜, 字承吉, 清河人. 以宮詞得名. 長慶中, 令狐楚表薦之, 不報. 辟諸侯府, 多不合, 自劾去. 嘗客淮南, 愛丹陽曲阿地, 築室卜隱. 集十卷, 今編詩二卷.

4. 〈寓懷寄蘇州劉郎中〉(時以天平公薦罷歸) (《全唐詩》511)

『一聞周召佐明時, 西望都門強策羸. 天子好文才自薄, 諸侯力薦命猶奇. 賀知章口徒勞說, 孟浩然身更不疑. 唯是勝遊行未遍, 欲離京國尚遲遲.』

5. 杜牧〈登池州九峰樓寄張祜〉(《全唐詩》522)

『百感中來不自由, 角聲孤起夕陽樓. 碧山終日思武盡, 芳草何年恨卽休. 睫在眼前長不見, 道非身外更何求. 誰人得似張公子, 千首詩輕萬戶侯.』

6. 〈感王將軍柘枝妓沒〉(《全唐詩》511)

『寂寞春風舊柘枝, 舞人休唱曲休吹. 鴛鴦鈿帶抛何處, 孔雀羅衫付阿誰. 畫鼓不聞招節拍, 錦靴空想挫腰肢. 今來座上偏惆悵, 曾是堂前教徹時.』

7. 《唐摭言》(13) 矛盾

張處士〈憶柘枝〉詩曰:『鴛鴦鈿帶抛何處, 孔雀羅衫屬阿誰?』白樂天呼爲問頭祜矛盾之曰:「鄙薄問頭之誚, 所不敢逃.」然明公亦有目連變.〈長恨詞〉云:『上窮碧落下黃泉, 兩處茫茫都不見.』此豈不是目連訪母耶?

8. 〈詩讖〉(《唐詩紀事》52)

或言祜清河人, 嘗賦〈淮南〉詩, 有『人生只合揚州死, 禪智山光好墓田』. 大中中, 果卒於丹陽隱舍.

9. 《唐才子傳》(6) 張祜

祜, 字承吉, 南陽人, 來寓姑蘇. 樂高尚, 稱處士. 騷情雅思, 凡知己者悉當時英傑. 然不業程文. 元和·長慶間, 深爲令狐文公器許, 鎭天平日, 自草表薦, 以詩三百首獻於朝, 辭略曰:「凡制五言, 苞含六義. 近多放誕, 靡有宗師. 祜久在江湖, 早工篇什. 研幾甚苦, 搜象頗深, 輩流所推, 風格罕及. 謹令繕錄, 詣光順門進獻, 望宣付中書門下」祜至京師, 屬元稹號有城府, 偃仰內庭, 上因召問祜之詞藻上下, 稹曰:「張祜雕蟲小技, 壯夫不爲. 若獎激太過, 恐變 陛下風教」上頷之. 由是寂寞而歸, 爲詩自悼云:「賀知章口徒勞說, 孟浩然身更不疑」

遂客淮南, 杜牧時爲度支使, 極相善待, 有贈云:「何人得似張公子,千首詩輕萬戶侯」祐苦吟, 妻帑每喚之皆不應, 曰:「吾方口吻生花, 豈恤汝輩乎?」性愛山水, 多遊名寺, 如杭之靈隱·天竺, 蘇之靈巖·楞伽, 常之惠山·善權, 潤之甘露·招隱, 往往題詠唱絶. 同時崔涯亦工詩, 與祐齊名, 頗自放行樂, 或乘興北里, 每題詩倡肆, 譽之則聲價頓增, 毁之則車馬掃迹. 涯尙義, 有〈俠詩〉云:「太行嶺上三尺雪, 崔涯袖中三尺鐵. 一朝若遇有心人, 出門便與妻兒別」嘗共謁淮南李相, 祐稱「釣鼇客」. 李怪之, 曰:「釣鼇以何爲竿?」曰:「以虹」,「以何爲鉤?」曰:「新月」,「以何爲餌?」曰:「以『短李相公』也」紳壯之, 厚贈而去. 晚與白樂天日相聚謔詬, 樂天譏以:「足下新作〈憶柘枝〉云:『鴛鴦鈿帶抛何處, 孔雀羅衫付阿誰?』乃一問頭詩耳」祐曰:「鄙薄之誚是也. 明公〈長恨歌〉曰:『上窮碧落下黃泉, 兩處茫茫都不見.』又非目連尋母邪?」一座大咲. 初, 過廣陵, 題曰:「十里長街市井連, 月明橋上看神仙. 人生只合揚州死, 禪智山光好墓田」大中中, 果卒於丹陽隱居, 人以爲讖云. 詩一卷, 今傳.

◎ 衛邊伯玉恥獨爲君子, 令狐公其庶幾, 元積則不然矣. 十譽不足, 一毁有餘. 其事業淺深, 於此可以觀人也.「爾所不知, 人其舍諸?」積謂祐雕蟲瑣瑣, 而積所爲, 有不若是耶? 忌賢嫉能, 迎戶而噬, 略己而過人者, 穿窬之行也. 祐能以處士自終其身, 聲華不借鐘鼎, 而高視當代, 至今稱之. 不遇者, 天也; 不泯者, 亦天也! 豈若彼取容阿附, 遺臭之不已者哉!

230

〈登樂游原〉 ·· 李商隱

낙유원에 올라

저녁 무렵 마음이 심란하여,
수레 몰아 옛 낙유원에 올라보았네.
석양빛이라 한없이 좋긴 하지만,
다만 황혼이 가까워 안타깝네.

向晚意不適, 驅車登古原.
夕陽無限好, 只是近黃昏.

【樂游原】 원래 漢나라 때 宣帝가 세운 苑囿이며, 長安의 景勝地로 樂游苑이
라고도 하였음. 지금의 陝西 長安 남쪽 8리에 있으며, 장안에서 가장 높은
곳이었다 함. 中和節(2월 1일), 上巳日(3월 3일), 重陽節(9월 9일) 세 절기에
이곳에 올라 登臨望遠 및 祓禊의 행사를 치렀음.《長安志》에 "樂遊原, 在陝
西長安南八里, 其地居京城最高處, 漢唐時, 每當三月三日, 九月九日, 京城士
女就此登賞祓禊"라 함.
【古原】 漢 宣帝가 이 원을 세운 이래 이미 9백여 년이 흘렀음.《兩京新記》에
"漢宣帝樂游原, 一名樂游苑, 初名樂游原"이라 함.
【近黃昏】 곧 날이 어두워져 더 이상 볼 수 없음을 안타깝게 여긴 것. 아울러
늙어 감을 탄식한 重義法 표현이기도 함.

1. 李商隱이 옛 낙유원에 올라 감회를 읊은 것임.

2. 張爾田의 《玉谿先生年譜會箋》에 "箋曰: 楊氏云, 遲暮之感, 沈淪之痛, 觸緖紛來, 可謂此善狀, 詩妙處, 謂憂唐之衰者, 只一義耳"라 함.

3. 韻脚은 原·昏.

231

〈尋隱者不遇〉 ·························· 賈島

은자를 찾아갔다가 만나지 못함

소나무 아래에서 동자에게 물었더니,
대답이 "스승님 약초 캐러 가셨습니다.
다만 이 산속에 있을 것이나,
구름이 깊어 그곳을 알 수 없습니다"라 하더라.

松下問童子, 言師採藥去.
只在此山中, 雲深不知處.

【童子】은사를 모시고 시중드는 어린 아이.
【言】그 아래는 모두 동자가 대답한 내용임.
【只】'다만, 틀림없이'의 뜻.

참고 및 관련 자료

1. 隱者를 찾아갔다가 만나지 못하고, 겪은 일을 그림처럼 아름답게 표현한
시로 널리 절창되고 있음.
2. 《全唐詩》에는 이 시의 주에 "一作孫革〈訪羊尊師〉詩"라 하여 가도 작품이

아닐 가능성이 있음. 孫革은 憲宗·穆宗·文宗을 섬겨 太子左庶子를 지냈던 인물이며 시로 널리 알려지지는 않았음. 한편 가도의 《長江集》에는 이 시가 수록되어 있지 않으며 宋初 《文苑英華》에 처음 실렸고 작자를 '孫革'이라 하였음. 뒤에 南宋 洪邁의 《萬首唐人絶句》에 처음으로 '無本(无本)'이라 하였으며, 무본은 가도가 출가하여 승려였을 때의 법명, 이 때문에 뒤에 이를 가도의 작품으로 여기게 된 것임.

2. 章燮의 주에는 "此詩一問一答, 四句開合變化, 令人莫測"이라 함.

3. 明 游潛之의 《夢蕉詩話》에는 "孟郊·賈島, 皆窮困至死, 或謂詩能窮人, 未信也. 殆詩必窮者而後工耳"라 함.

4. 蘇絳은 "孤絶之句, 記在人口"라 함.

5. 司空圖는 "賈浪仙時有警句, 視其全篇, 意思殊餒"라 함.

6. 韻脚은 去·處.

7. 《千家詩》原註(王相)

訪友不遇自爲問答之辭也. 言我訪隱者, 値其他出, 因步之松下而問其童子焉. 童子言:「我師出門採藥」問其何處? 言:「只在此山, 白雲深處而不知其所在也」. 則幽人高隱之意, 自在其中矣. ○賈島, 字閬仙, 范陽人, 仕終長江尉, 晩唐.

🎴 가도(賈島: 779~843)

1. 唐代 시인. 자는 낭선(閬仙) 혹은 浪仙. 范陽(지금의 河北 涿縣) 사람으로 代宗 大曆 14년에 태어나 武宗 會昌 3년에 생을 마침. 향년 65세. 젊어 여러 번 과거에 실패하여 빈곤을 겪자, 머리 깎고 승려가 되어 법명을 '無本'(无本)이라 하였음. 뒤에 韓愈의 권고로 환속하여 시문을 배우게 되었음. 50이 넘어 登第하였으나, 비방을 받아 長江主簿를 역임하여 그를 '賈長江'이라 불렀음.

賈島(浪仙)《三才圖會》

普州司倉參軍을 배수받았으나 부임하기 전에 죽고 말았음. 그가 죽은 뒤에 집에는 어떤 재물도 없었으며, 병든 노새 한 마리와 부서진 거문고 하나뿐이었다고 함. 그의 시는 적막한 경지를 잘 묘사하였으며 五言律詩에 뛰어났음. 그와 교류한 孟郊와 함께 中唐 苦吟詩人으로 알려졌으며, 한유는 이들을 두고 "孟郊死葬北

邙山, 日月風雲頓覺閑. 恐天文章渾斷絶, 再生賈島在人間"이라 읊기도 하였음.
蘇軾은 그 두 사람의 시풍을 "郊寒島瘦"라 평하였음.《長江集》10권이 있으며,
《全唐詩》에 시 4권이 수록되어 있음. 그의 文集은《新唐書》(藝文志, 4)에
"賈島《長江集》十卷, 又《小集》三卷"이라 하였으며,《崇文總目》에도 같음.
그러나《郡齋讀書志》(卷4, 中),《直齋書錄解題》(卷19)에는 10卷만 著錄되어
있고,《小集》에 대한 언급은 없음. 辛文房은《唐才子傳》에서《詩格》1卷을
들고 있으나《宋史》(藝文志)에만《詩格密旨》1卷이 기록되어 있으며 지금은
전하지 않음. 그의 詩는《全唐詩》에 4卷(571~574), 총 403首가 실려 있으나,
그중 29首는 확실하지 않은 것이 있음.《全唐詩外編》및《全唐詩續拾》에
詩 2首와 斷句 14句가 補入되어 있음.《新唐書》(176)에 전이 있음.

2.《唐詩紀事》(40)

賈島, 字浪仙, 范陽人. 初爲浮屠, 名無本. 能詩, 獨變格入僻, 以矯豔於元·白.
來洛陽, 韓愈敎爲文. 去浮屠, 擧進士, 終普州司戶. 島久不第, 吟〈病蟬〉之句,
以刺公卿. 或奏島與平曾等爲十惡, 逐之. 詩曰:『病蟬飛不得, 向我掌中行. 折翼
猶能薄, 酸吟尙極淸. 露華凝在腹, 塵點悮侵睛. 黃雀幷烏鳥, 俱懷害爾情.』

3.《全唐詩》卷571

賈島, 字浪仙, 范陽人. 初爲浮屠, 名無本. 來東都時, 洛陽令禁僧午後不得出,
島爲詩自傷, 韓愈憐之. 因敎其爲文, 遂去浮屠. 擧進士, 詩思入僻, 當其苦吟,
雖逢公卿貴人, 不之覺也. 累擧不中第, 文宗時, 坐飛謗, 貶長江主簿. 會昌初,
以普州司倉參軍遷司戶, 未受命卒. 有《長江集》十卷,《小集》三卷, 今編詩四卷.

4.〈題李凝幽居〉(《唐詩紀事》40. 推敲의 고사)

『閑居少鄰並, 草徑入荒村. 鳥宿池中樹, 僧敲月下門. 過橋分野色, 移石動雲根.
暫去還來此, 幽期不負言.』

5.《唐摭言》(11)

賈閬仙, 名島. 元和中元·白尙輕淺, 島獨變格入僻, 以矯浮艷. 雖行坐寢食,
吟咏不輟, 常跨驢張蓋橫截天衢, 時秋風正厲, 黃葉可掃, 島忽吟曰:『落葉滿長安,
志重其衝口』, 直致求之一聯, 杳不可得, 不知身之所從也. 因, 唐突大京兆.
劉栖楚被繫一夕, 而釋之. 又嘗遇武宗皇帝於定水精舍, 島尤肆侮上, 訝之, 他日,
有中旨, 令與一官謫去, 乃授長江縣尉. 稍遷普州司倉而卒.

6.《唐才子傳》(5) 賈嶋

嶋, 字閬仙, 范陽人也. 初, 連敗文場, 囊篋空甚, 遂爲浮屠, 名無本. 來東都,
旋往京, 居靑龍寺. 時禁僧午後不得出, 爲詩自傷. 元和中, 元·白變尙輕淺, 嶋獨

接格入僻, 以矯浮豔. 當冥搜之際, 前有王公貴人皆不覺, 游心萬仞, 慮入無窮.
自稱「碣石山人」. 嘗歎曰:「知余素心者, 惟終南紫閣·白閣諸峰隱者耳.」嵩邱有
草廬, 欲歸未得, 逗留長安. 雖行坐寢食, 苦吟不輟. 嘗跨蹇驢張蓋, 橫截天衢.
時秋風正厲, 黃葉可掃, 遂吟曰:「落葉滿長安.」方思屬聯, 杳不可得, 忽以「秋風
吹渭水」爲對, 喜不自勝. 因唐突大京兆劉栖楚, 被繫一夕, 旦釋之. 後復乘閒策
蹇訪李凝幽居, 得句云:「鳥宿池中樹, 僧推月下門.」又欲作「僧敲」, 煉之未定,
吟哦, 引手作推敲之勢, 傍觀亦訝. 時韓退之尹京兆, 車騎方出, 不覺衝至第三節,
左右擁至馬前, 嶋具實對, 未定「推」·「敲」, 神遊象外, 不知迴避. 韓駐久之,
曰:「敲字佳.」遂竝轡歸. 其論詩道, 結爲布衣交, 遂授以文法. 去浮屠, 舉進士.
愈贈詩云:「孟郊死葬北邙山, 日月風雲頓覺閒. 天恐文章渾斷絕, 再生賈嶋在
人間.」自此名著. 時新及第, 寓居法乾無可精舍, 姚合·王建·張籍·雍陶, 皆琴樽
之好. 一日, 宣宗微行至寺, 聞鐘樓上有吟聲, 遂登, 於嶋案上取卷覽之, 嶋不識,
因作色, 攘臂睨而奪取之曰:「郎君鮮醲自足, 何會此耶?」帝下樓去. 旣而覺之,
大恐, 伏闕待罪, 上訝之. 他日, 有中旨令與一清官謫去者, 乃授遂州長江主簿,
後稍遷晉州司倉. 臨死之日, 家無一錢, 惟病驢·古琴而已. 當時誰不愛其才
而惜其命薄! 嶋貌清意雅, 談玄抱佛, 所交悉塵外之人. 況味蕭條, 生計岨峿.
自題曰:「二句三年得, 一吟雙淚流. 知音如不賞, 歸臥故山秋.」每至除夕, 必取
一歲所作置几上, 焚香再拜, 酹酒祝曰:「此吾終年苦心也.」痛飮長謠而罷.
今集十卷, 并《詩格》一卷, 傳於世.

232

〈渡漢江〉 ··· 李頻

한강을 건너며

멀리 오령 밖에서 벼슬하느라 소식 끊긴 뒤,
겨울 지나고 다시 입춘이 되었네.
고향이 가까워질수록 더욱 겁에 설레어,
오는 사람 만나도 감히 소식 묻지 못하네.

嶺外音書絶, 經冬復立春.
近鄕情更怯, 不敢問來人.

【漢江】 漢水. 長江의 지류이며 원래 陝西에서 발원하여 湖北의 漢口에서
　장강과 합류함. 여기서는 구체적으로 襄河를 가리킴.
【嶺外】 嶺南을 말함. 五嶺의 남쪽, 즉 廣東 지역. 여기서의 영은 이 시의
　작자가 宋之問일 경우, 구체적으로 大庾嶺을 가리키는 것으로 봄.(086 참조)
　이로 보아 작자는 廣東에서 湖北을 거쳐 河南으로 귀로를 택한 것임.
【立春】 24節氣의 하나로 대체로 양력 2월 초(3, 4)에 해당함. 그러나 일부 본
　에는 '曆春'으로 되어 있음. 이 경우 2년 동안이라는 뜻이 됨.
【近鄕】 고향 洛陽으로 돌아오기 위해 漢水 중류인 襄河를 지나 곧 고향이
　가까워짐. 이는 杜甫의 〈述懷〉 "自寄一封書, 今已十月後. 反畏消息來, 寸心
　亦何有"를 근거로 한 것으로 봄.

【來人】고향으로부터 오는 사람. 당연히 고향의 소식을 물어야 하나 겁이 나서 묻지를 못함. 杜甫의 〈述懷〉에도 "自寄一封書, 今已十月後. 反畏消息來, 寸心亦何有!"라 함.

참고 및 관련 자료

1. 이 시는 《全唐詩》에는 宋之問의 시로 되어 있음. 송지문은 汾州(지금의 山西) 사람으로 어용문인으로 則天武后의 총신 張易之에게 아부하다가, 무후가 죽고 장이지가 피살되자 그도 함께 瀧州參軍으로 좌천되었음. 농주는 지금의 廣東 羅定縣이며, 그 뒤 中宗 神龍 2년(706) 도망하여 洛陽으로 돌아오는 길에 漢水 중류 襄河를 지나면서 이 시를 지은 것으로 보임. 李頻의 경우 일설에 영남에 간 적이 없다고 하며, 그의 출신지 지금의 浙江 睦州 壽昌으로 한수를 건널 이유가 없어, 이 시는 그의 작품이 아닌 것이 분명하다고 함. 그러나 《唐才子傳》에는 이빈이 建州刺史를 역임하고 지은 시로 보고 있음. 建州는 지금의 福建 建甌縣.
2. 韻脚은 春·人.

❀ 이빈(李頻)

1. 자는 德新, 睦州 壽昌(지금의 浙江 建德縣 서남) 사람. 大中 8년(854) 진사에 급제하여 秘書郎을 거쳐 建州刺史를 역임함. 《新唐書》(藝文志, 4)에 《李頻詩》 1卷이 著錄되어 있음. 《全唐詩》에는 그의 詩 3卷(587~589), 그리고 884에 2首가 실려 있으며, 《全唐詩外編》 및 《全唐詩續拾》에 詩 3首, 斷句 2首가 補入되어 있음. 《唐詩紀事》(60)와 《全唐詩話》(5)에 관련 기록이 실려 있음. 《新唐書》(203)에 전이 있음.
2. 《唐詩紀事》(60)
賓, 字德新, 睦州人. 與里人方干善. 給事中姚合, 名爲詩, 士多歸重. 頻走千里, 丐其品藻. 合大加獎挹, 以女妻之. 乾符中, 以工部外郎爲劍州刺史, 卒.
3. 《全唐詩》(587)
李頻, 字德新, 睦州壽昌人. 少秀悟, 逮長, 廬西山, 多所記覽. 其屬辭於詩尤長, 給事中姚合名爲詩, 士多歸重. 頻走千里, 丐其品, 合大加獎挹, 以女妻之. 大中八年, 擢進士第, 調祕書郎, 爲南陵主簿, 判入等. 再遷武功令, 俄擢侍御史, 守法不阿徇, 遷累都官員外郎, 表丐建州刺史, 以禮法治下. 建賴以安, 卒官. 父老爲立廟梨山, 歲祠之, 有《建州刺史集》一卷, 又《號梨岳集》, 今編爲三卷.

4.《唐才子傳》(7) 李頻

頻, 字德新, 睦州, 壽昌人. 少秀悟, 長, 廬西山. 多記覽, 於詩特工. 與同里方干爲師友. 給事中姚合時稱詩穎, 頻不憚走千里丐其品第, 合見, 大加獎挹, 且愛其標格, 卽以女妻之. 大中八年, 顏標榜擢進士, 調校書郎, 爲南陵主簿. 試判入等, 遷武功令. 頻性耿介, 難干以非理. 賑饑民, 戢豪右, 於是京畿多賴, 事事可傳. 懿宗嘉之, 賜緋·銀魚, 擢侍御史. 守法不阿, 遷都官員外郎. 表乞建州刺史, 至則布條敎, 以禮治下. 時盜所在衝突, 惟建賴頻以安. 未幾, 卒官下, 櫬隨家歸, 父老相與扶柩哀悼, 葬永樂州, 爲立廟於梨山, 歲時祭祠, 有菑沴必禱, 垂福逮今. 頻詩雖出晚年, 體製多與劉隨州相抗, 騷嚴風謹, 慘慘逼人. 有詩一卷, 今行世.

233

〈春怨〉 ⋯⋯⋯⋯⋯⋯⋯⋯⋯⋯⋯⋯⋯⋯⋯⋯⋯⋯⋯ 金昌緒

봄의 원망

저 꾀꼬리 쫓아 버려라.
나무 위에서 울지 못하도록 해다오.
꾀꼬리 울면 내 놀라 깨어나
요서에서 임 만나는 꿈 이루지 못한단다!

打起黃鶯兒, 莫敎枝上啼.
啼時驚妾夢, 不得到遼西!

【春怨】 다른 판본에는 제목이 〈伊州歌〉로 되어 있음.
【打起】 나무에서 우는 꾀꼬리를 치거나 흔들어 쫓아 버림.
【黃鳥】 黃鸝, 倉庚이라고도 하며 꾀꼬리를 말함.
【兒】 의미가 없는 접미사. 새(鳥兒)를 가리키는 말. 지금은 이를 'ér'로 읽지만
당나라 때는 '五稽切'(ni)로 읽어 兒·啼·西자가 압운을 이루었음.
【敎】 '使'와 같음. 사역형 조동사로 쓰였음.
【妾】 古代 婦女들의 자기에 대한 겸칭.
【遼西】 漢나라 때 군 이름이며, 당시 征東軍을 이곳에 주둔시켰음. 지금의
河北 동북부와 遼寧 서부지역. 본문의 여인 남편이 원정을 가 있는 곳을
가리킴. 고대 변새에 해당하였으며, 晩唐 令狐楚의 〈閨人贈遠〉에 "綺席春
眠覺, 紗窗曉望迷. 朦朧殘夢裏, 猶自在遼西"라 함.

1. 《千家詩》에는 〈伊州歌〉로 되어 있으며 伊州는 지명(지금의 新疆 哈密)이며 곡조 이름임. 商調大曲. 樂府詩는 주로 지명을 사용하는 경우가 많았음. 그리고 작자도 개가운(蓋嘉運)으로 되어 있다. 개가운은 唐代 시인으로 玄宗 開元 연간에 西涼節度使를 지냈으며 그때 바친 것이라 함. 그 외 생애는 알려진 것이 없음.

2. 이는 宋 郭茂倩의 《樂府詩集》(79)에 《樂苑》을 인용하여 "伊州, 商調曲, 西京節度使盍嘉運所進也"라 하였고, 《新唐書》와 《舊唐書》의 突厥傳(下)에는 '盍'자로 되어 있으나 이는 '蓋'자의 오기임.

3. 한편 《全唐詩》(768)에는 제목이 〈春怨〉으로 되어 있으며 그 注에 "一作 伊州歌"라 하였고 작자도 金昌緖로 되어 있음.

4. 이에 대하여 淸 錢大昕의 《十駕齋養新錄》(16)에는 "金昌緖春怨詩, ……一作 蓋嘉運伊州歌者, 非也. 然此詩爲嘉運所進, 編入樂府, 後乃誤爲嘉運作耳"라 하여 김창서가 짓고 개가운이 바쳐 악부에 오른 것으로 보았음.

5. 韻脚은 兒·啼·西.

6. 《千家詩》原註(王相)

伊州, 在邊外, 古伊吾國也. 蓋嘉運, 晩唐人, 西涼節度使, 或曰盛唐. ○此代邊人之婦思夫之作也. 言夫不可見, 惟憶夢寐之中或見之. 無奈鶯啼時驚夢覺, 故欲打散鶯兒, 不使啼驚吾夢. 庶妾魂可到遼西與夫相見也.

❀ 김창서(金昌緖)

唐代 시인. 錢塘 餘杭(지금의 浙江 杭州) 사람으로 생애는 알려진 것이 없으며 다만 이 시 한 수가 전할 뿐임.

234

〈哥舒歌〉 ··· 西鄙人

가서의 노래

북두칠성 높이 비치니,
가서한은 밤에도 칼을 찼네.
이제껏 기르는 말 넘보던 무리,
감히 임도를 넘어오지 못하네.

北斗七星高, 哥舒夜帶刀.
至今窺牧馬, 不敢過臨洮.

【哥舒】 '哥舒'는 원래는 唐나라 때 서북 변방 이민족 突騎施 부락의 이름이며
그곳 출신 哥舒翰이 盛唐 때 명장이 되어 吐蕃(티베트)을 積石堡에서 크게
무찌르고 이름을 떨쳤으며, 뒤에 隴右·河西節度使를 거쳐 西平郡王에 봉해
졌음. 그러나 뒤에 安祿山의 난이 일어났을 때 潼關을 지켜내지 못하고
안록산에게 투항하였다가 결국 피살되고 말았음. 《舊唐書》(104)와 《新唐
書》(135)에 전이 있음.
【歌】 詩體의 한 장르. 《文體明辨》에 "其放情長言, 雜而無方者曰歌"라 함.
【西鄙人】 서북 지역 변방 사람. 구체적인 이름은 알 수 없음. 《全唐詩》 주에
"天寶中, 哥舒翰爲安西節度使, 控地數千里, 甚著威令. 故西鄙人歌此"라 함.
【北斗七星高】 哥舒翰의 威望을 비유한 것임.

【哥舒夜帶刀】《舊唐書》哥舒翰傳에 "哥舒翰, 突騎施首領哥舒部落之裔也. 吐蕃
　寇邊, 翰拒之於苦拔海, 其衆三行從山差池而下, 翰持半段槍, 當其鋒擊之, 三行
　皆敗, 無不摧靡, 由是知名. 明年, 築神威軍於青海上, 吐蕃屛跡, 不敢近青海"라 함.
【窺】훔쳐 봄. 기르는 말을 훔쳐감.
【臨洮】地名. 지금의 甘肅省 岷縣. 秦나라 때 蒙恬이 이곳 臨洮에서부터
　장성을 쌓아 遼東에까지 이어짐.

참고 및 관련 자료

1. 이 시는 변방 이민족의 民歌가 당시 형식으로 기록된 것임.
2. 淸 沈德潛의 《唐詩別裁》에는 "與〈勅勒歌〉是天籟, 不可以工拙求之"라 하여
〈勅勒歌〉와 함께 北歌로써 工拙을 따질 수는 없는 가치를 지닌다 하였음.
3. 이와 비슷한 시로 盧綸의 〈塞下曲〉 "月黑雁飛高, 單于夜遁逃. 欲將輕騎逐,
大雪滿弓刀"가 있음. (273-3) 참조.
4. 韻脚은 高·刀·洮.

✿ 서비인(西鄙人)은 서쪽 먼 지역 사람이라는 뜻. '鄙'는 먼 변방을 뜻하는
말임.(《周禮》 참조) 〈가서가〉는 서쪽 邊塞 지방에서 불리던 노래로 그곳의
民歌이며 작자를 알 수 없어 '西鄙人'이라 한 것임.

青銅奔馬(飛馬踏燕) 甘肅 武威 출토(東漢)

卷七：五絕・樂府

235-1

〈長干行〉二首(1) ·· 崔顥

장간의 노래(1)

"그대는 고향이 어디십니까?"
"제 사는 곳 횡당이랍니다."
잠시 배를 멈추고 짐짓 묻노니,
"혹 같은 고향이 아닐는지요!"

君家何處住? 妾住在橫塘.
停船暫借問, 或恐是同鄕!

【長干行】 원래 남조시대 樂府 雜曲歌辭의 제목.《全唐詩》(26) 雜曲歌辭에
　모두 이 시가 수록되어 있으며, 제목은 〈長干曲〉·〈江南曲〉으로 되어 있음.
　'行'과 '曲'은 모두 樂府詩 曲調名. 한편 長干은 지명으로 당시 金陵(지금의
　南京)의 마을 이름. 秦淮河의 남쪽 長干里. '行'은 歌曲의 한 장르이며,
　문체의 이름.《文體明辨》에 "步驟馳騁, 疎而不滯者曰行"이라 함. 李白의
　〈長干行〉(036)을 참조할 것.
【何處住】《全唐詩》(130)에는 '何處住'로,《樂府詩集》(72)에는 '定何處'로, 그리고
　《千家詩》에는 '在何處'로 되어 있음.
【橫塘】 지명. 지금의 南京 서남. 王相의 주에 "橫塘, 在金陵麒麟門外"라 함.
　《六朝事跡編類》에 "吳 大帝 때에 江口로부터 堤防을 연이어 돌려쌓아

이를 橫塘이라 하였다"라 함.《一統志》에 "吳自江口緣淮築堤, 謂之橫塘. 在今應天府"라 함. 應天府는 지금의 남경.

【借問】 당대 시구에서 흔히 쓰는 상투어로 '빌어 묻건대'로 해석함.

【恐】 일부 판본에는 '可'로 되어 있음.

참고 및 관련 자료

1. 이 시는 타지에서 고향 사투리를 듣고 여인이 먼저 말을 걸어오는 내용으로 思鄕의 아름다운 내용을 읊은 것임. 이 구절은 여자의 창이며, 뒤의 구절(235-2)는 남자가 부르는 부분임. 이백의 〈長干行〉(036) 참조.

2. 이 〈長干行〉의 제목으로 王勃·王維·李白 등 여러 사람이 읊은 동일한 제목의 시가 있으며 최호의 이 시를 대표적인 것으로 여기고 있음.

3. 韻脚은 塘·鄕.

4.《千家詩》原註(王相)

長干, 在金陵. 橫塘, 在金陵麒麟門外. ○此疑遊女與游子相問答之辭也. 言游女問郎家住何處? 不待其答而又自言家住鍾山之橫塘, 疑郎聲音與妾相近, 故停舟而借問之, 恐是故鄕之人, 可相詰而致慇懃也. ○崔顥, 卞州人, 開元中司勳員外郎, 盛唐.

235-2

〈長干行〉二首(2) ·· 崔顥

장간의 노래(2)

"내 집은 구강 가에 임하여,
　구강 가를 넘나들었습니다.
　똑같이 장간 사람입니다만,
　어려서 그때는 서로 몰랐었군요."

家臨九江水, 來去九江側.
同是長干人, 生小不相識.

【九江】 지금의 江西省 九江縣. 長江이 潯陽(지금의 江西 九江)에 이르러 아
홉 갈래로 나뉘어 이곳을 '九江'이라 칭함.
【生小不相識】 어린 나이였으므로 몰랐고, 어려서 그곳을 떠나 서로 몰랐음
을 말함.

[참고 및 관련 자료]

1. 서로 대화를 통해 고향이 같은 곳이었음을 확인하고 서로 모를 수밖에
없는 이유를 아름답게 읊고 있으며 남자가 부르는 부분임.
2. 韻脚은 側·識.

236

〈玉階怨〉 ··· 李白
옥계원

옥 계단에 찬이슬 내리니,
밤 깊어 버선이 젖을 정도.
돌아와 수정 주렴 내리고,
영롱한 가을 달 바라보네.

玉階生白露, 夜久侵羅襪.
卻下水晶簾, 玲瓏望秋月.

【玉階】 옥으로 만든 섬돌. 화려한 궁궐을 의미함.
【白露】 가을 이슬.
【羅襪】 비단 버선. 말은 버선을 의미함. 지금의 洋襪과 같음.
【却】 섬돌을 걷다가 버선이 젖어 되돌아 방으로 들어감을 뜻함.
【水晶簾】 '水精簾'으로도 표기하며, 水晶(水精)을 엮어 만든 발.
【玲瓏】 반짝반짝 아름답게 비치는 모습을 표현하는 雙聲連綿語. 이 구절은
  도치된 것으로 '영롱한 가을달을 바라보다'의 뜻.

1. 〈玉階怨〉은 원래 樂府 相和歌의 楚調曲으로 남조 齊나라 때 謝朓, 虞炎 등이 이 제목으로 처음 지었음.
2. 韻脚은 襪·月.

237-1

〈塞下曲〉 四首(1) ⋯⋯⋯⋯⋯⋯⋯⋯⋯⋯⋯⋯⋯⋯⋯ 盧綸

새하곡(1)

독수리 깃털의 금복고 화살에
제비꼬리 모양의 수놓은 깃발 끈.
홀로 서서 새로운 명령을 떨치니,
일천 군영이 한 목소리로 대답하네.

鷲翎金仆姑, 燕尾繡蝥弧.
獨立揚新令, 千營共一呼.

【塞下曲】 塞下는 변방을 뜻함. 〈塞下曲〉은 樂府 橫吹曲辭의 제목임. 원제는
〈張僕射塞下曲〉으로 張僕射는 張延賞을 가리킴. 장연상은 貞元 원년(785)
8월에 左僕射에 올랐으므로, 이 시는 貞元 3년(787) 7월에 지어진 것으로
보임.
【鷲翎】 수리의 깃. 鷲는 맹금류 수리(독수리·무수리 등)를 가리키며 翎은 새의 깃.
【金僕姑】 화살 이름. 독수리 깃을 달아 붙인 좋은 화살.《左傳》莊公 11년에
"公以金僕姑射南宮長萬"이라 함.
【燕尾繡蝥弧】 燕尾는 깃발 끝에 달아맨 제비꼬리 모양의 나부끼는 띠.
蝥弧는 깃발 이름.《左傳》隱公 11년에 "潁考叔取鄭伯之旗蝥弧以先登"이라
하였고, 疏에 "鄭有蝥弧, 諸侯之旗也"라 함.

1. 원 제목은 〈張僕射塞下曲〉으로 모두 6수이며, 이는 그중 4곡을 선정한 것. 당시 중 변새시는 주로 변방의 황량함. 나아가 군역의 고통 등을 읊고 있으나, 이는 중당 시로 사람을 칭송하는 것으로 되어 있음.

2. 《唐人萬首絶句選評》에는 "意警氣足, 格高語健, 讀之情景歷歷在目, 中唐五言之高調, 此題之名作也"라 함.

3. 《唐人絶句精華》에는 "此題共六首, 乃和張僕射之作, 故詩語皆有頌美之意, 與他作描寫邊塞苦寒者不同"이라 함.

4. 韻脚은 弧·呼.

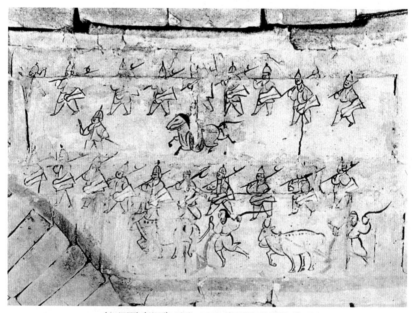

〈屯墾圖〉(魏晉) 磚畫 1972 嘉峪關 戈壁灘 출토

237-2

〈塞下曲〉四首(2) ·· 盧綸

새하곡(2)

어두운 수풀에 바람 불어 움직이는 풀을 보고 놀라,
장군은 짐승인가 하여 밤에 활을 당겼다네.
새벽에 흰 화살을 찾아보았더니,
바위에 화살이 함몰되어 들어가 있었다네.

林暗草驚風, 將軍夜引弓.
平明尋白羽, 沒在石稜中.

【林暗草驚風】 어두컴컴한 숲 속 풀이 바람에 움직이는 것을 보고 마치
짐승이 잠복해 있는 것이 아닌가 하여 놀람.
【將軍】 한나라 때 李廣 장군을 가리킴. 밤에 풀숲의 바위를 호랑이로 착각
하여 활을 쏘았더니 활촉이 바위에 깊숙이 박혔으며 다시 쏘았으나 전혀
꽂히지 않았다 함. 참고란을 볼 것.
【白羽】 화살 끝에 단 흰색 깃털.
【石稜】 石稜은 돌의 귀퉁이나 모서리. '稜'은 稜角 혹은 바위의 틈새. '棱'으로
된 판본도 있음. 이는 한나라 때 李廣 장군의 고사를 그대로 원용한 것임.
참고란을 볼 것.

1. 이 시는 漢나라 때 李廣 장군의 고사를 그대로 표현하여 張延賞을 찬미한 것임. 李廣(?~B.C.119) 西漢 때의 유명한 장군. 李陵의 조부. 文帝 때 武騎常侍를 지냈으며, 武帝 때 右北平太守가 되어 匈奴를 격파함. '漢飛將軍'으로 불렸음. 《史記》와 《漢書》에 傳이 있음.

2. 《史記》(108) 李將軍傳에 "廣出獵, 見草中石, 以爲虎而射之, 中石沒鏃, 視之石也. 因復更射之, 終不能復入石矣. 廣所居郡聞有虎, 嘗自射之. 及居右北平, 虎騰傷廣, 廣亦竟射殺之"라 하였고, 《漢書》(54) 李廣傳에도 "廣出獵, 見草中石, 以爲虎而射之, 中石沒矢, 視之, 石也. 他日射之, 終不能復入矣. 廣所居郡聞有虎, 常自射之. 及居右北平射虎, 虎騰傷廣, 廣亦射殺之"라 하였음. 그 외 《西京雜記》(5)에도 "李廣與兄弟共獵於冥山之北, 見臥虎焉. 射之, 一矢卽斃. 斷其髑髏以爲枕, 示服猛也. 鑄銅象其形爲溲器, 示厭辱之也. 他日, 復獵於冥山之陽, 又見臥虎, 射之, 沒矢飮羽. 進而視之, 乃石也, 其形類虎. 退而更射, 鏃破簳折而石不傷"라 함.

3. 韻脚은 弓·中.

237-3

〈塞下曲〉四首(3) ⋯⋯⋯⋯⋯⋯⋯⋯⋯⋯⋯⋯⋯⋯⋯⋯⋯ 盧綸

새하곡(3)

달도 없는 캄캄한 밤 기러기 높이 날고,
선우單于는 밤을 틈타 숨어 도망가네.
경기輕騎를 거느리고 추격하는데,
활과 칼에 눈발이 가득하네.

月黑雁飛高, 單于夜遁逃.
欲將輕騎逐, 大雪滿弓刀.

【月黑】 달빛이 없음.
【單于】 흉노의 추장을 일컫는 말. 그러나 당나라 때는 당나라에 맞섰던 강
한 이민족으로 토번과 돌궐·거란 등이 있어 이들을 가리킴.
【將】 '거느리다'(率)의 뜻.
【輕騎】 가볍게 무장하여 속도나 움직임을 빠르게 할 수 있도록 한 기마병.

> 참고 및 관련 자료

1. 역시 장연상의 활약상을 읊은 것임.
2. 韻脚은 逃·刀.

237-4

〈塞下曲〉四首(4) ·························· 盧綸

새하곡(4)

야외의 군영엔 승리의 잔치가 벌어졌네.
서방의 강융羌戎도 아군의 개선을 축하하네.
금갑무金甲舞에 어울려 춤추고 잔을 드니,
우레 같은 북소리 산천을 진동하네.

野幕蔽瓊筵, 羌戎賀勞旋.
醉和金甲舞, 雷鼓動山川.

【野幕】 들에 설치한 幕營.
【蔽】 가리고 있음. 그러나 다른 판본에는 모두 '敞'으로 되어 있으며 '펼쳐져
있다'의 뜻으로 되어 있음.
【瓊筵】 구슬로 엮은 자리. 잔치나 연회·축하연·자축연·경축연 등을 의미함.
승리의 잔치를 열어 줌을 뜻함.
【羌戎】 羌族과 戎族. 서부의 여러 이민족을 함께 지칭한 것.
【賀勞】 노고를 위로하고 축하함.
【旋】 개선함. 승리하고 돌아옴.
【醉和金甲舞】 金甲舞(전투복을 입고 추는 춤. 軍舞)에 화합하여 술을 마시며
축하함.
【雷】 '擂'와 같음. 북소리가 둥둥 울림.

1. 승리의 축하연을 노래한 것.
2. 韻脚은 旋·川.

238

〈江南曲〉 .... 李益

강남곡

구당瞿塘의 장사꾼에게 시집을 갔더니,
날마다 돌아올 기약 어기고 있네.
일찍이 조수만이 믿을 만한 것임을 알았더라면
물길을 잘 아는 사나이에게 시집을 갔을 텐데.

嫁得瞿塘賈, 朝朝誤妾期.
早知潮有信, 嫁與弄潮兒.

【瞿塘】瞿塘峽. 西陵峽, 武峽과 함께 長江三峽의 하나. 지금 四川省 奉節縣
東南쪽.
【賈】장사꾼. '고'로 읽음. 行商을 의미함.
【潮有信】潮水는 그때가 일정하여 믿을 수 있음.
【弄潮兒】뱃사공. 《夢梁錄》에 의하면 唐宋시대 錢塘江에 '觀潮'라는 행사가
성행하였으며, 수영을 잘하는 소년들이 조수가 몰려올 때 무리를 이루어
물놀이를 하던 풍습. 이를 '弄潮兒'라 함. 여기서는 "남편이 약속한 때를
놓칠 때마다 조수 때문이라 핑계를 대니, 차라리 물의 성질을 잘 알아 때
맞추어 돌아올 줄 아는 사나이에게 시집을 갔더라면"하는 뜻임.

1. 〈江南曲〉은 민가 《樂府》相和歌辭의 제목. 〈江南弄〉 7곡의 하나. 남녀의 사랑을 노래한 강남풍의 아름다운 민요였음. 행상하며 떠도는 남편을 기다리는 여인의 노래. 당대 속담에 "商人重利輕別離"라 하였음.

2. 韻脚은 期·兒.

卷八：七言絕句

239

〈回鄕偶書〉 ·· 賀知章
고향에 돌아와 우연히 지음

젊어 집 떠나 늙어서 돌아오니,
고향 사투리는 변함 없는데 귀밑머리만 세었구나.
아이들은 나를 알아보지 못하여
어디서 오셨느냐 웃으며 묻네.

少小離家老大回, 鄕音無改鬢毛衰.
兒童相見不相識, 笑問客從何處來?

【鄕音】 고향의 사투리. 賀知章은 고향이 會稽(지금의 紹興) 越州 永興(지금의
浙江 簫山)이었음.
【衰】 '摧'로 표기된 판본도 있음.
【笑】 혹 '卻'으로 표기된 판본도 있음.

참고 및 관련 자료

1. 이는 賀知章이 고향을 떠나 37세에 진사에 급제하고 86세에 고향으로 돌아
왔을 때인 天寶 2년(743)에 지은 것이라 함.

2. 范晞文의 《對床夜語》(3)에 "盧象〈還家〉詩云:「小弟更孩幼, 歸來不相識.」 賀知章云:「兒童相見不相識, 笑問客從何處來.」 語益換而益佳, 善脫胎者宜 參之"라 함.

3. 韻脚은 回·衰·來.

❀ 하지장(賀知章: 659~744)

1. 자는 季眞, 만년에는 호를 '四明狂人', '四明狂客'이라 불렸으며 會稽 越州 (지금의 浙江 蕭山) 사람. 젊을 때 시로 이름을 날려 李白, 張旭 등과 시를 주고받았음. 성품이 광달하고 희학에 뛰어났었음. 杜甫의 〈飮中八仙歌〉에 "知章騎馬似乘船, 眼花落井水底眠"이라 함. 武則天 證聖 초(695)에 진사에 올라 禮部侍郎을 거쳐 集賢殿學士를 역임함. 天寶 3년 道士가 되기를 청 하여 고향으로 돌아갔으며 이때 나이 86이었음.

《舊唐書》(190) 文苑傳, 《新唐書》(196) 隱逸傳 에 전이 있음. 그의 文集은 역대 書目에는 보이지 않고 《全唐詩》(112)에 詩 1卷과 869에 1詩가 실려 있음. 그 외에 《全唐詩外篇》 및 《全唐詩續拾》에 詩 2首와 短句 1句가 실려 있으며, 《唐詩紀事》(卷17)에 관련 기록이 실려 있음.

賀知章

2. 《唐詩紀事》(17)

神龍中, 知章與越州賀朝·萬齊融, 楊州張若虛·邢巨, 湖州包融, 俱以吳越文詞 俊秀, 名聞上京. 朝止山陰尉, 齊融崑山令, 若虛兗州兵曹, 巨監察御史, 融遇張 九齡, 引爲懷州司戶·集賢直學士, 知章崔貴. 神龍中, 又有尉氏李澄之, 善五言詩, 終宋州參軍.

3. 《全唐詩》(112)

賀知章, 字季眞, 會稽永興人. 少以文詞知名, 擢進士, 累遷太常博士. 開元中, 張說爲麗正殿修書使, 奏請知章入書院. 同撰六典及文纂, 後轉太常少卿. 遷禮 部侍郎, 加集賢院學士. 改授工部侍郎. 俄遷祕書監. 知章性放曠. 晚尤縱誕, 自號『四明狂客』. 卒後屬詞, 動成卷軸. 又善草隷, 人共傳寶. 天寶初, 請爲道士 還鄉里, 詔賜鏡湖剡川一曲. 御製詩以贈行, 皇太子已下咸就執別, 年八十六卒. 肅宗贈禮部尙書, 詩一卷.

4.《唐才子傳》(3) 賀知章

知章, 字季眞, 會稽人. 少以文詞知名, 性曠夷, 善談論笑謔. 證聖初, 擢進士·超拔羣類科. 陸象先在中書, 引爲太常博士. 象先與知章最親善, 常曰:「季眞淸談風韻, 吾一日不見, 則鄙吝生矣」當時賢達, 皆傾慕之. 爲太子賓客. 開元十三年, 遷禮部侍郎兼集賢院學士. 晚年尤加縱誕, 無復禮度, 自號「四明狂客」, 又稱「秘書外監」. 遨遊里巷. 又善草隸, 每醉輒屬辭, 筆不停綴, 咸有可觀, 每紙不過數十字, 好事者其傳寶之. 天寶三年, 因病夢遊帝居, 及寤, 表請爲道士, 求還鄕里, 即舍住宅爲千秋觀, 上許之, 詔賜鏡湖剡溪一曲, 以給漁樵. 帝賦詩及太子百官祖餞. 壽八十六. 集今傳.

240

〈桃花溪〉 ·························· 張旭

도화계

은은하게 나는 듯한 높은 다리 들 안개에 막혔고,
물가 바위 서쪽 언덕에서 어부에게 묻노라.
복사꽃 하루 종일 물 따라 흘러오니,
도화골 맑은 냇물 어디쯤에 있다던고?

隱隱飛橋隔野煙, 石磯西畔問漁船.
桃花盡日隨流水, 洞在清溪何處邊?

【桃花溪】 물 이름. 지금의 湖南 桃源 서남쪽. 桃花山에서 발원하여 沅江으로
흘러들어감. 陶淵明의 〈桃花源記〉의 근원이 된 곳이라 함. 《清一統志》에
"溪在湖南常德府桃源縣西南二十五里, 源出桃花山, 北流入沅江"이라 함.
【飛橋】 궁륭형의 다리.
【野煙】 들에 안개처럼 낀 내.
【石磯】 물 안쪽으로 뾰족하게 들어간 바위. 혹 물 가운데 높이 나온 바위.
【洞】 원래 도교에서 말하는 수도처. 세 곳이 막히고 한 곳만 트여 사람이
쉽게 드나들 수 없는 곳. 뒤에 마을을 뜻하는 말로도 쓰임. 여기서는 도연명
의 〈桃花源記〉에 근거하여 '桃花洞'혹은 '秦人洞'(진나라 때 피난한 사람들이
외부와 두절된 채 마을을 이루어 사는 洞天)이라 불렸음.

1. 湖南 桃源縣 서남쪽에 桃源山(桃花山)이 있으며, 다시 그 서남쪽에 桃源洞이 있음. 그 입구에 물이 흘러 桃花溪와 합류하여 沅江에 합류함. 이에 시내 이름이 '桃花溪'임을 두고 도연명의 〈도화원기〉에 부회하여 그곳 한가한 어부에게 어디에 그 이상향이 있는지 질문을 하는 형식을 띠고 있음.

2. 韻脚은 煙·船·邊.

3. 陶淵明의 〈桃花源記〉에 "晉太元中, 武陵人捕魚爲業, 緣溪行, 忘路之遠近, 忽逢桃花林. 夾岸數百步, 中無雜樹, 芳草鮮美, 落英繽紛, 漁人甚異之. 復前行, 欲窮其林. 林盡水源, 便得一山. 山有小口, 髣髴若有光; 便捨船從口入. 初極狹, 纔通人; 復行數十步, 豁然開朗. 土地平曠, 屋舍儼然, 有良田美池桑竹之屬; 阡陌交通, 鷄犬相聞. 其中往來種作, 男女衣著, 悉如外人; 黃髮垂髫, 並怡然自樂. 見漁人, 乃大驚; 問所從來, 具答之. 便要還家, 爲設酒殺鷄作食. 村中聞有此人, 咸來問訊. 自云先世避秦時亂, 率妻子邑人來此絶境, 不復出焉; 遂與外人間隔. 問今是何世, 乃不知有漢, 無論魏晉. 此人一一爲具言所聞, 皆歎惋. 餘人各復延至其家, 皆出酒食. 停數日, 辭去. 此中人語云:「不足爲外人道也.」既出, 得其船, 便扶向路, 處處誌之. 及郡下, 詣太守說如此. 太守卽遣人隨其往. 尋向所誌, 遂迷不復得路. 南陽劉子驥, 高尙士也. 聞之, 欣然規往. 未果, 尋病終, 後遂無問津者"라 함.

✿ 장욱(張旭)

1. 호는 伯高. 당대 유명한 서예가. 吳中四士의 하나이며 李白의 詩, 裴旻의 劍舞와 더불어 당시 '三絶'이라 불렸음. 蘇州 사람으로 詩와 草書에 뛰어나 '草聖'이라 칭하였으며 《草書古詩四帖》을 남김. 장욱의 시는 지금 6수가 남아 있으며 《舊唐書》 李白傳에 부록으로 전이 있음.

2. 《新唐書》 藝文志 張旭傳에 "旭, 蘇州人, 嗜酒, 每大醉, 呼叫狂走, 乃下筆. 或以頭濡墨而書, 旣醒, 自視, 以爲神, 世號張顚. 自言始見公主擔夫爭道. 又聞鼓吹而得筆法意. 觀倡公孫舞〈劍器〉得其神"이라 하여 기행을 일삼은 것으로도 유명함.

3. 《書斷》(3)에도 그의 전기가 실려 있으며, 《太平廣記》(63, 64)에는 "張旭草書得筆法, 後傳崔邈·顔眞卿. 旭言:「始吾聞公主與擔夫爭路, 而得筆法之得.

後見公孫氏舞劍器而得其神, 飲醉輒草書, 揮筆大叫, 以頭搵水墨中而書之, 天下呼爲張顚, 醒後自視, 以爲神異, 不可復得」後輩言筆札者, 歐虞褚薛, 或有異論. 至長史無間言.(《國史補》) 旭釋褐爲蘇州常熟慰. 上後旬日, 有老父過狀, 判去, 不數日復至, 乃怒而責曰:「敢以閒事, 屢擾公門」老父曰:「某實非論事, 但覩小公筆跡奇妙, 貴爲篋笥之珍耳.」長史異之, 因詰其何得愛書? 答曰:「先父受書, 兼有著述.」長史取視之, 信天下工書者也. 白是備得筆法之妙, 冠於一時.(《幽閒鼓吹》)"라 함.

241

〈九月九日憶山東兄弟〉 ·························· 王維

중양절 산동의 형제를 그리워함

홀로 타향에 나그네 되니,
매번 명절을 만날 때마다 가족 그리움 곱절이 되네.
아득히 알겠도다. 형제들 높은 곳에 올라,
두루 수유꽃 머리에 꽂았을 텐데 그중 나 한 사람만 없을 것임을.

獨在異鄉爲異客, 每逢佳節倍思親.
遙知兄弟登高處, 遍插茱萸少一人.

【九月九日】 음력이며 重陽節을 말함. 이날 고대 전설에 의해 높은 곳에
올라 국화주를 마시며 茱萸꽃을 꽂아 除厄을 기원함. 《續齊諧記》에 "汝南
桓景隨費長房學, 長房謂曰: '九月九日汝家當有災厄, 急宜去. 令家人各作綵
囊盛茱萸而繫臂, 登高, 飲菊花酒, 此禍可消.」景如言, 夕還, 見鷄犬牛羊一時
暴死"라 함.
【山東】 殽山 函谷關의 동쪽. 지금의 山東이 아님. 작자의 고향은 山西 太原
이었으며 그곳을 말함.
【遙知】 멀리 있을 상황을 상상하여 가상함. 직접 겪지는 않지만 그렇다고
인정되는 상황.
【登高】 중국 옛 풍속에 重陽節에 높은 곳에 올랐음.

【茱萸】일명 樾椒라고도 하며, 이를 꽂아 재액을 물리치고 장수를 빌었음. 《續齊諧記》에 "汝南桓景隨費長房學, 長房謂曰: '九月九日汝家當有災厄, 急宜去. 令家人各作綵囊盛茱萸而繫臂, 登高, 飲菊花酒, 此禍可消.」景如言, 夕還, 見鷄犬牛羊一時暴死"라 함.
【少一人】자신 한 사람만 그 행사에 참여하지 못함. 한 사람이 없음.

> 참고 및 관련 자료

1. 《全唐詩》에는 '時年十七'이라 하여 열일곱에 고향 山西 태원을 떠나 關西(關中)에서 지은 것으로 알려짐.
2. 重陽節을 읊은 대표적인 시로 "每逢佳節倍思親"은 널리 人口에 膾炙되고 있음.
3. 韻脚은 親·人.

242

〈芙蓉樓送辛漸〉 ···································· 王昌齡

부용루에서 신점을 보내며

찬비가 강 따라 밤에는 이 오_吳 땅까지 밀려왔었지.
새벽이 되어 벗을 보내고 나니 초산_{楚山}만 홀로 외롭구나.
그대 낙양으로 돌아가서 친구들 내 안부를 묻거든,
한 조각 얼음 같은 마음 옥호_{玉壺}에 있더라 말해 주게.

寒雨連江夜入吳, 平明送客楚山孤.
洛陽親友如相問, 一片冰心在玉壺.

【芙蓉樓】 潤州(지금의 江蘇 鎭江)성 서북에 있는 누대 이름. 삼국시대 吳나라
  초기 세웠으며, 晉나라 때 刺史 王恭이 개축하였음.《一統志》에 "芙蓉樓在
  鎭江府城上西北隅"라 함.
【辛漸】 인명. 왕창령의 친구. 구체적 사적은 알 수 없음.
【吳】 潤州는 춘추시대 및 삼국시대 吳나라에 속하여 吳地라 부른 것. 그러나
  《全唐詩》에는 '湖'로 되어 있음.
【平明】 하늘이 막 밝아오는 이른 새벽.
【楚山】 그곳은 옛 楚나라 땅이었으며, 신점이 자신과 헤어져 북쪽 낙양으로
  감에 푸른 초산만이 덩그렇게 남아 있음을 말함.
【冰心】 아무런 잡념이 없으며 맑고 투명한 정신.

【玉壺】玉으로 만든 병. 鮑照의 〈白頭吟〉에 "淸如玉壺冰"이라 하였고, 王維의
〈淸如玉壺冰〉詩에는 "玉壺何用好? 偏許素冰居"라 하였고, 姚崇의 〈冰壺誡〉
에는 "內懷冰淸, 外涵玉潤"이라 하는 등 그 어떤 雜念도 없이 맑음을 뜻함.
자신이 이곳 타지의 江寧丞으로써 맑게 벼슬살이를 하고 있음을 전해
달라는 의미임.

참고 및 관련 자료

1. 이는 開元 29년(741) 왕창령의 江寧(지금의 江蘇 南京)의 丞으로 있을 때
지은 것으로 모두 2수이며 그중 첫 수임.
2. 《河岳英靈集》에 왕창령을 두고 "萬年不肯細行, 謗議沸騰"이라 함.
3. 淸 沈德潛의 《唐詩別裁》에는 "言己不牽於宦情也"라 함.
4. 韻脚은 吳·孤·壺.

243

〈閨怨〉 ·· 王昌齡

규방의 원망

규방의 젊은 부인 근심이란 몰랐더니,
봄이라 화장을 하고 취루翠樓에 올랐다가,
홀연히 길가 버드나무 봄색깔 보고 나서,
남편에게 벼슬자리 찾아 떠나보낸 일 그제야 후회하네.

閨中少婦不知愁, 春日凝妝上翠樓.
忽見陌頭楊柳色, 悔敎夫婿覓封侯.

【凝妝】 정성들여 머리 빗고 나들이 화장을 함.
【翠樓】 아름다운 누각.
【陌頭】 길가.
【覓封侯】 밖에 나가서 제후로 봉을 받기 위한 훌륭한 업적을 쌓거나, 공부를
　더 할 것을 권하여 찾아 나섬. 뒷날의 영화와 부귀를 위해 신혼의 달콤함도
　희생하였음을 말함.

1. 왕창령의 대표적인 閨怨詩로 널리 애송되고 있음.
2. 淸 李鍈의 《詩法易簡錄》에 "寫閨中嬌憨之態如畫"라 함.
3. 韻脚은 愁·樓·侯.

〈朱雀燈〉西漢 山西 출토

〈春宮怨〉 ·· 王昌齡

봄날 궁녀의 한

어젯밤 바람이 우물가 복사꽃을 피우더니,
미앙궁未央宮 앞에는 달도 둥글게 떴구나.
평양平陽에 가무로 새로이 은총을 입고 나니,
주렴 밖 봄 밤 차가움에 임금께서 비단 도포를 입혀 주셨네.

昨夜風開露井桃, 未央前殿月輪高.
平陽歌舞新承寵, 簾外春寒賜錦袍.

【春宮怨】 혹 제목을 〈春宮曲〉 또는 〈殿前曲〉이라고 함.
【露井桃】 우물가의 복숭아나무. 露井은 지붕이 없는 우물. 《樂府》 相和歌
　鷄鳴에 "鷄鳴高樹巓, 狗吠深宮中. ……桃生露井上, 李樹生桃旁"이라 함.
【未央】 漢나라의 궁궐 이름. 원래 漢 武帝 陳皇后가 거처하던 곳임.
【平陽】 漢나라 때 平陽公主. 漢 武帝의 누이. 漢 景帝의 맏딸이며, 平陽侯
　曹壽에게 시집가서 平陽主(平陽長公主)라 부름.
【承寵】 平陽公主 집의 歌女 衛子夫는 원래 미천한 집안 출신이었으나, 노래와
　춤을 잘 하였으며 뒤에 武帝가 霸上에서 불제(祓祭)를 올리고 돌아오는 길에,
　그 집에 들렀다가 눈에 들어 사랑을 받고 궁중에 들어가 세 딸과 戾太子
　(劉據)를 낳고 皇后에 오름. 이가 衛皇后임. 衛靑의 누이이기도 하며, 劉據의

아들 史皇孫(劉進)이 낳은 劉詢이 昭帝의 뒤를 이어 제위에 올랐으며 이가
宣帝임. 《史記》外戚世家에 "衛皇后字子夫, 生微矣. ……爲平陽主謳者. 武帝
祓霸上還, 因過平陽主. 主見所視美人, 上不說. 旣飮, 謳者進, 上望見, 獨說
衛子夫. 是日, 武帝起更衣, 子夫侍尙衣軒中, 得幸. 上還坐, 歡甚, 賜平陽主
金千斤. 主因奏子夫奉送入宮"이라 하였고, 《漢書》外戚傳에 "孝武衛皇后,
字子夫, 爲平陽主謳者. 帝祓霸上, 還過平陽主, 旣飮, 謳者進, 帝獨說子夫, 帝起
更衣, 子夫侍尙衣軒中得幸, 主因奏子夫送入宮. 元朔元年, 立爲皇后"라 하였음.

참고 및 관련 자료

1. 혹 제목을 〈殿前曲〉이라고도 하며, 漢 武帝와 衛皇后(衛子夫)의 고사를
빗대어 당나라 궁궐 궁녀의 원망과 꿈을 노래한 것임.

2. 沈德潛의 《說詩晬語》에 "王龍標(王昌齡)絶句, 深情幽怨, 音旨微茫, ……只說
他人之承寵, 而己之失寵, 悠然可思, 此句響於弦指外也. 此國風之體也"라 함.

3. 《新唐書》文苑傳에는 왕창령의 시풍을 "緖密而思淸"이라 함.

4. 《唐詩選評》에는 "是失寵者欣羨得寵者之詞. 詩之妙, 在空靈, 神傳象外, 不落
言筌. 若欲解之, 勢不能不以意逆志"라 함.

5. 韻脚은 桃·高·袍.

245

〈涼州曲〉 ·· 王翰

양주의 노래

천하 일미 포도주를 야광배에 따라,
말을 탄 채 마실 참에 비파 소리 흥을 돋우네.
취하여 모래밭에 벌렁 누워도 그대 웃지 말게나,
원정에 나섰던 장정 예로부터 몇 사람이나 돌아왔던고!

葡萄美酒夜光杯, 欲飮琵琶馬上催.
醉臥沙場君莫笑, 古來征戰幾人回!

【涼州曲】〈涼州詞〉로 더욱 널리 알려져 있음. '涼州'는 '凉州'로도 표기하며
지금의 甘肅 武威의 옛 지명. 晉나라 이전에는 雍州라 불렀음. 고대 서역
개척의 전진기지로 중요한 요새였으며, 동시에 실크로드의 중요한 거점.
河西四郡(武威·張掖·酒泉·敦煌)의 하나. 唐나라 때는 지금의 甘肅·寧夏·青海
일대를 관할하였음. 이 노래는 개원 연간에 西涼都督 郭知運이 바쳐 악부에
올랐으며, 郭茂倩의 《樂府詩集》에 近代曲辭로 들어 있음. 지금도 서역
일대에 이 시는 널리 알려져 가는 곳마다 크게 새겨 놓았음.
【葡萄】西域 특산으로 지금도 新疆 투르판(吐魯番) 葡萄溝(葡萄谷)는 유명한
관광지이며, 포도와 포두주 생산이 성황을 이루고 있음. 포도는 漢나라 때

서역개척으로 처음 중국에 전입되었으며, 당시 '蒲桃, 蒲陶'등으로 표기하였음. 한편 포도주는 張華《博物志》(5)에 "西域有葡萄酒, 積年不敗, 彼俗云:「可至十年飮之, 醉彌日乃解.」"라 하였고, 위진시대까지만 해도 포도주가 중국에 알려지지 않았음을 알 수 있음.《史記》大宛列傳에는 "宛左右以蒲陶爲酒, 富人藏酒至萬石"이라 함.

【夜光杯】밤에 빛이 나는 술잔. '白玉杯'라고도 하며, 지금도 그곳에 암녹색 옥돌로 이 잔을 생산하는 공예산업이 발달되어 있음. 東方朔의《十洲記》에 "周穆王時, 西胡獻夜光常滿杯, 杯是白玉之精, 光明夜照, 冥夕出杯於庭以向天, 比明而水汁已滿於杯中也"라 하였음.

【琵琶】서역의 악기의 이름. 네 줄로 된 현악기. 모양이 枇杷처럼 생겼음. 한편 본 구절 '枇杷馬上'은 '馬上枇杷'의 도치구임.

【催】唐代의 口語. 술 마실 때의 음악으로 그 취흥을 돋움. 李白〈襄陽歌〉에 "車邊倒挂一壺酒, 鳳笙龍管行相催"라 함. 혹 '출정을 독촉하다'의 뜻으로 보았으나, 琵琶는 戰具用 악기가 아닌 것으로 邊塞의 한 때 한가함을 노래한 것으로 보아야 할 듯함.

【沙場】그곳은 사막지대로써 취하여 사막에 그대로 벌렁 누워버림을 뜻함. 施補華의《峴傭說詩》에 "作悲傷語讀便淺, 作諧謔語讀便妙"라 함.

【征戰幾人回】멀리 원정에 나선 장정들로써 살아서 돌아오는 자가 적음. 屈原의〈國殤〉에 "出不入兮往不返, 平原忽兮路超遠. 帶長劍兮挾秦弓, 首身離兮心不懲"이라 함.

참고 및 관련 자료

1. 이는〈涼州詞〉를 곡조에 붙인 것이며, 西域 풍물을 아주 사실적으로 읊으면서 동시에 遠征의 모습을 묘사한 것임. 지금도 신강위구르 지역에 이를 새겨놓은 시비가 곳곳에 있음.

2.《舊唐書》王翰傳에는 "少豪蕩不羈, 登進士第, 日以蒲酒爲事"라 함

3. 王世貞의《全唐詩說》에 "葡萄美酒一絶, 便是無瑕之璧, 盛唐地位, 不凡乃爾"라 함.

4. 韻脚은 杯·催·回.

❀ 왕한(王翰)

1. 자는 子羽이며 幷州 晉陽(지금의 山西 太原) 사람. 唐 睿宗 景雲 원년 (710) 진사에 올랐으며, 張說이 재상이 되자 그를 불러 秘書正字로 삼음. 뒤에 通事舍人으로 발탁되었으며, 駕部員外郎을 역임함. 張說이 재상에서 파직하자 汝州長史를 거쳐 仙州別駕로 옮겼다가 道州司馬로 폄직됨.《新唐書》(202) 文藝傳에 전이 있으며《舊唐書》(190)에는 '王澣'으로 표기되어 있음. 그의 文集과 詩에 대해서는《新唐書》(藝文志)에《王翰集》10권이 著錄되어 있으나 南宋 이후 보이지 않음.《全唐詩》에 詩集(156)과《唐詩紀事》(21)에 그에 관한 기록이 있으며,《全唐詩續拾》에 詩 1首가 補入되어 있음.

2.《唐詩紀事》(21)

翰, 字子羽, 晉陽人. 少豪健恃才. 張嘉貞·張說爲幷州長史, 厚禮之. 爲駕部員 外郎, 坐事貶道州司馬, 卒.

3.《全唐詩》(156)

王翰, 字子羽, 晉陽人. 登進士第, 擧直言極諫, 調昌樂尉. 復擧超拔羣類, 召爲 祕書正字, 擢通事舍人. 駕部員外. 出爲汝州長史, 改仙州別駕. 日與才士豪俠 飮樂遊畋, 坐貶道州司馬卒. 集十卷, 今存詩一卷.

4.《唐才子傳》(1) 王翰

翰, 字子羽, 幷州人. 景雲元年, 盧逸下進士及第. 又擧直言極諫, 又擧超拔羣 類科. 少豪蕩, 恃才不羈, 喜縱酒, 櫪多名馬, 家蓄妓樂. 翰發言立意, 自比王侯. 日聚英傑, 縱禽擊鼓爲歡. 張嘉貞爲本州長史, 厚遇之. 翰酒間自歌, 舞屬嘉貞, 神氣軒擧. 張說尤加禮異, 及輔政, 召爲正字, 擢駕部員外郎. 說罷, 翰出爲仙 州別駕. 以窮樂畋飮, 貶嶺表, 道卒. 翰工詩, 多壯麗之詞. 文士祖詠·杜華等, 嘗與遊從. 華母崔氏云:「吾聞孟母三遷, 吾今欲卜居, 使汝與王翰爲隣足矣.」 其才名如此. 燕公論其文,「如璃杯玉斝, 雖爛然可珍, 而多玷缺」云. 有集今傳.
◎ 太史公恨古希衣之俠, 湮沒無聞, 以其義出存亡生死之間, 而不伐其德, 千金 駟馬, 纔啻草芥. 信哉! 名不虛立也. 觀王翰之氣, 其若人之儔乎!

〈送孟浩然之廣陵〉 ································· 李白

맹호연을 광릉으로 보내며

그대는 서쪽 황학루에서 나에게 이별을 고하고,
이 춘삼월 좋은 시절에 양주로 내려간다지.
외로운 돛배 그림자 멀리 벽공으로 사라지고,
장강만이 하늘 끝으로 흘러 가물가물 보일 뿐.

故人西辭黃鶴樓, 煙花三月下揚州.
孤帆遠影碧空盡, 惟見長江天際流.

【孟浩然】唐代 시인(689~740). 본명은 알 수 없으며, 이름대신 자로써 널리
알려져 있음. 襄州 襄陽(지금의 湖北 襄陽) 출신으로 李白의 詩友이며 이백
보다 12살 연배였음.
【廣陵】揚州. 지금의 江蘇 揚州. 長江 하류에 있는 큰 도시. 隋나라 때는
江都로 불렸음.
【故人西辭黃鶴樓】故人은 孟浩然을 가리킴. 黃鶴樓는 지금의 湖北 武昌市
서쪽 蛇山에 있음. 蛇山은 일명 黃鶴山이라고도 하며, 서북쪽 강가에 돌출된
절벽 黃鶴磯 위에 누각이 있음. 160 참조. 湖北 武昌城에 있으며 맹호연이
旅程대로 長江을 따라 동쪽의 揚州로 배를 타고 떠남.

【煙花】봄날의 경치를 뜻함. 봄날 아지랑이가 피어오르는 아름다운 경색을 말함.

【下揚州】맹호연이 旅程대로 長江을 따라 동쪽의 揚州(廣陵)로 배를 타고 내려남.

【孤帆】외로운 돛단배. 맹호연이 타고 떠난 배를 가리킴. 片船.

【碧空】푸른 하늘.

【天際】하늘과 맞닿은 곳. 장강 물이 시야가 닿는 곳까지의 가물가물 먼 곳.

참고 및 관련 자료

1. 이는 李白이 開元 연간에 江夏 지역을 유람하면서, 여행 중 맹호연을 만났다가 다시 헤어지면서 지은 것임.

2. 蘅塘退士는 이 시를 "千古麗句"라 극찬함.

3. 韻脚은 樓·州·流.

247

〈下江陵〉 ⋯⋯⋯⋯⋯⋯⋯⋯⋯⋯⋯⋯⋯⋯⋯⋯⋯⋯⋯⋯⋯ 李白

강릉으로 내려오다

이른 아침 오색구름 속의 백제성을 출발하여,
천 리 먼 강릉을 하루 만에 돌아왔네.
양쪽 강언덕 원숭이 울음소리 그치지 않았는데,
가벼운 배는 벌써 만겹의 첩첩산을 통과했다니!

朝辭白帝彩雲間, 千里江陵一日還.
兩岸猿聲啼不住, 輕舟已過萬重山!

【下江陵】 '白帝城에서 江陵으로 장강을 타고 내려오다'의 뜻이며, 다른 기록
에는 흔히 〈早發白帝城〉 혹은 〈白帝下江陵〉으로 되어 있음.
【朝辭】 '朝發'로 된 기록도 있음.
【白帝】 白帝城. 지금 重慶市 奉節縣 東쪽 白帝山 長江三峽 입구에 있는 성.
長江 절벽 위에 있으며 夔州에 속하였음. 원래 이름은 魚腹이었으나 東漢
公孫述이 이곳에 이르렀을 때 백색 기운이 서린다 하여 城을 쌓고 成나라
를 세우고 근거지로 삼았으며, 그 산을 白帝山이라 하였음. 白帝는 서방의
帝王이라는 뜻.
【千里江陵一日還】 江陵은 지금의 湖北省 江陵縣이며, 白帝城으로부터 뱃길로

1천2백 리의 거리라 함. '還'은 '돌아오다, 도달하다'의 뜻. 장강 물살이 세어 배가 매우 빠르게 물길을 타고 내려왔음을 뜻함.

【猿聲】배가 三峽을 지날 때 三峽 양쪽 강기슭 절벽에 원숭이가 많아 계속 찍찍 우는 소리를 냄. 지금 역시 三峽, 小三峽에서는 이 광경이 그대로 연출되고 있음.《太平御覽》(35)에 盛弘之의《荊州記》를 인용하여 "三峽七百里中, 兩岸連山, 略無闕處. 重巖疊嶂, 隱天蔽日, 自非亭午夜分, 不見日月. 至於夏水襄陵, 沿泝阻絶, 或王命急宣, 有時朝發白帝, 暮至江陵, 其間一千二百餘里, 雖乘奔御風, 不爲疾也. ……每晴初霜旦, 林寒澗肅, 常有高猿長嘯, 屬引凄異, 空岫傳響, 哀轉久絶. 故漁者歌曰:「巴東三峽巫峽長, 猿鳴三聲淚沾裳.」"이라 함. 한편《世說新語》黜免篇에 "桓公入蜀, 至三峽中, 部伍中有得猨子者, 其母緣岸哀號, 行百餘里不去; 遂跳上船, 至便卽絶; 破視其腹中, 腸皆寸寸斷. 公聞之, 怒, 命黜其人"이라는 고사를 낳기도 함.

【住】동사로 '그치다'의 뜻.

【過】'뚫고 통과함'. '穿'과 같은 뜻임.

【輕舟】'扁舟'로 된 기록도 있음.

【萬重山】'萬疊山'과 같음. 三峽의 양쪽은 아주 높은 많은 산이 첩첩이 겹쳐 있음.

참고 및 관련 자료

1. 제목 〈下江陵〉은 〈早發白帝城〉 혹은 〈白帝下江陵〉으로 더 널리 알려져 있음.

2. 肅宗 乾元 2년(759) 이백이 永王(李璘)의 모반사건에 연루되어 59세에 멀리 夜郎(지금의 貴州 桐梓)으로 귀양을 가던 중, 武山에 이르렀을 때 赦免 소식을 듣고 급히 그곳 白帝城을 떠나 서울로 되돌아가기 위해 三峽을 빠져나오면서 신이 나서 지은 것임.

3. 施補華의《峴傭說詩》에 "太白七絶, 天才超逸, 而神韻隨之. 如'朝發白帝彩雲間, 千里江陵一日還'. 如此迅捷, 則'輕舟之過萬山'不待言矣. 中間却用'兩岸猿聲啼不住'一句墊之, 無此句則直而無味. 有此句, 走處仍留, 急語乃緩, 可悟用筆之妙"라 함.

4. 明 楊愼의 《升庵詩話》에 "盛宏之《荊州記》武俠長江之迅云:「朝發白帝, 暮到江陵, 其間千二百里, 雖乘奔御風, 不以疾也.」杜子美詩:『朝發白帝暮江陵, 頃來目擊信有徵.』李太白:『朝發白帝彩雲間, 千里江陵一日還; 兩岸猿聲啼不住, 扁舟已過萬重山.』雖同用盛宏之語, 而優劣自別"이라 함.

5. 韻脚은 間·還·山.

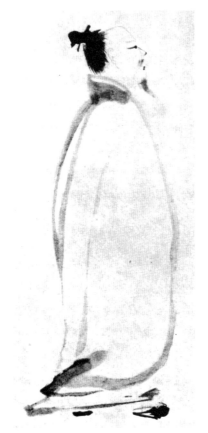

〈李白吟行圖〉(宋) 梁楷 도쿄 국립미술관 소장

248

〈逢入京使〉 .... 岑參

서울로 들어가는 사신을 만나

동쪽 고향을 바라보니 가물가물 아득한 길,
두 소매엔 펑펑 눈물이 마르지를 않소이다.
말 위에서 서로 만나 종이도 붓도 없으니,
그대에게 부탁하노니 편안히 잘 있다는 말 전해 주오.

故園東望路漫漫, 雙袖龍鍾淚不乾.
馬上相逢無紙筆, 憑君傳語報平安.

【故園】옛 살던 고향집. 혹은 자신의 별장. 《唐才子傳》에 의하면 그의 별장이
　長安 杜陵 산중에 있었다 함.(021 참조) 혹은 岑參의 집으로 河南 南陽에
　있었다 함. 서쪽 安西節度府로 부임하는 도중이었으므로 東望이라 한
　것임.
【龍鍾】'크다·우락부락하다·울퉁불퉁하다'등의 뜻을 나타내는 疊韻連綿語.
　여기서는 눈물이 펑펑 쏟아지는 모습을 표현한 것임. 方以智의 《通雅》에
　"涕淚流溢貌"라 함.
【乾】'마르다'의 뜻. '간'으로 읽음.
【憑君傳語】'憑'은 의탁함. '傳語'는 가는 편에 말 전해 주기를 부탁함.

1. 玄宗 天寶 8년(749) 安西四鎭節度使 高仙芝가 입조하여 岑參을 節度使府의 書記 업무를 관장하도록 右衛錄事參軍라는 직책을 삼아 줄 것을 청하여, 그가 安西로 부임하는 도중에 서울로 들어가는 사신을 만나 고향에 자신의 소식을 전해 줄 것을 부탁하며 지은 것임.
2. 韻脚은 漫·간(乾)·安.

249

〈江南逢李龜年〉 ·· 杜甫

강남에서 이구년을 만나

기왕岐王의 집에서 늘 보아왔던 그대,
최구崔九의 집 앞에서 몇 번이나 그대 노래를 들었던가?
바로 이 강남의 좋은 경치에서
꽃 떨어지는 시절에 다시 그대를 만났구려.

岐王宅裏尋常見, 崔九堂前幾度聞.
正是江南好風景, 落花時節又逢君.

【李龜年】 당나라 때 유명한 악공. 현종이 매우 총애하였으며, 그로 인해 그는
큰 저택을 짓고 살 정도였음. 안사의 난으로 강남을 떠돌게 되었으며, 좋은
풍경을 볼 때마다 애상에 젖어 王維의 〈紅豆生南國〉(209) 등을 불러 좌중이
눈물을 자아내었다 함.
【岐王】 李範(李隆範). 睿宗의 넷째 아들이며 玄宗(李隆基)의 아우. 岐王에
봉해졌음. 기는 지명으로 지금의 섬서 서쪽, 고대 주나라가 발판을 다졌던
곳. 그는 文士와 藝人을 좋아하여 늘 이들을 초청하여 연회를 벌였으며,
그때마다 李龜年이 악사로 초청되었고 두보도 자주 그 자리에 참석하였음.
【尋常】 日常, 平常, 늘. 雙聲連綿語.

【崔九】原注에 "崔九卽殿中監崔滌, 中書令湜之弟"라 하였음. '九'는 가족 내의 배항(排行)을 말함.

【落花時節】 늦은 봄. 곧 서로가 나이가 들었음을 함께 표현한 重義法이며, 동시에 둘 모두 江南으로 流落하며 헤매고 있음을 상징한 것임.

참고 및 관련 자료

1. 이는 代宗 大曆 5년(770) 두보가 세상을 떠나던 해 湖南 長沙(潭州)에서 지은 것으로 두보의 최후 작품임.

2. 《明皇雜錄》에 "開元中, 樂工李龜年善歌, 特承顧遇, 於東都大起第宅. 其後流落江南, 每遇良辰勝景, 爲人歌數闋, 座中聞之, 莫不掩泣罷酒. 杜甫嘗贈詩"라 하여 이 시를 증정한 것임.

3. 《唐詩三百首》를 편집한 蘅塘退士는 "世運之治亂, 年華之盛衰, 彼此之凄凉流落, 俱在其中. 少陵七切, 此爲壓卷"이라 평하였음.

4. 何焯의 《義門讀書記》에 "四句渾渾說去, 而世運之盛衰, 年華之遲暮, 兩人之流落, 俱在言表"라 함.

5. 蘅塘退士는 "世運之治亂, 年華之盛衰, 彼此之凄凉流落, 俱在其中. 少陵七絶, 此爲壓卷"이라 함.

6. 韻脚은 聞·君.

7. 《杜詩諺解》初刊本(16)
岐王ㅅ 집 안해 샹녜 보다니
崔九의 집 알픽 몃 디윌 드러뇨
正히 이 江南애 風景이 됴ㅎ니
곳 디는 時節에 쏘 너를 맛보과라

〈滁州西澗〉 .... 韋應物

저주 서쪽의 석간수

홀로 그윽한 풀이 석간수 곁에 자람을 안타깝게 여겼더니,
그 위에 꾀꼬리가 깊은 나무속에서 울어 주는구나.
봄 조수가 비를 띠고 저녁때 급히 몰려오는데,
먼 들녘엔 건너는 이 없어 배 한 척 비스듬히 떠 있구나.

獨憐幽草澗邊生, 上有黃鸝深樹鳴.
春潮帶雨晚來急, 野渡無人舟自橫.

【滁州】 지금의 安徽 滁縣. 당시 위응물이 滁州刺史를 지내고 있었음.
【西澗】 馬上河라고도 하며 저주성 서쪽에 있던 澗泉 샘물, 뒤에 토사로 메워져 없어졌다 함.
【獨憐】 홀로 안타까워함.
【生】 일부본에 '行'으로 되어 있음.
【黃鸝】 黃鶯·倉庚·黃鳥·꾀꼬리.
【野渡】 멀리 낮은 평지 강가에 건너는 사람이 적은 한적한 나루.

1. 이 시는 德宗 建中 2년(781) 자신이 滁州刺史였을 때 지은 것으로, 그의 최고 寫景詩로 평가받고 있음.

2. 위응물은 전원 풍물과 염담(恬淡)의 고아한 정서를 읊는 데 뛰어난 시인으로 알려져 있음.

3. 胡應麟의 《詩藪》에 "韋左司大是六朝餘韻, 宋人目爲流麗者得之"라 하였고, 宋 寇準은 이 시를 모방하여 〈春日登樓晚歸〉에서 "野水無人渡, 孤舟終日橫"이라 읊기도 하였음.

4. 王士禎(阮亭)의 《唐人萬首絶句選》凡例에 "元趙章泉·澗泉選唐絶句, 其評註多迂腐穿鑿, 如韋蘇州〈滁州西澗〉一首,「獨憐幽草澗邊生, 上有黃鸝深樹鳴」, 以爲君子在下, 小人在上之象, 以此論詩, 其復有風雅耶!"라 함.

5. 韻脚은 生·鳴·橫.

6. 《千家詩》原註(王相)

此亦託諷之詩. 草色澗邊遇君子, 生不遇時, 鸝鳴深樹, 譏小人讒佞而在位. 春水本急, 遇雨而語, 又當晚潮之意, 其急更甚, 喩時之將晚也. 野渡有舟, 而無人運濟, 喩君子隱居山林, 無人擧而用之也. ○唐, 韋應物, 京兆人, 歷左司郎中, 蘇州刺史, 一稱韋蘇州.

〈楓橋夜泊〉 ·· 張繼

풍교에 배를 대고 밤을 보내며

달 떨어지자 서리 가득한 하늘에 까마귀 울어
짖고,
　강가 단풍나무 사이로 고기 잡는 불빛만 수심에
찬 나그네 잠과 마주할 뿐.
　고소성 밖의 한산사에서,
　한밤중 종소리 이 객선까지 들리네.

月落烏啼霜滿天, 江楓漁火對愁眠.
姑蘇城外寒山寺, 夜半鐘聲在客船.

〈楓橋夜泊〉 글씨(啓功)

【楓橋】 지금의 江蘇 吳縣 蘇州 閶門 서쪽 7리에 있는 다리. 楓關, 封橋
라고도 함.
【月落】 초저녁 서쪽에 걸려 있던 달이 지고 없음. 그날 달이 없는 밤이 될
것임을 말한 것.
【江楓】 강가의 단풍나무. 吳나라 사람은 河流도 江이라 부른다 함.
【漁火】 밤 고기잡이배의 불빛. 일부본에는 '漁父'로 되어 있음.

【姑蘇】원래는 산 이름이나 뒤에 지명으로 바뀌었음. 지금의 蘇州 서남쪽에 있으며 吳縣城을 姑蘇城이라고도 불렀음.

【寒山寺】절 이름. 본래는 妙利普明塔院이었으며, 江蘇 蘇州 楓橋 앞에 있어 楓橋寺로도 불림. 南朝 梁나라 때 건립되었으며, 唐初 詩僧 寒山과 拾得이 이 절에 거하면서 寒山寺로 이름이 바뀜.

蘇州 寒山寺

【夜半鐘聲】《觀林詩話》에 歐陽修는 "三更不是他宗時"라 하였으나, 吳聿은 이를 반박하여 "《南史》: '邱仲孚喜讀書, 常以中宵鐘鳴爲限.' 乃知夜半鐘聲, 不獨見唐人詩句"라 함.

【客船】시인 장계가 타고 밤을 새우고 있는 배.

참고 및 관련 자료

1. 肅宗 至德 연간에 張繼가 蘇州를 유람할 때 지은 것으로 보고 있으며, 아주 널리 알려진 시. 일부 제목은 〈夜泊楓江〉혹은 〈夜泊松江〉으로 되어 있음.

2. 宋 葉少蘊의 《石林詩話》에 "姑蘇城外寒山寺, 夜半鐘聲到客船. 此唐張繼題姑蘇城西風寺詩也. 歐公病其夜半非打鐘時, 蓋公未嘗至吳中, 今吳中寺實半夜打鐘. 繼詩三十餘篇, 余家有之, 往往多佳句"라 함.

3. 韻脚은 天·眠·船.

4. 《千家詩》原註(王相)

寒山寺 앞의 楓橋

明月初落, 寒鳥夜啼, 秋霜滿空, 江風葉落, 漁火吹烟, 皆與舟中愁眠之人相對, 而難寐者也. 忽聞寒山鐘聲, 夜半而鳴, 不覺起視, 客船已至姑蘇城外之楓橋矣. ○唐, 張繼, 字懿孫, 天寶進士, 仕至戶部員外郎.

❁ 장계(張繼)

1. 당대 시인. 자는 懿孫. 당 襄州(지금의 湖北 襄陽) 혹 南陽(지금의 河南 南陽) 사람으로 玄宗 天寶 12년(753) 진사에 올라 洪州(지금의 江西 南昌) 鹽鐵判官, 檢校祠部員外郎 등을 지낸 것 외에는 사적이 자세히 알려져 있지 않음.《張祠部詩集》이 있으며,《新唐書》(藝文志, 4)에 그의 文集 1卷이 著錄되어 있음.《全唐詩》(卷242)에 그의 詩 1卷이 실려 있고,《全唐詩續拾》에 詩 3首, 斷句 2句가 補入되어 있으며〈楓橋夜泊〉詩로 널리 알려져 있음.

2.《唐詩紀事》(25)

○ 繼, 字懿孫, 襄州人. 登天寶進士第. 大曆末, 檢校祠部員外郎, 分掌財賦於洪州.〈送鄒紹充河南租庸判官〉云:『齊魯傷心地, 頻年此用兵. 女停襄邑杼, 農廢汶陽耕. 使者乘軺去, 諸侯擁節迎. 深仁佐君子, 薄賦卹黎甿. 火燎原猶熱, 波搖海未平. 應將否泰埋, 一問魯諸生.』

○〈感懷〉云:『調與時人背, 心將靜者論. 經年帝城裏, 不識五侯門.』

3.《全唐詩》(242)

張繼, 字懿孫, 襄州人. 登天寶進士第. 大曆末, 檢校祠部員外郎. 分掌財賦於洪州, 高仲武謂其累代詞伯. 秀發當時, 詩體清迥, 有道者風. 今編詩一卷.

4.〈楓橋夜泊〉(《唐詩紀事》25)

〈楓橋夜泊〉云:『月落烏啼霜滿天, 江楓漁火對愁眠. 姑蘇城外寒山寺, 夜半鐘聲到客船.』(此地有夜半鐘, 謂之無常鐘, 繼志其異耳. 歐陽以爲語病, 非也.)

5.《唐才子傳》(3) 張繼

繼, 字懿孫, 襄州人. 天寶十二年, 禮部侍郎楊浚下及第. 與皇甫冉有齠年之故, 契逾崑玉. 早振詞名. 初來長安, 頗矜氣節, 有〈感懷〉詩云:「調與時人背, 心將靜者論. 終年帝城裏, 不識五侯門.」嘗佐鎮戎軍幕府, 又爲鹽鐵判官. 大曆間, 入內侍. 仕終檢校祠部郎中. 繼博覽有識, 好談論, 知治體, 亦嘗領郡, 輒有政聲. 詩情爽激, 多金玉音, 蓋其累代詞伯, 積襲弓裘. 其於爲文, 不雕不飾. 丰姿清迥, 有道者風. 集一卷, 今傳.

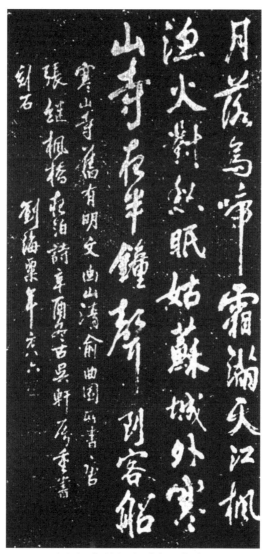

寒山寺〈楓橋夜泊〉비각 글씨 탁본

〈寒食〉 ·································· 韓翃

한식

봄날 서울거리 꽃이 날리지 않는 곳이 없고,
한식 봄바람은 궁중 버들을 비스듬히 눕히네.
해지자 한나라 궁궐 촛불 나누어 주는 행사,
가벼운 그 연기 오후 귀족 집으로 흩어져 들어가네.

春城無處不飛花, 寒食東風御柳斜.
日暮漢宮傳蠟燭, 輕烟散入五侯家.

【寒食】《荊楚歲時記》에 "去冬節一百五日, 卽有疾風甚雨, 謂之寒食. ……晉介
之推三月五日爲火所焚, 國人哀之, 每歲春暮不擧火, 謂之禁煙"이라 하였
으며, 《鄴中記》에 의하면 3일간 불을 피우지 못하도록 하였다 함. 즉 冬至
다음 105일째 날로 대개 청명 전 1, 2일. 춘추시대 晉나라 介子推가 文公
(重耳)을 따라 19년간 망명생활 중에 먹을 것이 떨어지자 자신의 허벅지
살을 베어 살려내었으나, 문공이 등극한 뒤 벼슬이 주어지지 아니하자
介山(緜山, 지금의 山西 介休縣 동남쪽)으로 숨어 어머니를 봉양하고 살고
있었음. 문공이 이를 알아차리고 그를 찾기 위해 수차례 사람을 보냈으나
나오지 않자, 산에 불을 놓아 나오도록 하고자 하였음. 이에 개자추가
타서 죽자 그를 기념하여 그날은 불을 피우지 아니하도록 한 데서 유래

되었다 함.(蔡邕《琴操》卷下) 한편 《十八史略》(1)에 "後世至文公, 霸諸侯. 文公名重耳, 獻公之次子也. 獻公嬖於驪姬, 殺太子申生, 而伐重耳於蒲. 重耳出奔, 十九年而後反國. 嘗餒於曹, 介子推割股以食之. 及歸賞從亡者, 孤偃·趙衰·顚頡·魏犨, 而不及子推. 子推之從者, 懸書宮門曰:「有龍矯矯, 頃失其所. 五蛇從之, 周流天下. 龍饑乏食, 一蛇刲股. 龍返於淵, 安其壤土. 四蛇入穴, 皆有處處. 一蛇無穴, 號于中野.」公曰:「噫! 寡人之過也.」使人求之, 不得. 隱綿上山中, 焚其山, 子推死焉. 後人爲之寒食. 文公環綿上田封之, 號曰介山" 이라 함. 그러나 이미 周나라 때부터 봄에 화재를 예방하기 위하여 이러한 날을 정하여 불을 금하기 시작한 것으로 봄.《周禮》秋官 司烜氏에 의하면, 仲春 때 목탁을 두드리며 나라 안에 불을 금하도록 한 기록이 있음. 그 외 《太平御覽》(30)과 王三聘《古今事物考》(1),《荊楚歲時記》등을 참조할 것.

【御柳】御苑의 버드나무. 고대 한식날 버드나무를 꺾어 문에 꽂아놓았다가 청명날 황제가 불을 다시 살리도록 선포하면서 느릅나무와 버드나무로 일으킨 新火를 신하들에게 나누어 주었음.

【漢宮】여기서는 唐宮을 말함. 고대 문장에서 당대의 일을 피하기 위하여 흔히 한나라 때 일로 빗대어 표현하였음.

【傳蠟燭】蠟燭은 초를 가리킴. 초에 불을 붙여 이를 불씨로 삼도록 신하들에게 나누어 주었음.

【五侯家】고관대작을 말함. 漢나라 成帝가 자신의 외갓집 왕씨 다섯, 王譚·王商·王音·王根·王鳳을 모두 후로 봉하여 당시 이들을 五侯라 불렀음. 그러나 〈三民本〉에는 《後漢書》宦者傳을 인용하여 漢 桓帝 때 환관 선초 (單超)를 新豐侯로, 徐璜을 武原侯, 具瑗(具瓊)을 武陽侯, 左悺을 上蔡侯, 唐衡을 汝陽侯로 봉하면서 梁冀와 그 친당을 물리쳐 준 공을 치하하였으며, 이들이 같은 날 봉을 받아 '五侯'라 하였다 하였으며 여기서는 唐 肅宗·代宗이 당시 환관의 권세에 눌리기 시작하였고 德宗 때 더욱 심해진 것을 풍자한 것이라 하였음.

참고 및 관련 자료

1. 한굉의 대표작으로 원 제목은 〈寒食卽事〉. 德宗이 이 시를 매우 아낀 고사가 孟棨의 《本事詩》와 《唐才子傳》등에 실려 있음. 132를 볼 것.

2. 淸 王應奎의 《柳南隨筆》에 "韓翃〈寒食〉詩:『輕煙散入五侯家』, 唐之亡國, 由于宦官握兵, 實代宗授之以柄, 此詩在德宗建中初, 只五侯二字見意,, 唐詩通於春秋者也"라 함.

3. 韻脚은 花·斜·家.

4. 《千家詩》原註(王相)

此咏宮中寒食也. 淸明前三日, 謂之寒食, 則禁烟節也. 五侯, 漢成帝時, 封舅王譚, 王商, 王音, 王根, 王鳳, 皆爲侯, 時人謂之五侯. 漢制禁烟節, 宮中鑽新火然燭, 散於貴戚之家, 此詩用漢事係本朝從古, 禁烟傳燭於貴戚之臣也. ○唐, 韓翃, 字君平, 南陽人, 天寶進士, 駕部郞, 知制誥. 時有與翃同名者亦爲郞中, 命下吏部, 以兩韓翃名上. 德宗御批「春城無處不飛花」, 四句曰與此韓翃.

253

〈月夜〉 ·· 劉方平

달밤

깊은 밤 달빛은 집집마다 반쯤 비치고,
북두성은 가로지르고 남두성은 비껴 있네.
오늘 밤 봄 날씨 따뜻한 줄 문득 느꼈는데,
웬걸 벌레소리 처음으로 푸른 창사를 뚫고 드네.

更深月色半人家, 北斗闌干南斗斜.

今夜偏知春氣暖, 蟲聲新透綠窓紗.

【更深】밤이 깊음. 고대 밤 시간으로 五更으로 나누었음.
【闌干】가로로 걸쳐 있음을 뜻하는 疊韻連綿語. 뒤 구절 '斜'와 상대하여
 쓴 말.
【偏知】'偏'은 문득, '便'과 같음. 그러나 '徧', '遍'자와 같은 것으로 보아 전체
 뜻을 '자신은 물론 모든 생물이 다 이 봄 기운이 따뜻함을 알았고, 그리하여
 벌레가 일제히 울어 그 소리가 창문을 뚫고 들어옴을 알게 되었다'의 뜻
 으로 보기도 함.
【透】뚫고 들어옴.
【綠窓紗】창문의 창호지를 옛날에는 얇은 비단으로 하였으며 여기에서는
 그 비단이 녹색이었음을 알 수 있음.

1. 달밤의 풍경을 아름답게 읊은 것임.

2. 韻脚은 家·斜·紗.

🌸 유방평(劉方平)

1. 河南 사람으로 詞賦에 능하여 20세에 이미 이름이 알려져 元魯山과 사귀었으며, 뒤에 潁陽 大谷에 은거하면서 벼슬에 뜻을 두지 않았음. 皇甫冉·李頎 등과 시를 주고받은 내용이 전하고 있음. 《新唐書》(藝文志)에 《劉方平詩》 1권이 著錄되어 있으며 《全唐詩》(251)에 詩 206首가 실려 있고, 《全唐詩續拾》에 詩 1首가 補入되어 있음. 《唐詩紀事》(28)에 관련 기록이 실려 있음.

2. 《唐詩紀事》(28)

○ 方平與元魯山善, 不仕, 蓋邢襄公政會之後也. 蕭穎士云: 「山東茂異, 有河南劉方平.」

○ 方平〈泛舟思鄕〉云:『西北浮雲外, 伊川何處流?』蓋洛中人也. 皇甫冉〈之京留別方平詩〉云:『遲遲越二陵, 迴首旦蒼茫. 喬木淸宿雨, 故關愁夕陽.』冉嘗爲河南從事, 自是遷左拾遺, 留別於何南也.

3. 《全唐詩》(251)

劉方平, 河南人, 邢襄公政會之後. 與元德秀善, 不仕. 詩一卷.

4. 《唐才子傳》(3) 劉方平

方平, 河南人, 白晳美容儀. 二十工詞賦, 與元魯山交善. 隱居潁陽大谷, 尙高不仕. 皇甫冉·李頎等相與贈答, 有云:「籬邊潁陽道, 竹外少姨峰」神意淡泊. 善畫山水, 墨妙無前. 汧國公李勉延致齋中, 甚敬愛之. 欲薦於朝, 不忍屈, 辭還舊隱. 工詩, 多悠遠之思. 陶寫性靈, 黙會風雅, 故能脫略世故, 超然物外. 區區斗筲, 何足以繫劉先生哉! 有集今傳.

254

〈春怨〉 ‧‧ 劉方平

원망스러운 봄

비단 창에 해는 지고 황혼이 다가오는데,
규방에는 찾아오는 사람 없어 눈물 흔적만 보이네.
적막한 빈 뜰에 봄은 저물어 가려는데,
배꽃은 떨어져 땅에 가득해도 문을 열지 않고 있네.

紗窗日落漸黃昏, 金屋無人見淚痕.
寂寞空庭春欲晚, 梨花滿地不開門.

【紗窗】 비단으로 창호를 바른 부녀자의 방 창문.
【金屋】 婦女들이 거처하는 화려한 집. 《漢武故事》에 "漢陳嬰曾孫女名阿嬌,
其母爲武帝姑館陶長公主, 帝爲膠東王, 數歲, 長公主抱置膝上, 問曰: '兒欲
得婦否?'曰: '欲得.'指其女阿嬌曰: '好否?'笑對曰: '好, 若得阿嬌作婦, 當作金
屋貯之.'"라 함. 여기서는 궁궐을 의미하며 좋은 고대광실이지만 사랑을 잃고
쓸쓸하게 변한 집을 뜻함.

1. 봄날 사랑을 잃고 쓸쓸히 지내는 궁궐 여인을 대신하여 쓴 것.

2. 明 唐汝詢의 《唐詩解》에 "一日之愁, 黃昏爲切; 一歲之怨, 春暮居多. 此時此景, 宮人之最感慨者也, 不忍見梨花之落, 所以掩門耳"라 함.

3. 韻脚은 昏·痕·門.

255

〈征人怨〉 ·························· 柳中庸

원정 군인의 원망

해마다 금하라, 다시 옥문관이라,
날마다 채찍 다듬고 칼자루 만지네.
삼월인데 흰눈은 왕소군 무덤으로 모여들고,
만리 황하는 흑산을 감아 도네.

歲歲金河復玉關, 朝朝馬策與刀環.
三春白雪歸靑塚, 萬里黃河繞黑山.

【金河】黑河, 이크투르건(伊克吐爾根)河. 지금의 내몽고에 있는 물 이름. 물
바닥 모래색깔이 금과 같아서 그렇게 부른다 함. 내몽고 歸綏縣 東北의
官山에서 발원하여 남으로 흐름.
【玉關】玉門關을 가리킴. 지금의 甘肅省 敦煌縣 西쪽에 있음. 만리장성의
서쪽 서역과의 경계선, 변방 요충지.
【馬策】말 채찍. 이를 수리하고 휘두르며 군사훈련을 함. 변방 戍자리의
일상을 뜻함.
【刀環】원래는 칼의 둥근 자루 부분. 이를 다듬고 갈아 전투에 대비함.
그러나 이는 雙關語로써 '環은''還과 같아 고향에 돌아가고 싶은 마음을
표현한 것임.《漢書》李陵傳에 "立政等未得私語, 卽目視陵, 而數數自循其刀環,

言可環歸漢也"라 함.

【靑塚】 王昭君의 묘. 지금의 내몽고자치구 후허호트(呼和浩特, 靑城)시 남쪽에
있음. 그가 풀이 푸른 남쪽 한나라를 그리워하다가 죽어 그곳 흉노 땅에
풀이 제대로 자라지 않아도 王昭君 묘의 풀만은 푸르렀다 하여 '靑塚(靑冢)'
이라 부른다 함.

【歸】 삼월 따뜻한 날씨이나 북쪽 변방은 추워 눈이 내리며 이 눈이 청총으로
모여듦.

【黑山】 지금의 내몽고에 있는 殺虎口 동북 90里의 殺虎山. 변방 요새 산을
의미함.

참고 및 관련 자료

1. 변방 戍자리에 나간 군인의 고달프고 힘든 생활을 노래한 것임.

2. 金·白·靑·黃·黑 등의 색깔을 나타내는 어휘를 동원하여 자연환경의
다양함과 거칢을 함께 표현하고 있음.

3. 韻脚은 關·環·山.

❀ 유중용(柳中庸)

1. 본명은 柳淡. 자는 中庸. 河東(지금의 山西 永濟縣) 사람. 柳宗元의 조카
이며, 御使 柳幷의 아우, 그 아우 柳中行 역시 문장으로 이름이 났음. 詩에
뛰어나 蕭穎士가 자신의 딸을 주어 사위로 삼았음. 洪府戶曹를 지냈으며
일찍 죽음. 시 13편이 전하며《唐詩紀事》(31) 및《新唐書》柳幷傳 참조.

2.《唐才子傳》(4) 李端의 부록

李端與處士京兆柳中庸·大理評事江東張芬友善唱酬.

256

〈宮詞〉 .... 顧況

궁사

신선의 옥루는 하늘에 솟았는데 음악 소리 일어나고,
바람은 궁녀들의 환한 웃음소리를 섞어 보내오네.
달 아래 구름 걷히니 물시계 소리에 밤은 깊어 가는데,
수정 발 걷어올리니 가을 은하수가 가까이 다가오네.

玉樓天半起笙歌, 風送宮嬪笑語和.
月殿影開聞夜漏, 水晶簾捲近秋河.

【玉樓】 옥과 같이 화려한 누대. 원래 신선들의 누대를 말함. 《十洲記》에
 "昆侖山上有玉樓十二座"라 함.
【天半】 누대의 높이가 하늘 반까지 치켜 올라가 있음. 천자의 아주 높은 누
 대를 말함.
【笙歌】 음악 소리.
【宮嬪】 궁중의 妃賓들. 궁녀들.
【月殿】 月宮. 달 속에 있는 廣寒宮. 달을 가리킴. 梁 簡文帝의 〈玄圃苑講頌〉에
 "風生月殿, 日照槐煙"이라 함.
【夜漏】 밤중에 물시계 물방울 떨어지는 소리. 시간 가는 소리. 밤이 깊어감을
 말함.

【水晶簾】水精簾과 같음. 수정을 엮어 만든 발.
【秋河】가을이면 더욱 뚜렷하게 보이는 은하수.

참고 및 관련 자료

1. 이 시는 모두 5수이며 이는 그중 두 번째 시임.

2. 淸 章燮의 《唐詩三百首新注》에 "此詩不言怨情, 而怨情顯露言外. 若無心人, 安得於夜深時猶在此間, 一一聞之悉而見之明耶!"라 함.

3. 淸 徐匠珂의 《唐詩箋要後集》에는 "宮詞多作怨望, 此獨不然, 是逋翁特地 出脫處"라 함.

4. 淸 喬億의 《大曆詩略》에 "此亦追憶華淸舊事"라 함.

5. 兪陛雲의 《詩境淺說續集》에 "首二句言笑語笙歌, 傳從空際, 當是詠驪山 宮殿, 故遠處皆聞之; 後二句但言風傳玉漏, 簾卷銀河, 而〈霓裳〉歌舞自在淸 虛想像之中"이라 함.

6. 韻脚은 歌·和·河.

❀ 고황(顧況: 727~916? 혹은 ?~806?)

1. 자는 逋翁, 蘇州 사람. 肅宗 至德 2년(757) 진사에 올라 처음 江南判官에 오름. 德宗 때 柳渾輔政이 되어 秘書郎으로 추천됨. 李泌과 친하였으며, 그가 재상이 되자 그를 著作郎으로 추천하기도 하였음. 諧謔에 뛰어났고 詩歌와 山水畫에도 재능을 보였음. 뒤에 茅山에 의거하였으며 《華陽集》이 전함. 그의 詩는 《全唐詩》에 4권(264~267)이 실려 있고, 《全唐詩外編》 및 《全唐詩 續拾》에 詩 4首와 斷句 2句가 실렸음. 《舊唐書》(130)에 顧況傳이 있음.

2. 《唐詩紀事》(28)
況, 字逋翁, 姑蘇人. 至德進士. 性詼謔, 與柳渾·李泌爲方外友. 德宗時, 渾輔政, 以祕書郎召. 及泌相, 自謂當得達官, 久之, 遷著作郎. 況坐詩語調謔, 貶饒 州司戶. 居於茅山, 以壽終. 皇甫湜爲況文集序云:「偏於逸歌長句, 駿發踔厲, 往往若穿天心, 出月脇, 意外驚人語, 非尋常所能及, 最爲快也」其爲人類其詞 章云.

3.《全唐詩》(264)

顧況, 字逋翁, 海鹽人. 肅宗至德進士, 長於歌詩, 性好詼諧. 嘗爲韓滉節度判官, 與柳渾, 李泌善. 渾輔政, 以校書徵, 泌爲相. 稍遷著作郎, 悒悒不樂. 求歸, 坐詩語調謔, 貶饒州司戶參軍. 後隱茅山, 以壽終. 集二十卷. 今編詩四卷.

4.《唐才子傳》(3) 顧況

況, 字逋翁, 蘇州人. 至德二年, 天子幸蜀, 江東侍郎李希言下進士. 善爲歌詩, 性詼諧, 不修撿操. 工畫山水. 初爲韓晉江南判官. 德宗時, 柳渾輔政, 薦爲秘書郎. 況素善於李泌, 遂師事之, 得其服氣之法, 能終日不食. 及泌相, 自謂當得達官, 久之, 遷著作郎. 及泌卒, 作〈海鷗詠〉嘲誚權貴, 大爲所嫉, 被憲劾貶饒州司戶. 作詩曰:「萬里飛來爲客鳥, 曾蒙丹鳳借枝柯. 一朝鳳去梧桐死, 滿目鴟鳶奈爾何!」遂全家去, 隱茅山, 鍊金拜斗, 身輕如羽. 況暮年一子卽亡, 追悼哀切, 吟曰:「老人喪愛子, 日暮泣成血. 老人年七十, 不作多時別.」其年又生一子, 名非熊, 三歲始言:「在冥漠中, 聞父吟苦, 不忍, 乃來復生.」非熊後及第, 自長安歸慶, 已不知況所在. 或云, 得長生訣仙去矣. 今有集二十卷傳世, 皇甫湜爲之序.

驪山《三才圖會》

〈夜上受降城聞笛〉 ·· 李益

밤에 수항성에 올라 피리 소리를 들으며

회락봉 앞의 모래는 눈같이 희고,
수항성 밖의 달빛은 서리 같구나.
갈대피리 소리 어디에서 나는지 알 수 없으나,
원정 온 군사들 온 밤을 모두 고향 생각에 젖었네.

回樂峰前沙似雪, 受降城外月如霜.
不知何處吹蘆管, 一夜征人盡望鄕.

【回樂峰】당나라 關內道 靈州 迴樂縣. 지금의 甘肅省 靈武縣 서남쪽에
있으며 회락현 일대의 산봉우리 烽燧臺를 가리킴. 그 때문에 일부 판본에는
'回樂烽'으로 표기되어 있음.

【受降城】靈州城이라고도 하며 唐 貞觀 연간에 太宗(李世民)이 이곳에서
突厥로부터 항복을 받아 '수항성'이라 하였으며, 衆中 때 張仁愿이 東·西·中
세 곳에 성을 쌓았음. 《元和郡縣志》에 의하면 東城은 楡林(지금의 내몽고
托克托 남쪽) 동북에, 中城은 五原(내몽고 包頭 서북)에, 그리고 西城은 豊州
(내몽고 杭錦後旗 烏加河 북쪽)에 있다 하였음.

【蘆管】胡人들이 갈대 잎을 말아 부는 피리.

萬里長城 八達嶺(明) 弘治 18년(1505) 완성

참고 및 관련 자료

1. 李益이 唐 德宗 貞元 초에 靈州大都督 杜希全의 막사에 들렀을 때 이 시를 지은 것이며, 뒤에 악부에 올라 노래로 불림.

2. 《全唐詩話》에 "李益〈受降城聞笛〉詩, 敎坊樂人爲取聲樂度曲"이라 함.

3. 胡應麟의 《詩藪》에 "七言絶, 開元之下, 便當以李益爲第一, 如〈夜上西城從軍〉·〈北征〉·〈受降〉·〈春夜聞笛〉諸篇, 皆可與太白·龍標競爽, 非中唐所得有也"라 함.

4. 韻脚은 霜·鄕.

〈烏衣巷〉 ……………………………………………… 劉禹錫

오의항

주작교 옆은 들풀과 들꽃이요,
오의향 골목에는 석양이 비껴 있네.
그 옛날 왕씨와 사씨들 영화롭던 집 앞 제비는,
이제는 아무 일 모른다는 듯 보통 백성들 집으로 날아드네.

朱雀橋邊野草花, 烏衣巷口夕陽斜.
舊時王謝堂前燕, 飛入尋常百姓家.

【烏衣鄕】 지금의 南京 동남. 三國 吳나라 때 이곳에 烏衣營이라는 兵營을
두었으며, 병사들의 옷이 모두 검은색(烏衣)이어서 이름이 붙여졌음. 그 뒤
東晉 때 이곳을 도읍 建康으로 삼으면서 그 지역이 발전하여 당시 최고
귀족문벌이었던 王導와 謝安 등이 이곳에 몰려 살아 명문집안의 화려한
주택지가 되었음. 《興地紀勝》에 "江南 東路 建康府 烏衣巷은 秦 淮南에
있는데 朱雀橋와 멀리 떨어지지 않았다"고 하였고, "晉이 南渡하니 王·謝
여러 名族들이 烏衣巷에 살았다"라 함.
【朱雀橋】 東晉 및 南北朝시대 建康 남쪽 朱雀門 밖의 부교. 秦淮河를 가로
질러 놓여 있었으며 오의향과 성 안으로 통하는 통로였음. 지금의 남경
秦淮橋 동쪽임. 《六朝事跡編類》에 "晉 咸康 2년 朱雀門을 짓고 朱雀浮航을

세웠다. 縣城 동남 4리에 있으며, 주작문과 마주하였고 남으로 淮水를 건넌다. 이름을 朱雀橋라 한다"라 하였고,《江南通志》에는 "朱雀桁在江寧縣. 晉置. 卽吳之南津橋, 橋在朱雀門南"이라 함.

【王謝】 王導와 謝安의 두 귀족 가문. 왕씨 집안과 사씨 집안. 六朝시대 최고의 귀족 가문. 이들의 일화는《晉書》및《世說新語》등에 널리 실려 있음.

【堂】 고대한 건물.《江南通志》(30)에 "烏衣園, 在江寧縣城南烏衣巷之東, 王謝 故居也. 舊有堂, 額曰來燕"이라 하여 '來燕'이라는 편액을 걸었음.

【尋常】 '보통의, 항상, 평상시대로, 아무 일 없다는 듯이, 무심히'등의 뜻.

참고 및 관련 자료

1. 이 시는 〈金陵五題〉(〈石頭城〉·〈烏衣巷〉·〈臺城〉·〈生公講堂〉·〈江令宅〉) 중의 두 번째 시이며, 그 序文에 "余少爲江南客, 而未游秣陵, 嘗由遺恨. 後爲 歷陽守, 跂而望之, 適有客以〈金陵五題〉相示, 逌爾生思, 欻然有得. 他日, 友人 白樂天掉頭苦吟, 歎賞良久, 且曰: 「石頭詩云:『潮打空城寂寞回』, 吾知後之 詩人, 不復措詞矣, 餘四詠, 雖不及此, 亦不孤」 樂天之言爾"라 함.

2. 이는 穆宗 長慶 4년(824)부터 敬宗 寶曆 2년(826)년 유우석이 和州刺史를 역임할 때 지은 것임. 아주 널리 알려진 시로써 유우석의 대표작이며, 남북조 호화 가문의 영화와 지금 느끼는 무상함을 적절히 표현하고 있음.

3. 施補華의《峴傭說詩》에 "若作燕子他去便呆, 蓋燕子仍入此堂, 王謝零落, 已化作尋常百姓矣. 如此則感慨無窮, 用筆極曲"이라 함.

4.《唐詩解》에 "不言王謝堂爲百姓家, 而借言於燕, 正詩人托興玄妙處"라 함.

5. 韻脚은 花·斜·家.

6.《千家詩》原註(王相)

朱雀橋, 在金陵城外. 烏衣巷, 在橋邊. 烏衣, 燕子也. 王謝之家, 庭多燕子, 故名 烏衣. 王導·謝安, 晉相, 世之大族, 賢才衆多, 皆居巷中, 冠簪纓爲六朝巨室. 至唐時則家衰落零替, 而不知其處. 橋邊惟長野草, 巷口但見夕陽, 而古道已 難尋矣. 想當年盛時王謝之家, 大第高門, 如雲相接, 雕梁畫棟, 燕子成巢. 今之 燕子, 依然而王謝之家已杳. 但飛入尋常百姓之家而已. 蓋傷古蹟而云然也.

259

〈春詞〉 ·· 劉禹錫

춘사

얼굴 맞추어 새롭게 화장을 하고 누각에서 내려오니,
봄빛을 깊게 잠가 놓은 하나의 원院 중엔 수심만 가득.
정원의 몇 송이 꽃 가운데 이르렀더니,
잠자리 한 마리 날아와 옥비녀에 앉는구나.

新妝宜面下朱樓, 深鎖春光一院愁.
行到中庭數花朶, 蜻蜓飛上玉搔頭.

【新粧宜面】곱게 화장하여 얼굴에 잘 어울리도록 한 것. 화장이 잘되었음을
말함.
【深鎖春光一院愁】궁문은 깊게 잠겨 있고 뜰에는 봄빛에 가득할 뿐 적적한
시름만이 사랑을 받지 못한 하나의 院 안에 가득함을 표현한 것. 院은
궁녀의 개별 거처.
【蜻蜓】잠자리. 곤충 이름의 疊韻連綿語. 蜻蛉과 같음.
【玉搔頭】玉비녀. 옥으로 만든 머리 긁개. 장식으로 머리에 꽂기도 함.《西京
雜記》⑵에 "武帝過李夫人, 就取玉簪搔頭. 自此後, 宮人搔頭皆用玉, 玉價倍
貴焉"이라 함.

1. 봄날 사랑을 그리워한 후궁 궁녀의 한을 읊은 것.

2. 韻脚은 樓·愁·頭.

260

〈宮詞〉 ·· 白居易
궁사

비단 수건에 눈물 젖어도 꿈을 이루지 못하는데,
밤이 깊어도 앞 전각엔 박자 맞춘 노래소리 흥겹구나.
홍안이 늙기도 전에 은총이 먼저 끊겨,
훈롱薰籠에 비스듬히 기댄 채 아침이 밝아오도록 앉아 있네.

淚濕羅巾夢不成, 夜深前殿按歌聲.
紅顔未老恩先斷, 斜倚薰籠坐到明.

【按歌聲】 박자에 맞추어서 부르는 노래소리. 임금이 다른 궁녀들과 夜宴을
즐기고 있음을 표현한 것.
【紅顔】 젊은 날의 예쁜 얼굴.
【薰籠】 '熏籠'으로도 표기함. 薰香을 넣어 둔 대나무 바구니. 의복과 방 안의
향기를 돋우기 위한 여인들의 내방 기물.
【到明】 '아침이 밝아오도록'의 뜻.

1. 다른 판본에는 제목이 〈後宮詞〉로 되어 있음.
2. 韻脚은 成·聲·明.

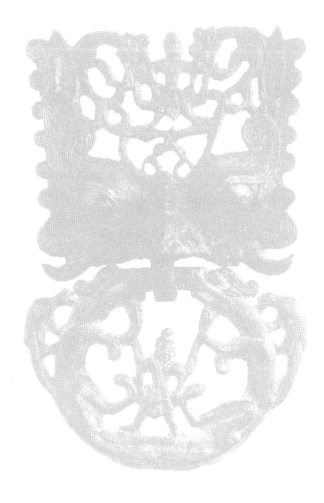

261

〈贈內人〉 ⋯⋯⋯⋯⋯⋯⋯⋯⋯⋯⋯⋯⋯⋯⋯⋯⋯⋯ 張祜

내인에게

궁궐 문 안 궁궐 나무 달빛 흔적 지나가고,
예쁜 눈매로는 해오라기 한 쌍 잠든 둥지만 바라볼 뿐.
등잔 옆에 비스듬히 앉아 옥비녀 뽑아내어,
붉은 불꽃 다듬으며 날아드는 부나비나 살려주네.

禁門宮樹月痕過, 媚眼惟看宿鷺窠.
斜拔玉釵燈影畔, 剔開紅焰救飛蛾.

【內人】 당나라 때 敎坊 宜春院 및 梨園에서 歌舞를 익혀 황제의 잔치에 동원
되는 藝人을 內人, 혹은 前頭人이라 불렀음. 여기서는 궁녀를 비유한 것임.
唐 崔令欽의 《敎坊記》에 "妓女入宜春院謂之內人, 亦曰前頭人, 以常在上前
頭也"라 함. 혹 '나인'으로도 읽음.
【禁門】 天子가 살던 곳을 禁闕의 문. 宮門.
【窠】 벌레나 새 따위의 집·굴·둥지·보금자리. '宿鷺'는 쌍을 이루어 자고
있는 해오라기를 가리킴.
【剔開】 '剔'은 심지를 발라냄을 뜻하며 '開'는 등불을 씌운 갓을 열어주어
나방이 다시 빠져나와 날아갈 수 있도록 배려함을 말함.

【紅燄】등불의 불꽃 중에 심지 쪽의 색깔이 빨갛게 보임을 말함.
【蛾】불꽃에 덤벼들어 타 죽는 나방. 부나비.

참고 및 관련 자료

1. 역시 당시 가운데 중당·만당의 대표적인 宮詞의 하나임.
2. 唐 馮贄의 《雲仙雜記》에 "白氏金鎖云: 張祐苦吟, 妻孥喚之不應以責祐.
祐曰:「吾方口吻生花, 豈恤汝輩?」"라 하여 詩作에 빠질 때는 처자도 몰랐다 함.
3. 韻脚은 過·窠·蛾.

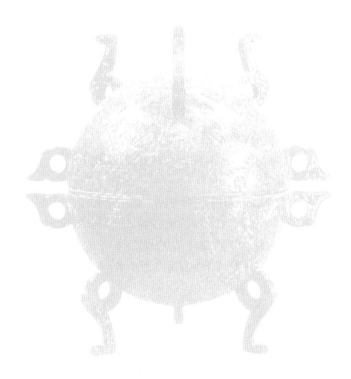

〈集靈臺〉二首(1) ……………………………………… 張祜

집령대(1)

햇빛 비스듬히 집령대를 비추고,
붉은 꽃나무 꽃은 새벽이슬 맞아 피어났네.
어젯밤 임금님께서 새롭게 도교 의식으로 책봉을 내려주시니,
양귀비는 웃음을 머금고 주렴 안으로 들어오네.

日光斜照集靈臺, 紅樹花迎曉露開.
昨夜上皇新授籙, 太眞含笑入簾來.

【集靈臺】 '集虛臺'라고도 하며 누대 이름. 驪山 華淸宮 안에 있음. 지금의
陝西 臨潼縣 驪山 위에 옛터가 있음.《元和郡縣志》에, "天寶六載, 改溫泉宮
爲華淸宮, 又造長生殿, 名爲集靈臺, 以祀神"이라 하였고,《舊唐書》玄宗紀
元年 冬十月에 "新成長生殿, 名曰集靈臺, 以祀天神"이라 함.
【上皇】 玄宗 李隆基를 가리킴.
【籙】 道敎의 명부책. 冊封을 뜻함. 여기서는 玄宗이 비로소 楊貴妃를 도교
의 의식에 맞추어 女道士로 책봉하고 호를 太眞으로 지어 주었으며, 天寶
4년(745)에 정식 貴妃로 삼았음을 말함.
【太眞】 楊貴妃의 道敎式 女道士의 號. 이름, 法名. 양귀비는 원래 현종의 아들
壽王(李瑁)의 왕비로서 현종의 며느리였으나, 현종이 이를 보고 도교 신자로

만들어 玉眞院에 거처하게 하면서 호를 太眞으로 하여, 인간 세상을 떠나 다시 자신과 사랑을 이룰 것을 원한 것임.

1. 楊貴妃와 唐 玄宗의 애정 고사를 읊은 것임.
2. 韻脚은 臺·開·來.

262-2

〈集靈臺〉二首(2) ·· 張祜

집령대(2)

곽국부인 임금의 사랑을 받아,
새벽에 말을 타고 궁문으로 들어선다.
지분이 도리어 본 얼굴을 더럽힐까,
눈썹만 살짝 그리고 지존을 뵙는구나.

虢國夫人承主恩, 平明騎馬入宮門.
卻嫌脂粉汚顔色, 淡掃蛾眉朝至尊.

【虢國夫人】楊貴妃가 총애받자 그의 세 자매가 모두 '夫人'(궁중 후비의 칭호)
에 올랐으며, 天寶 7년(748) 큰언니는 韓國夫人(崔氏), 셋째는 虢國夫人(裴氏),
여덟째는 秦國夫人(柳氏)에 봉해졌음. 鄭嵎의《津陽門詩》에 "上皇寬容易承
事, 十家三國爭光輝"라 하였으며, 白居易〈長恨歌〉에는 "姉妹兄弟皆列土,
可憐光彩生門戶. 遂令天下父母心, 不重生男重生女"라 하였음. 한편 虢國
夫人은 楊國忠과 사통을 하면서 그 사치와 교만이 지극하였다 함.《舊唐書》
楊國忠傳에는 "貴妃姐虢國夫人, 國忠與之私, 於宣義里構連甲第, 土木被綈繡,
棟宇之盛, 兩都莫比"라 함.
【承主恩】여기서는 곽국부인이 현종에게 은총을 입었다는 뜻이 아니며, 양
귀비가 사랑을 받음으로써 그 자매가 모두 마음대로 궁중을 드나들 수

있었음을 의미함.

【平明】이른 아침.

【騎馬】당나라 제도에 백관은 아침 조회에 궁문을 들어설 때 누구나 말에서 내려 보행하도록 되어 있었지만, 괵국부인만은 말을 탄 채 들어갔다 함.

【郤嫌脂粉】虢國夫人은 자신의 미모에 자신을 갖고, 脂粉이 도리어 그 본래 아름다운 얼굴을 손상할까 여겼다 함. 宋 樂史의 《楊太眞外傳》에 "虢國夫人不施脂粉, 自炫美艷, 常素面朝天子"라 함.

참고 및 관련 자료

1. 양귀비 자매의 顯達과 교만 등을 주제로 읊은 것임.

2. 陳鴻의 〈長恨歌傳〉에는 "叔父昆弟皆列爲淸貴, 爵爲通侯. 姐妹封國夫人, 富埒王室, 車服邸第與大長公主侔, 而恩澤勢力, 則又過之. 出入禁門不問, 京師長吏爲之側目"이라 함.

3. 韻脚은 恩·門·尊.

263

<題金陵渡> ··· 張祜

금릉나루를 노래함

금릉 나루터 소산루,
나그네 하룻밤 자는 동안 저절로 여수에 젖어드는 곳.
조수 물러간 밤 강물 비스듬히 넘어가는 달,
별빛처럼 두세 점 깜박이는 등불 저기가 바로 과주.

金陵津渡小山樓, 一宿行人自可愁.
潮落夜江斜月裏, 兩三星火是瓜州.

【金陵津】金陵은 지금의 南京. 金陵津은 금릉으로 들어오는 주요 나루의
하나. 潤州 西津渡를 가리키며 지금의 江蘇 鎭江 강변에 있음. 당나라
때는 진강 역시 금릉에 속하였음. 兪守眞의 《唐詩三百首詳析》에 "金陵渡
疑爲江蘇鎭江之西津渡, 隔長江與瓜州相對. 若謂在南京, 則不應距瓜這樣遠"
이라 함.
【小山樓】金陵津 나루터 앞 작은 산에 있는 누각.
【一宿行人】'行人一宿'의 도치 표현.
【星火】드문드문 별빛과 같은 등잔불.
【瓜州】'瓜洲, 瓜埠洲'라고도 표기하며 원래는 鎭의 이름. 강에 모래가 쌓여
모래톱이 오이와 같은 형태를 이루어 이름 지어졌으며, 남북 교통의 중요한

요충지였음. 지금의 江蘇 揚州市 남쪽 長江 江邊運河의 입구에 있음. 鎭江과 비스듬히 마주하고 있음.

1. 金陵(南京)으로 들어가는 나루터에서 밤을 보내며, 旅愁에 젖은 밤 풍경을 아름답게 표현한 것임.
2. 韻脚은 樓·愁·州.

264

〈宮中詞〉 ·· 朱慶餘

궁중사

꽃피는 시절이건만 쓸쓸히 원문을 닫아놓은 채,
미인들 서로 모여 경헌에 서 있네.
감정에 복받쳐 궁중사를 들먹이고 싶지만,
앵무새 앞이라 감히 말도 하지 못하네.

寂寂花時閉院門, 美人相幷立瓊軒.
含情欲說宮中事, 鸚鵡前頭不敢言.

【花時】꽃이 피는 시절, 좋은 봄날.
【院門】각기 궁녀들이 거처하는 院의 문.
【含情】각기 자신의 복받친 감정을 가지고 있음. 임금으로부터 사랑받고자
　하나 이루지 못하는 심사를 표현한 것.
【美人】宮人.
【宮中事】총애를 다투려는 궁녀들의 각종 소문이나 입방아.
【瓊軒】구슬처럼 화려한 긴 행랑. '軒'은 지붕이 있는 廊下, 복도를 뜻함.
【鸚鵡】능히 사람의 말을 흉내내므로, 그 앞에서 원망이나 하소연을 하지
　못함.

1. 宮怨詩로써 제목이 원래는 〈宮詞〉로 되어 있음.

2. 韻脚은 門·軒·言.

❀ 주경여(朱慶餘: 799~?)

1. 이름은 可久, 자는 慶餘. 越州(지금의 浙江 紹興) 사람으로 寶曆 2년
(826) 진사에 올라 張籍의 총애를 받았으며, 당시 시로써 이름을 날림.《新
唐書》(藝文志, 4)에《朱慶餘詩》1卷이 著錄되어 있으며《全唐詩》에는 2卷
(514·515)으로 편집되어 있음.

2.《唐詩紀事》(46)

慶餘, 名可久, 以字行. 越州人, 受知於張籍, 登寶曆進士第, 詩二卷

3.《唐才子傳》(6) 朱慶餘:

慶餘, 字可久, 以字行. 閩中人. 寶曆二年, 裴球榜進士及第, 授秘省校書. 得張
水部詩旨, 氣平意絶, 社中哲匠也. 有名當時. 集一卷, 今傳.

〈近試上張水部〉 ⋯⋯⋯⋯⋯⋯⋯⋯⋯⋯⋯⋯⋯ 朱慶餘
시험이 가까워 옴에 장적에게 올림

신방에서 지난밤 빨간 촛불을 끄고,
새벽 기다려 시부모 방 앞에서 인사 올리고자,
화장을 마치고서 신랑에게 속삭이듯 물었네.
"눈썹 화장 짙은 정도가 유행에 맞습니까?"

洞房昨夜停紅燭, 待曉堂前拜舅姑.
妝罷低聲問夫婿,「畫眉深淺入時無?」

【近試】 시험 예비 답안으로써 통성명함을 의미함. 당나라 때 응시 전에 항상
시문을 미리 지어 이를 朝野의 명망 있는 人士들이나 이미 합격한 선배에게
보여 품평을 받는 풍습이 있었음. 이에 朱慶餘가 張籍에게 이 시를 보낸
것임.
【張水部】 張籍을 가리킴. 장적이 水部員外郎(《全唐詩話》에는 '郎中'으로 잘못
기록되어 있음) 벼슬이었으므로 그렇게 부른 것.
【洞房】 여인의 안방, 신혼의 新房을 일컫는 말.
【舅姑】 시부모. '舅'는 시아버지, '姑'는 시어머니를 가리킴.
【夫婿】 남편.

【入時】 때, 당시의 패션. 유행. 여기서는 주경여 자신의 문장이 당시 그 시대 문장 유행에 맞는지를 장적에게 물은 것임.

【無】 有無・與否・可否 등을 묻는 疑問終結辭. '否'와 같음.

참고 및 관련 자료

1. 원 제목은 〈閨意獻張水部〉로 되어 있으며, 규방의 사정을 의탁하여 추천을 구하는 시임. 朱慶餘는 寶曆 2년(826) 진사에 합격하였고, 張籍은 長慶 4년(824)부터 太和 2년(828)까지 水部員外郎을 지냈으므로, 이 시는 그 기간 중에 지어진 것으로 보임.

2.《全唐詩話》에 "慶餘遇水部郎中張籍, 知音, 索慶餘新舊篇二十六章, 置之懷袖而推贊之, 時人以籍重名, 皆繕錄諷詠, 遂登科. 慶餘作〈閨意〉一篇以獻, 籍酬之曰:『越女新妝出鏡心, 自知明豔更沈吟; 齊紈未足時人貴, 一曲菱歌敵萬金.』由是朱之詩名流於海內矣"라 하여 張籍이 이 시에 答詩를 보냈으며, 그로 인해 주경여의 詩名이 해내에 드날렸다 함.

3. 宋 洪邁의 《容齋五筆》(4)에 "細玩此章, 元不談量女之容貌, 而其華艷韶好, 體態溫柔, 風流蘊藉, 非第一人不足當也. 歐陽公所謂'狀難寫之景, 如在目前, 含不盡之意, 見於言外, 然後爲工', 斯之謂也"라 함.

4. 韻脚은 姑・無.

266

〈將赴吳興登樂游原〉 ························ 杜牧
장차 오흥에 부임하면서 낙유원에 올라

맑은 시절이라 능력 없음이 오히려 살 맛이러라.
한가로이 뜬구름 사랑하며 스님처럼 조용히 살고 싶어,
시원스레 강해로 태수가 되어 가고자 했던 뜻을 이루어,
드디어 낙유원에 올라 소릉昭陵을 바라보노라.

淸時有味是無能, 閑愛孤雲靜愛僧.
欲把一麾江海去, 樂游原上望昭陵.

【吳興】 지금의 江蘇省. 구체적으로는 吳興府에 속한 湖州를 가리킴.
【樂遊原】 長安의 명승지. 지금의 陝西 長安 남쪽 8리에 있음. 남쪽 임지로
 부임하면서 가는 길에 이곳에 올랐음을 말함.
【淸時】 昇平한 시대. 맑은 시대. 《論語》 公冶長의 "邦有道, 不廢; 邦無道, 免於
 刑戮"의 의미와 같음.
【有味是無能】 무능함이 바로 살아가는 맛이라는 뜻.
【一麾】 태수에 임명됨을 말함. 《南史》 顔延之傳에 "爲永嘉太守, 延之甚怨憤,
 乃作〈五君詠〉, 詠阮咸云:「屢薦不入官, 一麾乃出守.」"라 함.
【江海】 자연을 의미함. 시끄러운 長安을 떠나 멀리 자연과 가까이 할 수 있는
 시골에서 벼슬하기를 원하였음을 뜻함. 그리하여 두목은 湖州刺史로 부임

하게 되어 뜻을 이루었음을 말함.
【昭陵】唐 太宗 李世民의 능묘. 지금의 陝西 醴泉縣 東北 九嶺山에 있음.
당대 성세를 그리워하며 당시 정치에 대한 실망을 표현한 것임.

참고 및 관련 자료

1. 이는 宣宗 大中 4년(840) 가을 杜牧이 湖州刺史로 명을 받아 長安을
떠나면서 지은 것임. 湖州는 지금의 江蘇 吳興에 있는 고을 이름.
2. 蘅塘退士는 "惓惓不忍去, 忠愛之思, 溢於言表"라 함.
3. 韻脚은 能·僧·陵.

〈張好好詩〉 잔권(唐) 杜牧

〈赤壁〉 ⋯⋯⋯⋯⋯⋯⋯⋯⋯⋯⋯⋯⋯⋯⋯⋯⋯⋯⋯ 杜牧
적벽

부러진 창 모래에 묻혔어도 쇠는 아직 삭지 않았고,
이를 문질러 씻어보고는 삼국시대 유물임을 알게 되었네.
만약 동풍이 주랑의 편을 들어주지 않았다면,
깊은 봄 미인 자매 교씨는 동작대에 갇혔을 것이니라.

折戟沈沙鐵未銷, 自將磨洗認前朝.
東風不與周郎便, 銅雀春深鎖二喬.

【赤壁】 長江 가의 산 이름. 세 곳이 있으며 모두가 지금의 湖北 長江 연안임.
그중 蒲圻縣의 赤壁이 바로 삼국시대 赤壁大戰이 일어나 周瑜가 曹操를
대파한 곳임. 그러나 여기서의 적벽은 黃州의 적벽임.

【折戟】 부러진 창. 戟은 장대 끝에 가지와 낫 같은 날카로운 칼이 붙어 있음.

【東風】 諸葛亮이 동풍을 빌어 吳蜀의 연합군이 적벽에서 曹操의 군사를 대패
시킨 일을 말함.

【周郎】 三國時代 吳나라 周瑜.《三國志》吳志 周瑜傳에 "周瑜, 字公瑾, 年少
貌美, 年二十四任建威中郎將. 吳中呼爲周郎"이라 함.

【銅雀】 누대 이름. 東漢 말 曹操가 建安 15년(210), 鄴城(지금의 河北 臨漳)에 세운
것으로, 그 꼭대기에 구리로 공작 모습을 만들어 올려 이름을 銅雀臺라 하였음.

【二喬】三國시대 東吳의 유명한 두 미인 자매. 橋玄의 두 딸로 孫策이 大喬를 차지하고, 周瑜가 小喬를 차지하여 세칭 '二喬'라 불렀음. '喬'는 '橋'와 같음. 《三國志演義》에 曹操가 東吳에 진군하여 "得江東二喬, 致銅雀臺中, 於願足矣"라 하였고, 《三國志》 吳志 周瑜傳에 "喬公二女, 皆國色也. 孫策自納大喬, 瑜納小喬"라 함. 만약 주유가 승리하지 못하였다면 두 교씨 자매는 조조 차지가 되었을 것이며, 그렇게 되면 조조의 동작대에 갇히게 되었을 것이라는 뜻.

참고 및 관련 자료

1. 이는 武宗 會昌(841~845) 연간에 두목이 黃州(지금의 湖北)刺史가 되어 그곳의 적벽에서 역사를 읊은 것임. 그러나 그곳은 실제 적벽대전이 일어났던 곳은 아님.
2. 韻脚은 銷·朝·喬.

〈泊秦淮〉 ··· 杜牧

진회에 배를 대고

연기 자욱 찬물에 달빛은 모래사장에 덮였는데,
밤이 되어 진회의 술집 곁에 배를 댔더니,
노래 파는 여인은 망국한도 모른 채,
강 너머 저쪽에서 〈후정화〉를 부르네.

煙籠寒水月籠沙, 夜泊秦淮近酒家.
商女不知亡國恨, 隔江猶唱後庭花.

【秦淮】 물 이름. 秦淮河. 江蘇 溧水縣 동북에서 발원함. 秦始皇이 方山을 파서
서쪽 長江으로 흘러들어가도록 하였다 함. 南京을 거쳐 북쪽 장강으로 흘러
들어가며 남경의 귀족 문인들이 이곳에 가무와 뱃놀이를 즐기던 곳이 되었음.
【商女】 술집에서 노래 파는 일로 생업삼아 살아가는 여인.
【亡國恨】 陳나라 後主가 '後庭花'라는 노래로 즐기다가 隋나라에게 망한 것을
말함.
【隔江】 강을 사이에 두고 술집에서 흘러나오는 노랫소리를 말함.
【後庭花】 唐나라 때 敎坊歌辭 이름. 원래 〈玉樹後庭花〉이며 南朝 陳나라
後主(陳叔寶)가 작곡하였음. 후주는 음악과 환락에 빠져 결국 隋나라에게
망하였으며, 이에 따라 〈후정화〉를 음란한 말세의 음악이라 여겼음. 《隋書》

五行傳에 "禎明初, 後主作新歌, 詞甚哀怨, 令後宮美人習而歌之. 其詞曰: 「玉樹後庭花, 花開不復久.」 時人以爲歌讖, 此其不久逃也"라 함.

1. 《千家詩》에는 제목이 〈秦淮夜泊〉으로 되어 있음.

2. 《貞觀政要》 禮樂篇에 "太常少卿祖孝孫奏請所定新樂. 太宗曰: 「禮樂之作, 是聖人緣物設教, 以爲搏節, 治政善惡, 豈此之由?」 御史大夫杜淹對曰: 「前代興亡, 實由於樂. 陳將亡也爲〈玉樹後庭花〉, 齊將亡也而爲〈伴侶曲〉, 行路聞之, 莫不悲泣, 所謂亡國之音. 以是觀之, 實由於樂.」 太宗曰: 「不然, 夫音聲豈能感人? 歡者聞之則悅, 哀者聽之則悲, 悲悅在於人心, 非由樂也. 將亡之政, 其人心苦, 然苦心相感, 故聞之則悲耳. 何有樂聲哀怨, 能使悅者悲乎? 今〈玉樹〉·〈伴侶〉之曲, 其聲具存, 朕能爲公奏之, 知公必不悲耳.」 尙書右丞相魏徵進曰: 「古人稱: 『禮云, 禮云, 玉帛云乎哉! 樂云, 樂云, 鐘鼓云乎哉!』 樂在人和, 不由音調.」 太宗然之"라 하였음.

3. 韻脚은 沙·家·花.

4. 《千家詩》 原註(王相)

秦淮, 在金陵桃葉渡. 後庭花, 陳後主宮詞. 夜泊秦淮, 聞鄰舟商女, 隔溪而唱後庭花, 蓋不知乃金陵亡國之詞, 不宜於此地唱之也.

269

〈寄揚州韓綽判官〉 ·· 杜牧

양주 판관 한작에게 보냄

청산은 은은하고 물길은 가물가물,
가을이 다 가도록 시들지 않는 강남 풀.
스물넷 다리 위에 밝은 달 비치는 밤,
그대는 어디에서 퉁소를 가르치고 있나?

靑山隱隱水迢迢, 秋盡江南草未凋.
二十四橋明月夜, 玉人何處敎吹簫?

【揚州】 지금의 江蘇 揚州市.
【韓綽】 구체적 생애는 알려져 있지 않으며 揚州使府의 判官 벼슬을 지낸
인물. 두목의 다른 시에 〈哭韓綽〉이 있어 두목과 아주 가까웠으며, 이 시를
통해 洞簫를 잘 불었던 사람임을 알 수 있음.
【隱隱】 밝지 않은 모습. 가물가물 산 형세가 펼쳐져 있음.
【迢迢】 아득히 멀리 흘러가는 물의 모습.
【二十四橋】 지금의 江蘇省 江都縣 성 서문 밖에 있는 다리. 《淸一統志》에
"隨置. 並以城門坊市爲名, 後宋韓令坤省築州城, 分布阡陌, 別立梁橋. 所謂
二十四橋者, 或存或廢, 不可得而考"라 였고, 宋 沈括의 《夢溪筆談》(3)에도
"揚州在唐時崔爲富盛, 舊城南北十五里一百一十步, 東西七里三十步, 可紀者

有二十四橋: 最西濁河茶園橋, 次東大明橋, 入水西門有九曲橋, 次東正當師牙南門有下馬橋, 又東作坊橋, 橋東河轉向南有洗馬橋, 次南橋, 又南阿師橋·周家橋·小市橋·廣濟橋·新橋·開明橋·顧家橋·通泗橋·太平橋·利國橋, 出南水門有萬歲橋·靑園橋, 自驛橋北河流東出, 有參佐橋, 次東水門東出有山光橋. 又自牙門下馬橋直南有北三橋·中三橋·南三橋, 號九橋, 不通船, 不在二十四橋之數, 皆在今州城西門之外"라 하여 모두 24개의 다리로 보았음. 그러나《揚州畫舫錄》에는 "二十四橋, 一名紅藥橋, 卽吳家塼橋. 古有二十四美人, 吹簫於此, 故名"이라 하여 다리 이름이라 하였음.

【玉人】 韓綽. 고대 남녀 모두 玉人으로 불렀음.《世說新語》容止篇에 "裴楷粗頭亂服皆好, 時人以爲玉人"이라 함. 여기서의 옥은 역대 이래 妓女를 뜻하는 것으로도 보았고 혹은 韓綽을 가리키는 것이라고도 하였음.

참고 및 관련 자료

1. 이는 두목이 大和 7년(832) 揚州 節度使府의 掌書記를 역임할 때 江南의 風光에 감흥을 느껴 韓綽이라는 사람을 그리워하면서 지은 것임.

2.《說郛》에 "供職之外, 唯以宴游爲事. 揚州勝地也, 每重城向夕, 倡樓之上, 常有絳紗燈萬數, 輝羅耀烈空中. 九里三十街中, 珠翠嗔咽, 邈若仙境. 牧常出沒馳逐其間無虛夕. 復有卒三十人, 易服隨後, 潛護之, 僧孺之密敎也, 而牧自以爲得計, 如是且數年"이라 함.

3. 韻脚은 迢·凋·簫.

〈遺懷〉 ·· 杜牧

회포를 날려 버림

실의에 빠져 강호에 술 싣고 다닐 때는,
곳곳마다 아가씨들 가는 허리에 가벼운 몸이더라
멋대로 놀던 양주에서의 십 년 세월 꿈에서 깨어나니,
기방에 신세만 지는 사람이란 이름만 얻었구나.

落魄江湖載酒行, 楚腰纖細掌中輕.

十年一覺揚州夢, 贏得靑樓薄倖名.

【遺懷】 '遺'은 '消遣, 排遣'의 뜻. '회포나 근심 따위를 날려보내다. 덜어 없애다'
의 뜻. 抒情詩의 한 體例이기도 함.
【落魄】 뜻을 잃어 무료함. 기운이 상실하여 뜻을 펴지 못함.
【楚腰】 楚나라 靈王이 허리가 가는 미인을 좋아하자 궁중에서 이를 흉내내어
굶어 죽는 여자가 많았다 함. 《後漢書》 馬廖傳에 "吳王好劍客, 百姓多瘡瘢;
楚王好細腰, 宮中多餓死"라 한 말에서 유래됨.
【中輕】 趙飛燕(?~B.C.1)이 몸이 가벼워 漢나라 成帝가 그를 손바닥 위에
올려놓고 춤을 추게 하였다는 고사를 말함. 조비연은 長安人으로 원래 몸이
나는 제비처럼 가볍다하여 飛燕이라 하였으며, 成帝의 눈에 띄어 총애를
입어 皇后의 지위에까지 올랐음. 그 동생 合德 역시 성제에게 불려가 昭儀가

됨.《漢書》外戚傳 참조.《西京雜記》에 "趙后體輕腰弱, 善行步進退"라 하였고, 伶玄의 〈趙飛燕外傳〉에 "纖便輕細, 擧止翩然, 人謂之飛燕. 趙飛燕體輕, 能爲掌上舞"라 함.

【十年一覺】《傳燈錄》에 "十年一覺紅塵夢, 不定風燈是此身"이라 한 데서 유래됨.

【揚州夢】揚州에서의 신나던 생활이 꿈같았음을 말함. 于鄴의《揚州夢記》에 "揚州, 勝地也. ……九里三十步街中, 珠翠嗔咽, 邈若仙境. 牧常出沒其間無虛夕"이라 함.

【贏得】얻게 됨. 얻어서 남기게 됨.

【靑樓】妓院. 妓房. 梁 劉邈의 〈萬山見採桑人〉에 "倡妾不勝愁, 結束下靑樓"라 함.

【薄倖】薄情함. 신세를 짐.

참고 및 관련 자료

1. 작자 두목이 33세 전, 즉 文宗 大和 2년(828) 진사에 급제하여 揚州에서 淮南節度使의 掌書記를 지냈으며 그때 그곳에서의 생활을 회상하며 지은 것임.

2.《杜牧別傳》에 "牧在揚州, 每夕爲狹斜游, 所至成歡, 無不會意, 如是者數年"이라 함.

3. 劉永濟의《唐人絶句精華》에 "才人不得見重於時之意, 發爲此詩, 讀來但見其傲兀不平之態. 世稱杜牧詩情豪邁, 又謂其不爲齷齪小謹, 卽此等詩可見其槪"라 함.

4. 宋 胡仔의《苕溪漁隱叢話後集》에 "牧之〈遣懷〉詩, 余嘗疑此詩必有謂焉. 因閱《芝田錄》云: 牛奇章帥維揚, 牧之在幕中, 多微服逸游. 公聞之, 以街子數輩, 潛隨牧之, 以防不虞. 後牧之以拾遺召, 臨別, 公以縱逸爲戒. 牧之始猶諱之, 公命取一篋, 皆街子輩報帖, 云書記平善, 乃大感服. 方知牧知此詩, 言當日逸游之事耳"라 함.

5. 韻脚은 行·輕·名.

271
〈秋夕〉 ·· 杜牧
가을 저녁

흰 촛불 이 가을에 그 냉기를 병풍에 쏟아 붓는데,
얇은 비단 부채로 반딧불을 쫓고 있네.
하늘 궁궐 섬돌 밤하늘 색깔에 물처럼 차가운데,
누워서 하늘 향해 견우직녀 바라보네.

銀燭秋光冷畫屛, 輕羅小扇撲流螢.
天階夜色凉如水, 臥看牽牛織女星.

【銀燭】촛불. 혹 '紅燭'으로 되어 있으며 王相의 주에는 달빛을 일컫는 것이라
하였음.
【畫屛】그림이 그려진 병풍.
【輕羅】가볍고 얇은 비단. 여인들이 사용하는 부채를 말함.
【天階】서울 장안의 거리. 일부 판본에는 '天街', '瑤臺'등으로 된 것도 있음.
王相의 주에는 밤하늘을 뜻하는 것으로 해석하였으며, 다른 해석본에도
북두성 근처의 紫微星, 太微星이 함께 天市의 거리를 감싸고 있는 것이라
하였음.
【凉如水】《千家詩》에는 '冷如水'로 되어 있음.
【臥看】누워서 쳐다봄. 일부본에는 '坐看'으로 되어 있음.

【牽牛織女】둘 모두 별 이름. 소를 끌고 밭일을 열심히 하는 남자를 상징하는 별을 견우라 함. 은하의 동쪽 우수(牛宿) 별자리에 있음. 직녀 역시 별 이름. 열심을 다해 베를 짜는 여인을 상징함. 은하수 서쪽에 있으며 견우성과 마주보고 있음. 고대 天帝의 딸 직녀가 견우를 사모하여 부부가 된 뒤 베짜기에 게을러지자 천제가 이들을 각기 은하수 양쪽으로 분리시켜 놓고 일 년 한 번씩만 만날 수 있도록 하였다는 전설에서 비롯됨. 이를 위해 까마귀와 까치가 하늘로 올라가 줄을 지어 다리를 놓아주어 이를 밟고 건넌다 하며 이를 烏鵲橋라 함. 여기서는 견우·직녀처럼이라도 서로 만났으면 하는 염원을 표현한 것임.

참고 및 관련 자료

1. 이는 王建의 〈宮詞〉 一百首 중의 제88째에 들어 있으나, 학계에서는 두목의 시로 보고 있음. 한편 《千家詩》에는 〈七夕〉으로 되어 있으나 《樊川文集》(外集)과 《全唐詩》(524)에는 모두 〈秋夕〉으로 되어 있으며, 이는 가을 저녁, 즉 칠월칠석을 뜻하는 것으로써 여인의 閨中詩임.

2. 韻脚은 屛·螢·星.

3. 《千家詩》原註(王相)

銀燭, 月光也. 月光當秋而淸泠, 斜映於畫屛之上, 但見螢火如星, 流光可愛, 輕搖羅扇以撲之. 于時天街之上, 夜涼如水, 銀河淸淺, 牛女星輝. 仰天閒臥, 而玩之其悠悠自得之趣, 可見矣. ○俗傳, 七夕牛女相會, 凡諸烏鵲皆比翼成橋, 而駕二星而渡天河焉.

〈贈別〉二首(1) ································· 杜牧

이별하면서 드림(1)

아름답고 예쁘고 연약한 열셋 남짓 아가씨,
이월 초 줄기 갓 나온 두구화_{豆蔲花}와 같구나.
봄바람은 십 리 길 양주의 이 거리에,
주렴을 걷어올리고 뽐내는 기녀들 너만 한 이 없구나.

娉娉嫋嫋十三餘, 豆蔲梢頭二月初.
春風十里揚州路, 卷上珠簾總不如.

【娉娉嫋嫋】아름답고 예쁘고 연약한 모습을 疊字로 연결하여 표현한 것.
【豆蔲】疊韻連綿語의 식물 이름. 鴛鴦花라고도 하며 多年生 常綠 草本植物. 꽃이 피기 전에는 '含胎花'라 하여 시집가기 전의 처녀를 상징함.《桂海虞衡志》에 "豆蔲花, 春末發, 先抽幹, 有大籜包之"라 함.
【卷上珠簾總不如】珠簾을 말아 올리고 자태를 뽐내는 妓女들, 그 누구도 이 소녀만 못함.

1. 이는 두목이 文宗 太和 9년(835) 淮南節度使의 掌書記로 揚州에 있을 때 妓女와 이별하면서 그 정을 읊은 것임.

2. 韻脚은 餘·初·如.

272-2

〈贈別〉二首(2) ·································· 杜牧

이별하면서 드림(2)

다정을 도리어 무정한 듯 꾸미지만,
오직 알겠도다, 술잔 앞에서 웃음을 이루지 못하는 이유를.
촛불은 오히려 느낌이 있는지 이별을 아쉬워하여,
사람 대신 새벽이 오도록 눈물 흘리고 있구나.

多情卻似總無情, 唯覺尊前笑不成.
蠟燭有心還惜別, 替人垂淚到天明.

【多情却似總無情】 겉으로 이별의 아픈 표정을 짓지 아니함.
【尊】 '樽'과 같음. 술동이, 혹 술잔.
【有心】 촛불이 도리어 사람의 마음을 가지고 있어 이별의 아픔을 느낌.
【還】 '그래도, 도리어, 오히려'의 뜻을 나타내는 부사.

참고 및 관련 자료

1. 두목이 揚州 생활을 마치고 기녀와 이별하면서 준 시.

2. 李商隱의 〈無題〉에 "春蠶到死絲方盡, 蠟炬成灰淚始乾"이라 함.

3. 韻脚은 情·成·明.

273

〈金谷園〉 ·· 杜牧

금곡원

화려했던 옛일은 향기로운 티끌 따라 흩어지고,
흐르는 물 무정한데 풀은 저절로 봄빛이 되었구나.
해는 지고 동풍은 우는 새를 원망하는데
낙화만이 마치 그 옛날 녹주처럼 떨어지누나.

繁華事散逐香塵, 流水無情草自春.
日暮東風怨啼鳥, 落花猶似墜樓人.

【金谷園】金谷은 地名이며 지금의 河南省 洛陽 서북쪽에 있음. 西晉 때 巨富
石崇이 별장(園林)을 짓고 부귀와 사치를 부렸으며, 특히 반악 등 문인들이
이곳에서 잔치를 열며 '金谷會'라 하였음. 石崇은 자는 季倫(249~300). 修武令,
城陽太守 등을 지냈으며, 吳나라를 벌한 공으로 安陽鄕侯에 봉해짐. 뒤를
이어 散騎常侍, 侍中, 荊州刺史 등을 역임하였으며, 당시 최고의 부자로
金谷園을 지어 온갖 사치와 부를 누렸던 인물. 특히 羊琇·王愷 등과 사치를
다툰 일화로도 유명함. 潘岳 등과 賈后·賈謐을 모함하였으며, 다시 淮南王
(司馬允), 齊王(司馬冏)과 결탁하였다가 趙王(司馬倫)에게 참살당함. 《晉書》
(33)에 전이 있음.
【香塵】석숭의 화려하던 옛 생활에 香粉까지 마련하는 등 사치를 부렸으나
이 모든 것이 티끌과 같이 되어 버렸음을 말함. 《世說新語》汰侈篇에

"石崇厠, 常有十餘婢侍列, 皆麗服藻飾, 置甲煎粉・沈香汁之屬, 無不畢備; 又與新衣箸令出, 客多羞不能如厠. 王大將軍往, 脫故衣, 箸新衣, 神色傲然. 群婢相謂曰:「此客必能作賊!」"라 함.

【逐】 따라감.

【東風】 봄 바람. 새가 울면 봄이 모두 가고 말 것임을 안타깝게 여긴 것.

【墜樓人】 孫秀가 석숭의 애첩 綠珠를 빼앗고자 하자 녹주가 樓閣에서 떨어져 죽은 故事.《晉書》石崇傳에 "崇有妓曰綠珠, 美而豔, 善吹笛, 孫秀使人求之, 崇勃然曰:「綠珠吾所愛, 不可得也.」秀怒, 矯詔收崇, 崇正宴於樓上, 介士到門, 崇謂綠珠曰:「我今爲爾得罪.」綠珠泣曰:「當效死於君前.」因自投於樓下而死"라 하였고,《蒙求》(140)에는 "《晉書》: 石崇字季倫, 渤海南皮人. 拜衛尉. 有妓曰綠珠, 美而艶, 善吹笛. 中書令孫秀使人求之. 崇時在金谷別館, 方登凉臺臨淸流, 婦人侍側. 使者以告, 崇盡出其婢妾數十人以示之, 皆蘊蘭麝被羅縠. 曰:「在所擇.」使者曰:「受命指索綠珠, 不識孰是?」崇勃然曰:「綠珠吾所愛, 不可得也!」秀怒, 乃勸趙王倫誅崇, 遂矯詔收之. 崇正宴樓上, 介士到門. 崇謂綠珠曰:「我今爲爾得罪!」綠珠泣曰:「當致死於君前」因自投于樓下而死. 崇詣東市嘆曰:「奴輩利吾家財.」收者曰:「知財致害, 何不早散之?」崇不能答, 遂被害"라 하여 널리 알려진 고사임.

참고 및 관련 자료

1. 이는 文宗 開成 원년(836) 봄 杜牧이 監察御使의 分司인 東都 洛陽에 있을 때 石崇의 金谷園 옛 터에서 綠珠의 고사를 떠올리며 감회를 읊은 것임.

2. 淸 洪亮吉의《北江詩話》에 "中唐以後, 小杜才識, 亦非人所及, 文章則有經濟, 古近體詩則有氣勢, 倘分其所長, 亦足以了數子, 宜其薄視元白諸人也"라 함.

3. 韻脚은 塵・春・人.

274

〈夜雨寄北〉 ·· 李商隱

비 내리는 밤에 북쪽에 부침

그대 내게 언제 돌아오느냐고 묻지만 난 아직 돌아갈 기약 없다네.
파산엔 밤비 내려 가을 못마다 물이 가득.
어느 날에 서창가에서 함께 촛불 심지 자르며,
이 파산의 밤비 내리는 정경을 함께 얘기할 수 있을까?

君問歸期未有期, 巴山夜雨漲秋池.
何當共剪西窗燭, 卻話巴山夜雨時?

【寄北】 자신이 남쪽 巴蜀에서 북쪽 長安에 있는 친구에게 보내는 것이므로
'寄北'이라 한 것임.
【君問歸期】 상대가 '언제쯤 돌아오는가'를 물음.
【未有期】 나의 대답이 '아직 기약을 정하지 않고 있음. 돌아갈 날짜를 알 수
없음'의 뜻.
【巴山】 四川에 있는 산맥 이름. 大巴山이라고도 하며 陝西 西鄕縣에서 시작
하여 四川에 걸쳐 있음. 여기서는 蜀中의 산을 말함.
【漲秋池】 가을 못에 물이 불어남.《莊子》秋水篇에 "秋水時至, 百川灌河, 涇流
之大, 兩涘渚崖之間不辯牛馬. 於是焉河伯欣然自喜, 以天下之美爲盡在己"라
하여 가을에 물이 불어나는 것으로 여겼음.

【何當】 '何日'과 같음. 溫庭筠의 〈送人東遊詩〉에 "何當重相見, 樽酒慰離顔"
이라 함.
【卻話】 '卻'은 '却'과 같음. 돌이켜 지난 일을 화제로 삼음. 여기서는 지금 겪고
있는 이 심정을 화제삼을 것임을 말함.

참고 및 관련 자료

1. 이 시는 武宗 大中 5년(851)부터 9년(855)까지 이상은이 巴蜀에 머물러
있을 때 지은 것임. 혹 제목을 〈寄内〉라 하여 아내에게 부치는 글로 보았으나,
이상은의 처 왕씨는 그 이전에 세상을 떠났고 그 뒤로 이상은은 재혼하지
않았음.
2. 淸 李鍈의 《詩法易簡錄》에 "就歸期夜雨等字觀之, 前人有以此爲寄内之詩
者, 當不誣也"라 함.
3. 姚培謙의 《李義山詩集評箋》에 "預飛到歸家後"라 함.
4. 韻脚은 期·池·時.

275

〈寄令狐郎中〉 ·· 李商隱

낭중 영호도에게 부침

숭산의 구름과 진천의 나무처럼 오랫동안 헤어져 살아왔는데,
멀리 멀리 한 장의 편지를 보내셨구려.
양원의 옛 빈객에게 묻지를 마시오.
무릉 가을비에 병든 사마상여처럼 살아간다오.

嵩雲秦樹久離居, 雙鯉迢迢一紙書.
休問梁園舊賓客, 茂陵秋雨病相如.

【令狐郎中】 낭중 벼슬을 하고 있는 令狐陶. 令狐는 複姓. 令狐楚의 아들이며
이상은이 어릴 때 이미 영호초에게 인정을 받은 적이 있었으나, 그 아들과는
계속 불화관계가 이어지고 있었음.
【嵩雲秦樹】 嵩山의 구름과 秦川의 나무. 崇山은 河南에 洛陽 남쪽 登封縣에
있으며, 秦川은 陝西 長安에 있음. 여기서는 자신은 숭산 남쪽에 와병중이며
令狐陶는 장안에서 벼슬하고 있어 서로 만나지 못함을 말함.
【雙鯉】 古詩 〈飮馬長城窟行〉에 "客從遠方來, 遺我雙鯉魚. 呼兒烹鯉魚, 中有
尺素書, 長跪讀素書, 書中竟何如? 上言加餐食, 下言長相憶"이라 함. 이에
따라 고대 나무로 잉어의 모습을 조각하여 편지를 넣어 보냈으며 서신을
대신하는 말로 쓰임.

【梁園】漢나라 梁孝王의 兔園. 河南省 商丘縣 동쪽에 있었음. 양효왕은
한 武帝의 둘째 아들로 빈객을 좋아하여 한 때 司馬相如가 그의 食客으로
이 곳에 유숙하여 梁園令이 되기도 함.
【茂陵】지금의 陝西 興平縣 동북쪽에 있으며 한 무제의 능묘가 있음. 사마
상여가 말년에 병을 핑계로 그곳에서 거처하였음.《史記》司馬相如傳에
"相如嘗稱病閑居, 不慕官爵, 拜爲孝文園令, 旣病免, 家居茂陵"이라 함. 이는
이상은이 자신을 사마상여에 비유하여 말한 것이며, 일찍이 영호도의 아버지
영호초와 관계가 있었으므로 '舊賓客'이라 한 것임.

━━━ 참고 및 관련 자료 ━━━

1. 이 시는 武宗 會昌 5년(854), 이상은이 洛陽에 병으로 누워 있을 때 멀리
長安에서 낭중 벼슬을 하고 있던 영호도에게 편지를 받고 답장으로 보낸 것
이며, 실제 이상은과 영호도는 李牛黨爭에 서로 소속이 달라 불화 상태였음.
그럼에도 이 시에서는 담담히 자신의 근황을 알릴 뿐이었음을 뒷사람들이
높이 사고 있었음.
2.《唐詩絶句類選》에는 이 시를 "用古事爲今事, 用死事爲活事"라 하였고,
《詩境淺說續編》에는 "義山與令狐相知久, 得來書而却寄以詩, 不作乞憐語,
亦不涉覬望語. 鬢絲病榻, 獨回首前塵, 得詩人溫柔悲惻之旨"라 함.
3. 韻脚은 居·書·如.

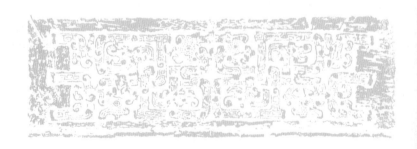

276

〈爲有〉 ·· 李商隱

모두 다 갖고 나니

운모 병풍마저 갖추니 방은 한없이 아름답구나.
서울에 겨울이 다 가니 봄밤이 두렵구나.
공연히 금구를 차는 높은 관리에게 시집을 왔더니,
향내나는 이불도 저버린 채 새벽 일찍 조정으로 출근하네.

爲有雲屛無限嬌, 鳳城寒盡怕春宵.
無端嫁得金龜婿, 辜負香衾事早朝.

【爲有】 '復有'와 같음. 이미 갖출 대로 갖춘 부잣집이지만, 거기에 운모병풍
　까지 또 더하여 갖춤.
【雲屛】 雲母石으로 만든 屛風.《西京雜記》(1)에 "漢成帝時, 趙昭儀居昭陽殿,
　有雲母屛風"이라 하여 여인의 방에 매우 귀한 가구임을 말함.
【嬌】 규방의 모습이 더 이상 꾸밀 것이 없을 정도로 다 갖추어, 젊은 아내
　로서 교태를 마음대로 부릴 수 있음.
【鳳城】 서울의 다른 말. 秦나라 繆公의 딸이 玉을 가지고 놀며 퉁소를 부니,
　鳳이 그 城에 내려왔다 하여 그곳을 丹鳳城이라 불렀으며, 뒤에는 서울을
　鳳城이라 하였음.《列仙傳》(上)에 "蕭父者, 秦穆公時人也. 善吹蕭, 能致孔雀
　白鶴於庭. 穆公有女, 字弄玉, 好之. 公遂以女妻焉. 日教弄玉作鳳鳴, 居數年,
　吹似鳳聲, 鳳凰來止其玉. 公爲作鳳臺, 夫婦止其上, 不下數年. 一旦, 皆隨

鳳凰飛去. 故秦人爲昨鳳女祠於雍宮中, 時有簫聲而已"라 함. 여기서는 자신이 고관대작에게 시집을 와서 화려한 서울에 살고 있어 더 부러울 것이 없으나, 오직 남편의 사랑을 제대로 받지 못함을 안타깝게 여기고 있음을 표현한 것.

【怕春宵】봄밤이 오는 것이 도리어 겁이 남. 남편이 이른 새벽에 출근하므로, 사랑을 나눌 기회가 없을 것임을 안타깝게 여긴 것.

【金龜】武則天 天授 원년에 모든 三品 이상 고관에게 金魚 장식을 차고 다니던 것으로 金龜로 바꾸게 하여 漢나라 때의 제도를 따랐으나, 中宗 때 다시 金魚로 바꿈. 실제로는 금실로 물고기나 거북 모양을 수놓은 주머니를 말함.《舊唐書》輿服志에 "天授元年, 改內外所佩魚皆爲龜, 三品以上龜袋用金飾"이라 함.

참고 및 관련 자료

1. 제목 〈爲有〉는 첫 구절 두 글자를 취한 것이며 〈無題〉와 유형이 같음.
2. 淸 何焯의 〈批李義山詩集〉에 "此與『悔教夫婿覓封侯』同意, 而用意較尖刻"이라 함.
3. 韻脚은 嬌·宵·朝.

277

〈隋宮〉 ·· 李商隱

수나라 궁궐

임금의 수레가 강남에 노닐면서 경계를 엄히 하지 않았고,
구중궁궐 깊은 곳에 그 누구 간언하는 편지를 살펴주리오?
봄날 좋은 시절 온 백성 궁궐의 비단을 마름질하여,
그 반은 장니를 만들고, 그 절반은 돛을 만드는 중이라네.

乘輿南游不戒嚴, 九重誰省諫書函?
春風擧國裁宮錦, 半作障泥半作帆.

【南遊】隋 煬帝(605~618 재위)가 운하를 타고 江都(지금의 揚州)에 幸行하여
온갖 사치와 놀이에 빠져 국정을 살피지 않았음.
【不戒嚴】수 양제는 천하에 아무 일이 없을 것이라 자신하여, 궁중과 나라에
전혀 계엄을 하지 않았음.
【省】살펴보아 줌. 이 구절 뜻은 아무도 수 양제의 실정을 간쟁하지도 않을
뿐더러 간쟁의 상소문이 올라와도 전혀 양제에게 전하지 않았음을 말함.
실제로 당시 양제는 大業 3년(616) 한 해만도 세 번이나 江都를 찾아갈 정도
였으며, 이에 奉信郞 崔民象·王愛仁 등이 南巡의 폐해를 간언하였으나
도리어 피살당하고 말았음.

【障泥】말 안장의 양쪽에 드리워서 먼지나 진흙 따위를 막는 蔽障. 주로 가죽이나 베로 만들지만 여기서는 양제의 사치로 인해 비단으로 만들었음을 말함.

【帆】돛. 양제가 남쪽 순행을 위해 배를 띄워 가는 곳마다 현지 군현에서는 그들의 물자를 조달함에 지쳐 고을을 텅 비우고 도망하였다 함.

참고 및 관련 자료

1. 이 시는 大中 10년(857) 李商隱이 江都를 여행할 때 지난날 隋 煬帝의 포악함을 회고하여 지은 것임.

2. 수 양제(楊廣)은 604년 아버지 文帝(楊堅)을 독살하고 제위에 올랐으며, 사치와 포악함이 극에 달하였음. 그리하여 618년 江都(지금의 江蘇 揚州)까지 운하를 타고 여행을 떠나 머물렀으며, 당시 수종원은 거의가 關中 사람들로써 돌아가기를 원하였지만 돌아갈 생각을 하지 않았음. 이에 강도에 식량이 바닥나자 禁軍將軍 宇文化及이 정변을 일으켜, 양제를 살해하여 수나라가 망하고 唐나라로 조대가 바뀌고 말았음. 《隋書》 및 《貞觀政要》 참조.

3. 淸 何焯은 "借錦帆事點化, 得水陸繹騷, 民不堪命之狀, 如在目前"이라 함.

4. 姚培謙은 "用意在'擧國'二字. 『半作障泥半作帆』, 寸絲不挂者可勝道耶?"라 함.

5. 韻脚은 嚴·函·帆.

278

〈瑤池〉 ·· 李商隱

요지

서왕모 요지에는 비단창문 열려 있고,
황죽가 노랫소리 온 땅에 애달프구나.
팔준마는 하루에 삼만리를 달리는데
목왕은 무슨 일로 다시 오지 않는고?

瑤池阿母綺窗開, 黃竹歌聲動地哀.
八駿日行三萬里, 穆王何事不重來?

【瑤池】 西王母가 사는 곳.《列子》周穆王篇에 "王大悅, 不恤國事, 不樂臣妾,
  肆意遠游. 命駕八駿之乘, ……遂賓於西王母, 觴于瑤池之上"이라 하였으며,
  《史記》大宛列傳에 "《禹本紀》言「河出崑崙. 崑崙其高二千五百餘里, 日月所
  相避隱爲光明也. 其上有醴泉·瑤池」"라 함.
【阿母】 西王母.《漢武內傳》에 서왕모를 '玄都阿母'라 불렀음.《穆天子傳》에
  "觴西王母於瑤池之上"이라 하였고,《史記》趙世家에 "繆王使造父御, 西巡狩,
  見西王母, 樂之忘歸"라 함. 한편《山海經》西次三經에는 "又西三百五十里,
  曰玉山. 是西王母所居也. 西王母其狀如人, 豹尾虎齒而善嘯. 蓬髮戴勝, 是司
  天之厲及五殘"이라 함.

【黃竹歌】지금은 전하지 않는 逸詩의 篇名.《穆天子傳》에 "天子游黃臺之丘, 獵於萍澤, 日中大寒, 北風雨雪, 天子作黃竹詩三章, 以哀人民"이라 하여 백성을 불쌍히 여긴 노래라 함.

【八駿】周 穆王이 조보(造父)로 하여금 몰게 했던 8필의 駿馬.《拾遺記》에 "穆王八駿: 一名絶地, 二名翻羽, 三名奔宵, 四名起影, 五名踰輝, 六名超光, 七名騰霧, 八名挾翼"이라 하였으나,《穆天子傳》에는 "赤驥, 盜驪, 白義, 逾輪, 山子, 渠黃, 驊駵, 綠耳"라 하였고,《博物志》(6)에는 "周穆王有八駿: 赤驥·飛黃·白蟻·華駵·騄耳·騧騟·渠黃·盜驪"라 하는 등,《列子》周穆王篇 등과 그 이름이 각기 다름.

【穆王】西周 穆王. 昭王 姬瑕의 아들이며 이름은 姬滿. 犬戎을 정벌하여 서북의 교통로를 열었으며 崑崙山에 들러 西王母를 만나기도 하였다 함. 穆天子로도 불리며 그가 신선을 찾아다닌 이야기를 모은 것이《穆天子傳》임.

【不重來】《穆天子傳》에 의하면 목왕이 떠날 때 서왕모가 "白雲在天, 山陵自出. 道里悠遠, 山川間之. 將子無死, 尚能復來"라 노래를 지어 주었으며, 목왕이 이에 "予歸東土, 和洽諸夏. 萬民平均, 吾顧見汝. 比及三年, 將復而野"라 답시를 주었으나, 목왕은 죽어 더 이상 서왕모를 찾아오지 못하였다 함.

참고 및 관련 자료

1. 이 시는 唐 武宗이 服食에 심취하여 丹藥을 먹다가 會昌 6년(846) 3월에 죽자, 이를 풍자하여 지은 것이 아닌가 함.

2. 馮浩의《李義山詩集箋注》에 "此追嘆武宗之崩也. 武宗好仙, 又好游獵, 又寵王才人. 此詩熔鑄其事而出之, 只用穆王一事, 足槪武宗三端, 用思最深, 措辭最巧"라 함.

3.《方南堂先生輟鍛錄》에는 "『八駿一行三萬里, 穆王何事不重來?』語圓意足, 信手拈來, 無非妙處, ……持一論以說詩, 皆井蛙之見也"라 함.

4. 淸 何焯은 "詩云: 將子無死, 尚復能來. 不來則死矣, 譏求仙之無益也"라 함.

5. 韻脚은 開·哀·來.

279

〈嫦娥〉 ·· 李商隱

항아

운모 병풍에 촛불 그림자 깊어 가는 밤,
은하수는 점점 기울어지고 새벽 별도 잠긴다.
항아는 틀림없이 불사약 훔친 것을 후회하여,
푸른 바다 푸른 하늘에 밤마다 마음 쓰라려 하고 있으리.

雲母屛風燭影深, 長河漸落曉星沈.
嫦娥應悔偸靈藥, 碧海靑天夜夜心.

【嫦娥】 '姮娥'로도 표기하며 '嫦'은 '姮'과 같음. '항'으로 읽음. 고대 有窮后羿의
아내. 不死藥을 훔쳐 月宮으로 도망하였다는 신화를 가지고 있음. 后羿는
고대 활의 명수로 알려진 인물. 하늘에 10개의 해가 나타나자 9개를 쏘아
없앴다 함. 그의 아내 항아가 西王母가 후예에게 준 선도(불사약)를 훔쳐
먹고 달로 도망하여 廣寒宮에 살게 되었다 함. 《淮南子》覽冥訓에 "羿請不死
之藥於西王母, 姮娥竊之奔月宮"이라 하였고, 高誘의 주에 "姮娥, 羿妻. 羿請
不死之藥於西王母, 未及服之, 姮娥盜食之, 得仙, 奔入月中, 爲月精. 奔月或
作坌肉藥, 坌肉以爲死畜之藥, 復可生也. 逢吉按: 姮娥, 諸本皆作恆. 唯意
《林作》姮, 《文選》注引此, 作當. 淮南王當諱恆, 不應作恆, 疑意《林是》也"라 함.
한편 《搜神記》(14)에는 "羿請無死之藥於西王母, 嫦娥竊之以奔月. 將往, 枚筮

之於有黃. 有黃占之曰:「吉. 翩翩歸妹, 獨將西行. 逢天晦芒, 毋恐毋驚, 後且大昌.」嫦娥遂託身於月, 是爲蟾蜍"이라 하였고, 《續漢書》天文志(上) 注에는 "日者, 陽精之宗. 積而成鳥, 象烏而有三趾. 陽之類, 其數奇; 月者, 陰精之宗. 積而成獸, 象兔. 陰之類, 其數耦. 其後有馮焉者. 羿請無死之藥於西王母, 姮娥竊之以奔月. 將往, 枚筮之於有黃, 有黃占之曰:「吉. 翩翩歸妹, 獨將西行, 逢天晦芒, 毋驚毋恐, 後其大昌.」姮娥遂託身于月, 是爲蟾蜍"라 하였음. 이에 달을 姮娥(嫦娥)라고도 하며 혹 '素娥'라고도 함. 《幼學瓊林》에 "靑女乃霜之神, 素娥則月之號"라 하였고, "后羿妻, 奔月宮而爲嫦娥; 傳說死, 其精神托于箕尾"라 함.

【雲母屛風】雲母石을 써서 만든 屛風.

【長河】은하수. 天河, 銀河.

【曉星沈】새벽 별이 잠기어 밤이 다함. '沈'은 '沉'으로도 표기함. 항아의 빛이 날이 밝아지면 제 구실을 하지 못함을 말함.

참고 및 관련 자료

1. 淸 紀昀의 《李義山詩集》批解에 "意思將在第一句, 卻從嫦娥對面寫來, 十分蘊藉, 此悼亡之詩, 非詠嫦娥"라 하여 도망시의 일종이며, 항아를 읊은 것이 아니라 하였음.

2. 李商隱은 女道士를 사랑하기도 하였고, 令狐楚의 婢女에게 연정을 품기도 하여, 이 시 역시 그러한 그의 애정 고사와 관련이 있는 것이 아닌가 함.

3. 韻脚은 深·沈·心.

280

〈賈生〉 ··· 李商隱

가의

어진 이를 찾아 선실에서 쫓겨난 신하를 부르니,
고생의 재주와 격조는 어디에 비할 데 없었네.
아름답다, 한밤중 임금이 자리를 당겨 앉으며,
백성은 묻지 않고 귀신 이야기를 질문하네!

宣室求賢訪逐臣, 賈生才調更無倫.
可憐夜半虛前席, 不問蒼生問鬼神!

【賈生】賈誼(B.C.200~B.C.168). 西漢시대 洛陽 출신으로 政論家이며 文學家.
文帝 초에 博士가 되어 大中大夫에 올랐으나, 죄를 짓고 長沙로 쫓겨남.
그때 屈原과 자신을 비교하여 〈吊屈原賦〉를 지었으며 司馬遷은 〈屈原賈生
列傳〉으로 묶어 전을 씀. 〈鵬鳥賦〉의 고사로도 유명함. 그 뒤 文帝가 가의를
宣室에서 불러 만나 귀신 이야기를 물어보고는 너무 흥미에 빠져 자리를
앞으로 당겨 가까이 앉으며 늦게 만난 것을 후회하였다 함.
【宣室】天子의 正室. 漢나라 때 未央宮의 正殿.
【逐臣】쫓겨난 신하. 가의가 長沙王 太傅로 쫓겨났다가 일년 뒤 문제가 그를
찾아 불러 만나보았음.
【無倫】짝이 없음. 비교할 데가 없음. 아주 특출함.

【前席】너무 흥미에 빠져 자리를 앞으로 당겨 앉음.《名義考》에 "坐則居中, 避遜不敢當, 則却就後席; 喜悅不自覺, 則促進前席"이라 함.

【不問蒼生問鬼神】漢 文帝가 백성의 문제는 묻지 않고 鬼神에 대하여 질문함.《史記》屈賈列傳에 "後歲餘, 賈生徵見. 孝文帝方受釐, 坐宣室. 上因感鬼神事, 而問鬼神之本. 賈生因具道所以然之狀. 至夜半, 文帝前席. 旣罷, 曰:「吾久不見賈生, 自以爲過之, 今不及也.」居頃之, 拜賈生爲梁懷王太傅. 梁懷王, 文帝之少子, 愛, 而好書, 故令賈生傅之"라 함.

참고 및 관련 자료

1. 이는 가의가 문제에게 다시 불려 똑똑함을 자랑했던 고사를 읊어 자신의 처지를 비유한 것임.

2. 淸 馮浩의《玉鷄生詩箋注》에 "義山退居數年, 起而應辟, 故每以逐客逐臣自諭, 唐人習氣也. 上章亦云賈生事鬼, 蓋因嶺南瘴癘之鄉, 故以此慨, 不解者乃以爲議論"이라 함.

3. 韻脚은 臣·倫·神.

〈瑤瑟怨〉 ··· 溫庭筠

요슬에 맺힌 한

대 돗자리, 흰 침상에 꿈을 이루지 못하는 밤,
푸른 하늘 물처럼 맑고, 밤 구름처럼 가볍네.
기러기 소리 멀리 소상강을 지나가고
열두 누각 중간에 달만 제 홀로 밝게 떴네.

氷簟銀床夢不成, 碧天如水夜雲輕.
雁聲遠過瀟湘去, 十二樓中月自明.

【瑤瑟】 구슬로 장식한 아름다운 瑟. 瑟은 거문고 류의 현악기.《漢書》郊祀志에
"泰帝使素女鼓五十弦瑟. 悲, 帝禁不止, 故破其瑟爲二十五弦"이라 함.
【氷簟】 대나무로 만들어 여름에 얼음처럼 시원하도록 한 자리.
【瀟湘】 瀟江과 湘江. 瀟江은 湖南 寧遠縣 남쪽 九嶷山에서 발원하며, 湘江은
江西省 興安 陽海山에서 발원함. 이 물은 다시 湖南 零陵縣에서 합수하며
이로부터 두 물을 묶어 瀟湘이라 함. 고대 湘君, 즉 娥皇과 女英이 이곳에서
신이 되었다 하며, 또한 기러기가 이곳까지 날아와 너무 아름다워 더 남쪽
으로 가지 않고 머문다고도 함. 錢起의 〈歸雁〉에 "瀟湘何事等閑回, 水碧沙
明兩岸苔. 二十五弦彈夜月, 不勝淸怨却飛來"라 함.
【十二樓】 신선들이 사는 崑崙山 열두 개의 높은 누각을 빗대어 장안의 높은
누각을 가리킴.

1. 이는 閨怨詩의 일종임.

2. 온정균은 당대 유명한 女道士 魚玄機와도 교분이 있었으며, 어현기가 온정균에게 준 시 〈寄飛卿〉에 "珍簟凉風著, 瑤琴寄恨生"이라 함.

3. 韻脚은 成·輕·明.

282

〈馬嵬坡〉 ·· 鄭畋

마외파

현종은 말을 돌려 돌아왔으나 양귀비는 이미 죽었고,
운우를 못 잊어 그리움은 날로 달로 새롭더라.
끝내 성스러운 임금은 천자의 일을 현명하게 처리하였나니
나라 망할 때 경양궁 우물에 숨었던 사람은 다시 어떤 인물이겠는가?

玄宗回馬楊妃死, 雲雨難忘日月新.
終是聖明天子事, 景陽宮井又何人?

【馬嵬坡】 지금의 陝西 興平縣 서쪽. 天寶 15年(756)에 安祿山이 潼關을 깨뜨
리자, 현종이 촉으로 피난하면서 이곳을 지날 때 병사들이 난의 책임을 楊
貴妃와 楊國忠에게 있다고 하며 변란을 일으킬 조짐을 보이자, 양귀비를
목매어 죽도록 한 곳임. 그 뒤 蕭宗 至德 2年(757) 9월 장안이 수복되었고
그해 12월 현종은 장안으로 돌아오는 길에 馬嵬佛寺를 지어 주었음. 옛날
晉나라 때 馬嵬라는 사람이 이곳에 성을 쌓아 이름이 전해졌다 함. 〈長恨歌〉
참조.
【雲雨】 남녀의 房事를 의미함. 宋玉의 〈高唐賦〉에 楚 襄王과 巫山의 神女의
사랑 노래한 글에 신녀가 "旦爲朝雲, 暮爲行雨, 朝朝暮暮, 陽臺之下"라 함.
이에 남녀의 사랑을 雲雨之情이라 함.

【景陽宮井】남조 마지막 왕조인 陳나라 망할 때 後主(陳叔寶)가 隋나라 병사를 피해 景陽宮을 나와 張麗華와 孔貴嬪을 데리고 우물 속에 숨었다가 잡혀 포로가 된 고사.《陳書》後主紀에 "後主聞兵至, 從宮人十餘出後堂景陽殿, 將自投于井, 袁憲侍側, 苦諫不從. 後閣舍人夏侯公韻又以身蔽井, 後主與之爭, 久之, 方得入焉. 及夜, 爲隋軍所執"이라 함. 그 우물은 원래 '臙脂井'이라 불렸으나 뒤에 '辱井'으로 불렸다 함. 여기서는 현종이 현명하여 진 후주와 같은 과오를 저지르지 않았음을 칭송한 것임.

참고 및 관련 자료

1. 이는 馬嵬坡의 양귀비 고사와 현종이 되돌아와 다시 바른 정치를 폈음을 긍정적으로 보고 지은 것임.

2. 白居易 〈長恨歌〉와 陳鴻의 〈長恨歌傳〉을 참조할 것.

3. 蘅塘退士는 이 시를 선정한 이유에 대하여 "唐人馬嵬詩極多, 惟此首得溫柔敦厚之意, 故錄之"라 함.

4. 唐 高彦休의 《唐闕史》에 "馬嵬佛寺楊貴妃縊所, 邇後才人經過賦詩, 以導幽怨者, 不可勝紀, 莫不以翠翹香鈿, 委於塵土, 紅凄碧怨, 令人傷感, 雖調苦詞淸, 而無此意. 獨丞相榮陽公畋爲鳳翔從事日, 題詩曰'玄宗回馬楊妃死'云云, 後人觀者以爲眞輔相之句"라 함.

5. 韻脚은 新·人.

❀ 정전(鄭畋)

1. 자는 臺文, 滎陽(지금의 河南 成皋縣 남쪽) 사람으로 會昌 연간에 進士에 올랐음. 劉瞻이 北門을 진수할 때 그를 불러 從事로 삼았으며, 다시 유첨이 재상이 되자 그를 翰林學士로 추천하여 中書舍人에 오르도록 함. 乾符 연간에 兵部侍郎同平章事에 올랐고, 尙書左僕射를 역임함. 시집 1권이 있었으며, 지금은 시 16수가 전함.《舊唐書》(178)와 《新唐書》(185)에 전이 있음.

2. 羅隱과 교유하여 《唐才子傳》(9)에 "羅隱又以詩投相國鄭畋, 畋有女殊麗, 喜詩詠, 讀隱作至「張華漫出如丹語, 不及劉侯一紙書」由是切慕之, 精爽飛越, 莫知所從. 隱忽來謁, 女從簾後窺見迂寢之狀, 不復念矣"라 함.

283

〈已涼〉 ⋯⋯⋯⋯⋯⋯⋯⋯⋯⋯⋯⋯⋯⋯⋯⋯⋯⋯⋯ 韓偓

이윽고 시원해진 날씨

푸른 난간 밖에 주렴을 드리우고,
붉은색 병풍엔 가지 꺾은 꽃 그림.
여덟 용수초 돗자리에 비단이불 펼쳤으니,
이미 시원해진 날씨에 춥지도 않은 좋은 시절.

碧闌干外繡簾垂, 猩色屛風畵折枝.
八尺龍鬚方錦褥, 已涼天氣未寒時.

【已涼】 날씨가 이미 시원하여 춥지 않은 초여름이 다가왔음을 뜻함.
【繡簾】 여름날을 맞이하기 위하여 수를 놓은 좋은 발을 침.
【碧闌干】 碧玉으로 장식한 건물의 난간. 난간은 이층 발코니. 疊韻連綿語의
物名.
【猩色】 鮮紅色·猩紅色·血紅色. 붉은 색깔의 아름다운 여름 풍경에 맞춘 병풍
임을 뜻함.
【折枝】 花卉 그림에서 畵法의 용어, 술어. 꽃 그림에 뿌리를 그리지 않고
줄기와 꽃가지만 꺾은 듯이 그리는 기법.
【龍鬚】 龍鬚草라는 풀이며, 燈芯草科에 속하며 귀한 돗자리 짜는 데 쓰임.

1. 이는 韓偓의 艶情詩의 하나로 《香奩集》에 실려 있으며 부귀한 집안 여인들을 노래한 晚唐 시풍을 잘 드러내고 있음.

2. 韻脚은 垂·枝·時.

✿ 한악(韓偓)

1. 唐末五代 초의 인물. 자는 致堯, 호는 玉山樵人. 京兆 萬年(지금의 陝西 長安) 사람. 龍紀 원년(889)에 진사에 올라 兵部侍郎, 翰林學士를 역임함. 朱全忠(뒤에 後梁을 세운 인물, 朱溫)에게 미움을 받아 濮州司馬로 폄직되었다가 天佑 2년 복직되었으나, 조정의 부름에 나가지 않고 남쪽으로 가서 王審知(福建에 閩을 세운 군주)에게 의탁하였다가 생을 마침. 그는 이상은과 친구였던 한첨의 아들이며, 어려서 이미 시에 능하여 이상은에게 칭송을 입음. 《翰林集》과 《香奩集》을 남겼으며, 《한림집》에 실린 시들은 전란의 고통과 우국의 정을 시로 읊은 것이나 《향렴집》에 실린 시들은 지나치게 艶情에 흘러 수준은 높지 않은 것으로 평가함. 《新唐書》(藝文志, 2)에 韓偓의 《金鑾密記》 5卷이 기록되어 있으며 같은 藝文志(4)에 《韓偓詩》 1卷, 《香奩集》 1卷이 著錄되어 있음. 《全唐詩》에는 그의 詩가 4卷(680~683)으로 편집되어 있고, 《全唐詩續拾》에 斷句 1句가 실려 있음. 《唐詩紀事》(65)와 《全唐詩話》(5)에 관련 기록이 실려 있음. 《十國春秋》(95) 참조.

2. 《唐詩紀事》(65)

○ 偓, 字致堯, 今曰致光, 誤矣. 自號『玉山樵人』.

○ 偓父瞻, 開成六年李義山同年也. 義山有〈餞韓同年西迎家室戱贈〉云:『籍籍征西萬戶侯, 新緣貴婿起珠樓. 一名我漫居先甲, 千騎君翻在上頭. 雲路招邀回綵鳳, 天河迢遞笑牽牛. 南朝禁臠無人寄, 瘦盡瓊枝爲四愁.』

3. 《全唐詩》(680)

韓偓, 字致光(一作致堯), 京兆萬年人. 龍紀元年, 擢進士第, 佐河中幕府, 召拜左拾遺, 累遷諫議大夫. 歷翰林學士·中書舍人·兵部侍郎. 以不附朱全忠, 貶濮州司馬, 再貶榮懿尉. 徙鄧州司馬, 天祐二年, 復原官. 偓不赴召, 南依王審知而卒. 《翰林集》一卷, 《香奩集》三卷, 今合編四卷.

4.《唐才子傳》(9) 韓偓

偓, 字致堯, 京兆人. 龍紀元年, 禮部侍郎趙崇下擢第. 天復中, 王溥薦爲翰林學士, 遷中書舍人. 從昭宗幸鳳翔, 進兵部侍郎‧翰林承旨. 嘗與崔胤定策誅劉季述. 昭宗反正, 論爲功臣. 帝疾宦人驕橫, 欲去之. 偓畫策稱旨, 帝前膝曰:「此一事終始屬卿」偓因薦座主御史大夫趙崇, 時稱能讓. 李彥弼倨甚, 因譖偓漏禁省語, 帝怒曰:「卿有官屬, 日夕議事, 奈何不欲我見韓學士耶?」帝勵精政事, 偓處可機密, 率與上意合. 欲相者三四, 讓不敢當. 偓喜侵侮有位, 朱全忠亦惡之, 乃搆禍貶濮州司馬. 帝流涕曰:「我左右無人矣!」天祐二年, 復召爲學士, 偓不敢入朝, 挈其族, 南依王審知而卒. 偓自號「玉山樵人」. 工詩, 有集一卷. 又作《香奩集》一卷. 詞多側豔新巧, 又作《金鑾密記》五卷, 今並傳.

284

〈金陵圖〉 ·· 韋莊

금릉을 그린 그림

강에는 부슬부슬 비 내리고 강풀은 가지런한데,
육조는 꿈이런가 새들만 부질없이 울고 있네.
가장 무정하기로는 대성 궁궐의 버드나무,
옛날처럼 십 리 안개 속 제방을 덮고 있네.

江雨霏霏江草齊, 六朝如夢鳥空啼.
無情最是臺城柳, 依舊煙籠十里堤.

【金陵】 東晉과 南朝 시대에 수도였던 建業, 建康의 지명(지금의 江蘇 南京).
【六朝】 東吳(222~264)·東晉(317~420)·宋(420~479)·齊(479~502)·梁(502~557)·
陳(557~589)까지 370여 년간의 여섯 王朝를 가리킴. 북조와 대립하여 남조를
대표하며, 남방문화의 꽃을 피웠던 시기임.
【臺城】 육조 내내 궁궐로 삼았던 궁성. 洪邁의 《容齋隨筆》에 "晉宋間, 謂朝
廷禁省爲臺, 故稱禁城爲臺城"이라 하였으며, 《輿地紀勝》에는 "臺城, 一曰
苑城, 卽古建康宮城也. 本吳後苑城. 晉成帝咸和五年作新宮于此. 其城唐末
尙存"이라 하였음. 지금의 南京 북쪽 玄武湖 가에 있으며, 苑城이라고 하며
咸和 5년(331)에 개축하여 新宮이라고도 칭함. 宋·齊·梁·陳 모두 宮城으로
삼았던 곳임.

1. 金陵(建康, 南京)을 그린 그림을 보고 읊은 것이며, 제목 〈金陵圖〉는 일부
판본에는 〈臺城〉으로 되어 있음.

2. 〈金陵圖〉 그림은 이 시와 함께 《本集》(4)에 실려 있으며, 시에는 "誰謂傷
心畫不成, 畫人心逐世人情. 君看六幅南朝事, 老木寒雲滿故城"이라 하였음.
이는 韋莊이 中和 3년(883)에 江南을 유람할 때 지은 것임.

3. 韻脚은 齊·啼·堤.

285

〈隴西行〉 ·· 陳陶

농서의 노래

흉노를 쓸어버리겠노라 맹세하며 제 한몸 돌보지 않던,
오천 군사들 오랑캐 땅 먼지 속에서 죽어갔지.
가련하다, 무정하 강가에 나뒹구는 백골들이여,
그래도 아내들은 꿈속에서라도 만났으면 하고 기다린다네!

誓掃匈奴不顧身, 五千貂錦喪胡塵.
可憐無定河邊骨, 猶是深閨夢裏人!

【隴西】 지금의 甘肅省 서쪽 지역. 이민족과 경계를 이루는 沙漠지대로 늘
　전쟁과 軍役으로 고통을 받는 곳으로 여겼음.
【行】 歌曲의 한 장르이며 문체의 이름.《文體明辨》에 "步驟馳騁, 疎而不滯
　者曰行"이라 함.
【匈奴】 고대 중국 북방에 거주하던 민족. 獫狁·熏鬻·狄·胡 등으로도 불렀
　으며 훈족의 전신. 뒤에 북쪽 이민족을 대신하는 말로도 쓰임.
【貂錦】 貂皮와 錦袍. 貂裘錦衣. 漢나라 때 羽林軍이 입던 군복. 변방을 지키는
　병사들을 말함. 劉禹錫의 〈和白侍郎送令狐相公鎭太原〉 시에 "天兵十萬貂
　錦衣"라 함.
【無定河】 물 이름. 내몽고 오르도스(鄂爾多斯)에서 발원하여 陝西의 橫山縣,
　綏德縣 등을 거쳐 淸澗縣에서 黃河로 흘러들어감. 급류로써 모래를 무너

뜨리고 깊이를 알 수 없어 無定河라 한다 함. 《一統志》에 "無定河自邊外流
經陝西楡林府懷遠縣北, 西南經米脂縣, 又東南流經淸澗縣東北, 入黃河. 一名
奢延河, 以潰沙急流, 深淺不定, 故名無定"이라 함.

【邊骨】 변방에 흩어져 거두어주지 않은 죽은 병사의 유골. 許渾의 〈塞下曲〉에
"夜戰桑乾北, 秦兵半不歸. 朝來有鄕信, 猶自寄寒衣"라 함.

> **참고 및 관련 자료**

1. 〈隴西行〉은 《古樂府》 相和歌辭의 瑟調曲이며 모두 4수. 이는 그중 제 2수임.
2. 韻脚은 身·塵·人.

❀ **진도**(陳陶)

1. 자는 嵩伯. 鄱陽(지금의 江西) 사람으로 宣宗 大中 때 長安에 떠돌며 공부
하다가 과거를 포기하고 洪州(지금의 江西 南昌) 西山에 은거함. 《新唐書》
(藝文志, 4)에 《文錄》10卷이 著錄되어 있으나 南宋 때의 여러 書目에는 이미
보이지 않음. 《全唐詩》에는 그의 詩가 2권(745·746)으로 편집되어 있음.

2. 《唐詩紀事》(60)

陶, 劍浦人, 居南昌之西山. 宋齊丘守南昌, 因有蒲安之覯. 乃自詠云:『中原莫
道無麟鳳, 自是皇家結網疎.』與水曹任畹郎中友善, 寄畹詩云:『好向明時薦
遺逸, 莫敎千里弔靈均.』江南後主卽位, 知其運祚衰替, 以修養爲事. 故詩曰:
『乾坤見了文章懶, 龍虎成來印綬疎.』嚴尙書宇鎭豫章, 遣小妓號蓮花者, 往西
山侍陶, 陶殊不顧. 妓爲詩曰:『蓮花爲號玉爲腮, 珍重尙書遣妾來. 處士不生巫
峽夢, 虛勞神女下陽臺.』陶答之曰:『近來詩思淸於月, 老大心情薄似雲. 已向昇
天得門戶, 錦衾深媿卓文君.』陶, 唐末自稱布衣. 開寶中人或見之, 或云已得仙矣.

3. 《全唐詩》(745)

陳陶, 多嵩伯, 嶺南(一云鄱陽, 一云劍浦)人. 大中時, 遊學長安, 南唐昇元中,
隱洪州西山, 後不知所終. 詩十卷, 今編爲二卷.

4. 《唐才子傳》(8) 陳陶

陶, 字嵩伯, 鄱陽, 劍浦人. 嘗擧進士輒下, 爲詩云:「中原不是無麟鳳, 自是皇家
結網疏.」頗負壯懷. 志遠心曠, 遂高居不求進達, 恣遊名山, 自稱「三教布衣」.

大中中, 避亂入洪州西山學神仙, 咽氣有得, 出入無間. 時嚴尙書宇牧豫章, 慕其清操, 嘗備齋供, 俯就山中, 揮塵談終日. 欲試之, 遣小妓蓮花往侍, 陶笑不答, 蓮花賦詩求去, 曰:「蓮花爲號玉爲腮, 珍重尙書送妾來. 處士不生巫峽夢, 虛勞雲雨下陽臺.」陶賦詩贈之云:「近來詩思淸於水, 老去風情薄似雲. 已向升天得門戶, 錦衾深愧卓文君.」宇見詩, 益嘉貞節. 陶金骨已堅, 戒行通體, 夜必鶴氅, 焚香巨石上, 鳴金步虛, 禮星月, 少寐. 所止茅屋, 風雷洶洶不絶. 忽一日不見, 惟鼎竈杵臼依然. 開寶間, 有樵者入深谷, 猶見無恙. 後不知所終. 陶工賦詩, 無一點塵氣. 於晚唐諸人中, 最得平淡, 要非時流所能企及者. 有《文錄》十卷, 今傳於世.

286

〈寄人〉 ·· 張泌

그녀에게 부침

이별 후에도 차마 잊지 못해 꿈속에서 그대 집을 찾아가니,
작은 회랑을 돌아가니 구부러진 난간이 비스듬하네.
다정하기는 오직 봄 뜰의 달빛,
그나마 이별 아쉬워하는 나를 위해 떨어진 꽃에 비치고 있네.

別夢依依到謝家, 小廊回合曲闌斜.
多情只有春庭月, 猶爲離人照落花.

【依依】 헤어지기를 망설이는 모습을 뜻함. 다른 기록에는 '依稀'의 疊韻連
綿語로 되어 있음.
【謝家】 마음속에 늘 품고 있는 사람을 뜻함. 唐代 '謝女·謝娘·謝家'등으로
늘 표현하던 상투어. 원래 재주 있는 여자를 가리키는 말이 변한 것임.
《世說新語》言語篇에 나오는 東晉 王凝之의 처이며 謝安의 딸 謝道韞이
文才가 있어 늘 '謝女·謝娘'으로 불렸으며, 그 외 中唐 때 李德裕와 교분이
있었던 名技 謝秋娘을 역시 '謝女·謝娘'으로 불러 유행어가 된 것이라 함.

1. 이는 張泌이 이웃집 여인을 두고 그리워하여 읊은 것으로, 晩唐五代 기교파 시풍을 잘 드러낸 것임.

2. 《詞苑叢談》(7)에 이 시를 싣고 "張泌在南唐爲內史舍人, 初與隣女浣衣相善, 作〈江神子〉詞云:「浣花溪上見卿卿, 眼波明, 黛眉輕. 高綰綠雲, 低簇小蜻蜓. 好是問她來得麽? 和笑道, 莫多情.」後經年不復相見. 張夜夢之, 其絶句云:「別夢依稀到謝家, 小廊回合曲闌斜. 多情只有春庭月, 猶爲離人照落花.」"라 함.

❋ 장필(張泌)

1. 張佖로도 표기하며 자는 子澄. 南唐 때 淮南 사람으로 南唐에 벼슬하여 句容縣尉를 역임하였으며, 內史舍人 등을 지냄. 宋에 들어서는 史官 벼슬도 역임함. 집이 가난하면서도 친구를 잘 菜羹으로 대접한 고사가 알려져 太宗 때 郞中으로 발탁되었으며 세칭 '菜羹張家'라 불렸음.

2. 칠언율시와 절구에 뛰어났으며, 시풍은 淸贍愁思한 것으로 평가받았음. 시집 1권이 있으며 《全唐詩》에 小傳이 실려 있음. 원래 五代人으로 '唐詩'에 포함될 수 없음.

287

〈雜詩〉 ·· 無名氏
잡시

한식날 가까이 비 맞은 풀은 무성하고
보리 싹은 바람에 눕고 버들은 둑에 비치네.
모두 다 이렇건만 나는 집 있어도 돌아가지 못하니,
두견새야 내 귓가를 향해 울지나 말아다오.

近寒食雨草萋萋, 著麥苗風柳映堤.
等是有家歸未得, 杜鵑休向耳邊啼.

【雜詩】 시의 형식이나 내용 등에 제한을 받지 않기 위해 붙인 제목.
【寒食】《荊楚歲時記》에 "去冬節一百五日, 卽有疾風甚雨, 謂之寒食. ……晉介
之推三月五日爲火所焚, 國人哀之, 每歲春暮不擧火, 謂之禁煙"이라 하였으며,
《鄴中記》에 의하면 3일간 불을 피우지 못하도록 하였다 함. 즉 冬至 다음
105일째 날로 대개 청명 전 1, 2일. 춘추시대 晉나라 介子推가 文公(重耳)을
따라 19년간 망명생활 중에 먹을 것이 떨어지자 자신의 허벅지 살을 베어
살려내었으나, 문공이 등극한 뒤 벼슬이 주어지지 아니하자 介山(縣山,
지금의 山西 介休縣 동남쪽)으로 숨어들어 어머니를 봉양하고 살고 있었음.
문공이 이를 알아차리고 그를 찾기 위해 수차례 사람을 보냈으나 나오지
않자 산에 불을 놓아 나오도록 하고자 하였음. 이에 개자추가 타서 죽자,

그를 기념하여 그날은 불을 피우지 아니하도록 한 데서 유래되었다 함.(蔡邕 《琴操》卷下) 한편《十八史略》(1)에 "後世至文公, 霸諸侯. 文公名重耳, 獻公 之次子也. 獻公嬖於驪姬, 殺太子申生, 而伐重耳於蒲. 重耳出奔, 十九年而後 反國. 嘗餒於曹, 介子推割股以食之. 及歸賞從亡者, 孤偃·趙衰·顚頡·魏犨, 而不及子推. 子推之從者, 懸書宮門曰:「有龍矯矯, 頃失其所. 五蛇從之, 周流 天下. 龍饑乏食, 一蛇刲股. 龍返於淵, 安其壤土. 四蛇入穴, 皆有處處. 一蛇 無穴, 號于中野.」公曰:「噫! 寡人之過也.」使人求之, 不得. 隱綿上山中, 焚其山, 子推死焉. 後人爲之寒食. 文公環綿上田封之, 號曰介山"이라 함. 그러나 이미 周나라 때부터 봄에 화재를 예방하기 위하여 이러한 날을 정하여 불을 금하기 시작한 것으로 봄.《周禮》秋官 司烜氏에 의하면 仲春 때 목탁을 두드리며 나라 안에 불을 금하도록 한 기록이 있음. 그 외《太平 御覽》(30)과 王三聘《古今事物考》(1),《荊楚歲時記》등을 참조할 것.

【著麥苗風】보리싹을 바짝 눕힐 정도로 불어오는 봄바람 훈풍.

【等是】모두가 똑같음.

【杜鵑】새 이름. 소쩍새. 子規. 蜀王 杜宇가 원통하게 죽어 이 새가 되어 피를 토하며 봄밤을 울어 그 피가 杜鵑花가 되었다 함.《禽經》에 "江左曰子規, 蜀右曰杜鵑"이라 하였고,《蜀王本紀》에 "鼈靈死, 其屍逆江而流至蜀, 王杜宇 以爲相, 宇自以德不及靈, 傳位而去, 其魄化爲鳥, 因名此, 亦曰杜鵑, 卽望帝也" 라 함. 우는 소리가 '不如歸去'(돌아감만 못하다)라는 음을 내며 별령에게 나라를 빼앗긴 것을 원통해한다고 믿었음.

참고 및 관련 자료

1. 봄날 만물의 변화에 고향을 그리워하는 노래임.

2.《唐詩選脉會通評林》에 "眞情, 眞趣, 眞話, 寫得出, 惟有情癡者能知之"라 함.

3. 韻脚은 萋·堤·啼.

❀ 무명씨

《唐詩三百首》중에 무명씨의 시는 이 한 편이 실려 있음.

卷八：七絕．樂府

288

⟨渭城曲⟩ ··· 王維
위성곡

위성 아침 비가 날리던 먼지 앉혀주니,
객사엔 푸릇푸릇 버들 색이 새롭도다.
그대에 권하노니 다시 한 잔 다 비우게,
서쪽 양관을 넘어서면 아는 이도 없을 테니.

渭城朝雨浥輕塵, 客舍青青柳色新.
勸君更盡一杯酒, 西出陽關無故人.

【渭城】秦나라 때 도읍이었던 咸陽 故城을 말함. 지금의 山西 西安市 북쪽
으로 渭水의 北岸임. 漢 高祖 때 新城
이라 하였다가 漢 武帝 때 다시 渭城
으로 고침. 唐代 長安에서 서쪽, 지금의
新疆 위구르 및 투루판(吐魯番) 일대를
지나 출행하는 자들의 이별 장소로
널리 알려진 곳임.

【浥】먼지 등을 적셔 흩날리지 않도록
함. 혹 '裛'자로 표기하기도 함.

新疆위구르 陽關에 세워진 王維의
⟨渭城曲⟩ 詩碑

【客舍】심부름이나 여행을 가면서 중간에 숙박하는 곳.

【靑靑柳色新】 일부본에는 '依依楊柳春'혹은 '靑靑柳色春'으로 적기도 함.
【陽關】 서역으로 가는 고대 關塞 이름. 지금의 甘肅 敦煌 서남 古董灘에
　있으며 玉門關의 남쪽에 있어 陽關이라 함. 漢唐 시대 西域과 통하는
　중요한 관문으로 옥문관은 北道, 양관은 南道로 통함. 《漢書》 地理志에
　"龍勒縣有陽關·玉門關"이라 함.
【故人】 연고가 있는 사람. 서로 아는 사람. 친구.

참고 및 관련 자료

1. 널리 애송되는 시로써 《王右丞集》에는 제목을 〈送元二使安西〉라 하였음.
'安西'는 唐나라 때 安西都護府를 龜玆城에 두었으며, 지금의 新疆위구르
高車縣에 있었음. '元二'는 성이 원씨이며 排行이 두 번째인 왕유의 친구.
구체적으로는 알 수 없음. 뒤에 이 시는 악부에 올라 〈渭城曲〉, 혹은 〈陽關曲〉
이라 하였으며, 《樂府詩集》 近代曲辭에 실려 있음. 唐 元和 연간 이후로는
흔히 친구와 송별할 때 이를 불렀음. 이를테면 劉禹錫의 〈與歌者〉에 "舊人
唯有何堪在, 更與殷勤唱渭城"이라 하였고, 白居易의 〈對酒〉 "相逢且莫推辭醉,
聽唱陽關第四聲"과 다른 散曲과 더불어 〈陽關三疊〉이라 하였음.

2. 宋 蘇軾의 《東坡志林》에 "舊傳陽關三疊, 然今歌者, 每句再疊而已. 通一首
言之, 又是四疊, 皆非是也. 或每句三唱, 以應三疊之說, 則叢然無復節奏. 余在
密州, 有文勛長官, 以事至密, 自云得古本陽關, 其聲宛轉凄斷, 不類向之所聞,
每句再唱, 而第一句不疊, 乃知唐本三疊蓋如此. 及在黃州, 又得樂天對酒詩云:
『相逢且莫推辭醉, 聽唱陽關第四聲.』 注云:「第四聲, 勸君更盡一杯酒」是也.
以此驗之, 若一句再疊, 則此句爲第五聲, 今爲第四聲, 則第一句不疊審矣"라 함.

3. 韻脚은 塵·新·人.

4. 《千家詩》 原註(王相)

安西, 西域諸國之總名, 唐有安西都護以鎭之. 此渭城送人出使安西而作. 言渭
城朝雨, 爲君拂浥輕塵; 客舍柳色方新. 當春暖之時, 無風霜之苦也. 餞程之酒,
將闌而欲別, 勸君再進一杯, 以壯行色. 明日西出陽關之外, 但見白飛黃沙, 更無
故人相遇也. ○王維, 字摩詰, 太原人, 開元進士第一. 官至尙書右丞. 此詩演
入樂府爲陽關三疊. 惟第三句, 不動其餘互換, 居首轉疊爲詩六句.

289

⟨秋夜曲⟩ ·· 王維

가을밤의 노래

달은 초승달, 가을 이슬은 희미한데,
가벼운 비단옷 얇건만 갈아입지도 않은 채,
밤 깊도록 은쟁을 은은히 타면서,
빈방이라 두려운 마음 차마 들어가지 못한다네!

桂魄初生秋露微, 輕羅已薄未更衣.
銀箏夜久殷勤弄, 心怯空房不忍歸!

【桂魄】 고대 달에 계수나무가 있다고 믿어 그 희미한 빛을 桂魄이라 하며
특히 초승달이 뜰 때의 광도를 의미함.
【銀箏】 箏은 13弦의 弦樂器의 일종. 銀으로써 장식하였음을 말함.
【殷勤】 '慇懃'으로도 표기하며 疊韻連綿語. '은은하다'고 풀이하였음.
【弄】 '打·爲·鼓·奏·彈'등을 의미하는 代動詞.
【歸】 房으로 돌아감. ⟨古詩⟩에 "空房難獨守"라 함.

1. 〈秋夜曲〉은 《樂府》雜曲歌辭이며 閨怨詩이며 가을 독수공방을 두려워
하는 마음을 읊은 것임.

2. 蘅塘退士는 "貌爲熱鬧, 心實凄凉. 非深於涉世者不知"라 평하였음.

3. 韻脚은 微·衣·歸.

290

〈長信怨〉 ·· 王昌齡

장신궁의 한

비 들고 이른 새벽 청소하니 궁궐문이 열리고,
둥근 부채와 빗자루 잠시 들고 서성이네.
옥 같은 이 얼굴 가을 까마귀 색깔만도 못한가 보다.
그래도 까마귀는 소양전의 해 그림자라도 받으며 오는데.

奉帚平明金殿開, 且將團扇共徘徊.
玉顏不及寒鴉色, 猶帶昭陽日影來.

【長信】 궁궐 이름. 원래 한나라 때 태후가 일선에서 물러나 노년에 살도록
한 궁궐. 《三輔黃圖》에 "長信宮, 漢太后常居之"라 함. 漢 成帝 때 班婕妤가
文才로 성제의 총애를 입었으나, 얼마 뒤 趙飛燕과 趙合德 자매로 인해
사랑을 잃게 되자, 자신 스스로 장신궁에 가서 태후를 시봉하겠다고 물러
섰던 궁궐. 그리하여 유명한 〈紈扇詩(怨歌行)〉를 지은 것으로 알려짐.
【奉帚】 '帚'는 '箒'와 같으며, 이의 동사는 '掃'로써 아내로서의 임무를 뜻함.
아내를 '箕箒'라 함. 여기서는 반첩여가 총애를 잃자 長信宮으로 옮겨가 太后를
위해 청소 일을 하였음을 말함. 吳叔庠의 〈行路難〉에 "班姬失寵顏不開,
奉帚供養長信臺"라 함.
【平明】 이른 새벽.

【且將】 '暫將'으로 된 판본도 있음. '잠시 이를 가지고'의 뜻.

【團扇】 둥근 부채. 班婕妤의 〈怨歌行(紈扇詩)〉에 "新裂齊紈素, 皎潔如霜雪. 裁爲合歡扇, 團圓似明月. 出入君懷袖, 動搖微風發. 常恐秋節至, 涼飇奪炎熱. 棄捐篋笥中, 恩情中道絶"이라 하였음.

【共徘徊】 비와 부채를 함께 가지고 배회함. 徘徊는 한곳에 머물지 못하고 방황함을 뜻하는 疊韻連綿語.

【玉顔】 여인의 아름다운 얼굴을 말함.

【寒鴉】 가을 날씨가 추울 때의 까마귀. 秋鴉.

【昭陽】 漢나라 궁궐 이름. 장신궁의 동쪽에 있었음. 成帝가 趙飛燕을 총애하여 趙飛燕의 동생을 合德을 昭儀로 봉하고 함께 昭陽殿에 살도록 하였음.

【日影】 임금의 恩光을 비유함.

참고 및 관련 자료

1. 〈長信怨〉은 〈長信宮〉이라고도 하며, 郭茂倩의 《樂府詩集》에 相和歌辭楚調曲으로 제목이 〈長信秋詞〉로 되어 있으며 모두 5수 중 제3수임.

2. 《新唐書》에는 왕창령의 시를 "緖密而思淸"이라 평하였음.

3. 沈德潛 《唐詩別裁》에 "寒鴉帶東方日影而來, 見己之不如鴉也. 優柔婉麗, 含蘊無窮, 使人一唱而三嘆"이라 함.

4. 韻脚은 開·徊·來.

〈長信宮鎏金宮女銅燈〉(西漢) 1968 河北 滿城 출토

〈出塞〉 ·· 王昌齡

변새로 나서며

진나라 때의 달이요, 한나라 때의 관문 그대로이건만,
만리 밖에 원정 갔던 병사들 아직 돌아오지 못하네.
다만 용성 땅에 지금도 비장군이 있기만 한다면
호마로 하여금 음산을 넘어오지 못하게 할 텐데.

秦時明月漢時關, 萬里長征人未還.
但使龍城飛將在, 不教胡馬渡陰山!

【秦時明月漢時關】秦漢을 거치면서 먼 옛날부터 胡人을 막으려 그토록 애를
썼건만, 아직도 변방은 그대로 고통당하고 있음을 뜻함.
【龍城】지금의 내몽고 타거르(塔果爾) 河 유역 일대. 衛靑의 고사를 인용한 것.
《漢書》武帝紀에 "元光五年, ……衛靑至龍城, 獲首虜七百級"이라 하였고,
匈奴傳에는 "五月大會龍城"이라 하여 한나라 때 흉노와의 격전지였음.
【飛將】飛將軍 李廣을 가리킴. 漢나라 때 匈奴를 벌벌 떨게 한 유명한 장군.
《史記》李將軍列傳에 "李將軍廣者, 隴西成紀人也. 其先曰李信, 秦時爲將,
逐得燕太子丹者也. 故槐里, 徙成紀. 廣家世世受射. 孝文帝十四年, 匈奴大入
蕭關, 而廣以良家子從軍擊胡, 用善騎射, 殺首虜多, 爲漢中郎, 廣從弟李蔡亦
爲郎, 皆爲武騎常侍, 秩八百石. 嘗從行, 有所衝陷折關及格猛獸, 而文帝曰:

「惜乎, 子不遇時! 如令子當高帝時, 萬戶侯豈足道哉!」……廣居右北平, 匈奴
聞之, 號曰「漢之飛將軍」, 避之數歲, 不敢入右北平"이라 함.

【陰山】陰山山脈. 內蒙古 북부를 가로지르는 큰 산맥. 서쪽 河套에서 동쪽
興安嶺 산맥까지 이어지며, 한나라 때 흉노와의 경계를 이루고 있었음.

1. 出塞詩의 대표적인 작품이며 樂府 橫吹曲辭에 들어 있음. 出塞曲은《西
京雜記》에 "戚夫人善歌出塞·入塞·望歸之曲"이라 하여 漢나라 때 이미 있었
음을 알 수 있으며 唐代에는 邊塞詩派를 형성할 정도로 부흥을 이루었으며
그중 王昌齡이 대표자였음.

2. 沈德潛은《說詩晬語》에서 "秦時明月一章, 前人推奬之而未言其妙. 蓋言
師勞力竭而功不成, 由將非其人之故, 得飛將軍備邊, 邊烽自熄"이라 하였고,
明 王世貞은 "李于鱗言唐人絶句, 當以'秦時明月漢時關'壓卷, 余始不信, 以太
白集中有極二妙者, 旣而思之, 若落意解, 當別有所取, 若以有意無意, 可解不
可解間求之, 不免此詩第一耳"라 함.

3. 韻脚은 關·還·山.

292-1

〈清平調〉三首(1) ·· 李白
청평조(1)

구름은 그대의 옷이 되고 싶어 하고 꽃은 그대의 얼굴을 닮고 싶어 하네,
봄바람 난간에 불어올 때 이슬 맺힌 꽃처럼 농염하구나.
만약 군옥산에서나 볼 수 있는 모습이 아니라면,
틀림없이 요대의 달 아래에서나 만날 수 있는 모습일러라.

雲想衣裳花想容, 春風拂檻露華濃.
若非羣玉山頭見, 會向瑤臺月下逢.

【清平調】 樂曲 이름. 開元 연간 皇宮 내에 모란꽃이 만발하자 현종이 楊貴妃
　와 함께 沈香亭에서 이를 구경하며 李白을 불러 〈清平調〉3장을 짓도록 하여
　이를 梨園弟子들에게 음악으로 만들어 연주하도록 하였음.《樂府詩集》(80)
　清平調 題解 참조.
【露花】 이슬이 맺힌 꽃처럼 아름다움을 말함. 양귀비의 아리따움을 표현한 것.
【羣玉山】 고대 신화 속의 선산. 西王母가 살던 곳이라 하며 옥이 산출됨.
　《山海經》西山經 참조. 한편《穆天子傳》(2)에는 "天子北征東還, 乃循黑水,
　癸巳, 至于羣玉之山"이라 하고 注에 "卽山海經玉山, 西王母所居者"라 함.
【瑤臺】 신선들이 거주하는 곳.《拾遺記》崑崙山에 "傍有瑤臺十二, 各廣千步,
　皆五色玉爲臺基"라 함.

1. 이는 양귀비를 두고 읊은 시로 널리 알려져 있으며, 〈청평조〉가 당대 신곡이 된 것은 이백이 이 시를 지음으로써 비롯되었다 함. 제1수는 모란꽃으로 양귀비를 비유한 것이며, 제2수는 이슬을 띠고 있는 꽃으로써 양귀비의 득총을 노래하였으며, 제3수는 명화와 귀비, 그리고 군왕과 귀비가 꽃을 감상하는 모습으로 끝을 맺고 있음.

2. 郭茂倩의 《樂府詩集》에 唐 李濬의 《松窗雜錄》을 인용하여 "開元中, 禁中木芍藥花方繁開, 帝乘照夜白(白馬 이름), 太眞妃以步輦從. 李龜年以歌擅一時. 帝曰:「賞名花, 對妃子, 焉用舊樂辭爲?」遂命李白作〈淸平調〉三章, 令梨園弟子略撫絲竹以促歌, 帝自調玉笛以倚曲"이라 함.

3. 樂史의 《李翰林別集》序에 "天寶中, 李白供奉翰林, 時禁中初種木芍藥, 移植興慶池沈香亭前. 會開花, 上賞之, 太眞妃從, 上曰:「賞名花, 對妃子, 焉用舊樂詞爲?」命李龜年持金花牋, 宣賜白, 爲〈淸平樂詞〉三章"이라 함.

4. 韻脚은 容·濃·逢.

5. 《千家詩》原註(王相)

唐玄宗與楊貴妃, 於沈香亭上賞牡丹, 召李白作淸平調詞三首, 譜入樂府, 此其一也. 此題咏牡丹兼咏妃子, 彩雲似衣, 名托似貌, 妃子之美也. 春風拂檻, 露華含英, 牡丹之艷也. 對美女而玩, 名花賞樂於深宮之內, 其景不讓羣玉. 山頭, 瑤臺月下也. 羣玉瑤臺, 乃王母會羣仙之處, 極言其盛也. ○唐, 李白, 字太白, 唐宗室, 仕翰林學士.

〈淸平調〉三首(2) ···································· 李白

청평조(2)

모란 꽃 한 떨기 이슬에 향기가 멈추어 엉긴 듯,
무산의 운우지정 이야기는 부질없이 애만 태우게 하네.
묻노니 한나라 궁궐에 누가 감히 이와 같을 수 있었던고?
가련타, 조비연을 새로 화장시켜 그 화장발에 의지한들 어려우리라.

一枝紅豔露凝香, 雲雨巫山枉斷腸.
借問漢宮誰得似? 可憐飛燕倚新妝.

【一枝紅】 붉은 모란꽃을 말함. 일명 芍藥花. 楊貴妃의 아름다움을 비유한
것임.
【雲雨巫山】 楚 襄王이 巫山의 神女를 만나 그녀와 사랑을 나눈 고사. 雲雨
之情을 의미함. 宋玉의 〈高唐賦〉에 "楚 懷王이 꿈에 巫山 神女와 만났는데
그 여인이 떠나면서 '나는 무산의 남쪽, 고구의 북쪽에 살며 아침에는
구름이 되고 저녁에는 비가 되어 아침저녁으로 양대 아래에 있습니다'라
하여 그곳에 사당을 짓고 '조운대'라 하였다 함. (楚懷王游高唐, 夢遇神女.
去而辭曰:「妾在武山之陽, 高丘之陰. 旦爲朝雲, 暮爲行雨, 朝朝暮暮. 陽臺之下.」
因爲之立廟, 號曰朝雲.) 뒤에 '雲雨'는 흔히 남녀의 만남을 의미하는 말로도
널리 쓰임.

【枉斷腸】'공연히 애끊게 하는 고사일 뿐이로다'의 뜻. '枉'은 '공연히, 허망하게'의 뜻으로 무산 신녀와 양왕의 사랑은 전설에 불과하지만 양귀비는 실제 사랑을 받고 있음을 의미한 것임.

【可憐】'불쌍하다'의 뜻보다는 '아름답다, 안타깝다'의 뜻에 가까움.

【飛燕】조비연을 가리킴. 漢 成帝에게 사랑을 받아 입궁하여 왕후에 오름. 한편 《漢書》 外戚傳에는 "孝成趙皇后本長安宮人. 屬陽阿主家, 學歌舞, 號曰飛燕. 成帝嘗微行, 過陽阿主家作樂. 上見飛燕而悅之, 召入宮, 後爲皇后"라 함. 班婕妤의 失寵, 合德과의 淫行 등 수 많은 宮中秘史를 남긴 여인임. 《西京雜記》 등을 참조할 것.

【倚】'의지하다, 도움을 받다'의 뜻으로 '조비연을 새롭게 화장을 시켜 그 화장의 도움으로 양귀비와 아름다움을 비교해보아도 어려울 것'이라는 의미임.

【新粧】'粧'은 '妝'과 같음. 여인의 화장을 뜻함. 伶玄의 〈趙飛燕外傳〉에 "飛燕膏九谷沈水香, 爲卷髮, 號新髻; 爲薄眉, 號遠山黛; 施小朱, 號慵來粧"이라 함.

참고 및 관련 자료

1. 양귀비를 漢 成帝 때의 趙飛燕에 비교하고 옛 전설 雲雨之情의 고사까지 곁들어 요염함을 칭송한 것임.

2. 韻脚은 香·腸·粧.

292-3

〈淸平調〉三首(3) ·· 李白

청평조(3)

아름다운 꽃과 경국의 미인을 둘 다 얻어 즐기니
언제나 임금의 웃음 띤 사랑의 시선 안에 있구나.
무한히 한스러운 봄바람에 대한 질투는 벗어버리고,
침향정 북쪽 난간에 기대어 섰도다.

名花傾國兩相歡, 常得君王帶笑看.
解釋春風無限恨, 沈香亭北倚闌干.

【名花】 아름다운 꽃. 牡丹꽃. 木芍藥花를 말함.
【傾國】 나라를 뒤엎을 만큼 아름다운 미모. 絶世美人, 絶代佳人. 傾國之色.
《漢書》 外戚李夫人傳에 李延年이 자신의 누이 李夫人을 武帝에게 추천
하면서 "北方有佳人, 絶世而獨立. 一顧傾人城, 再顧傾人國. 寧不知傾城與
傾國, 佳人難再得"이라 노래한데서 유래됨.
【解釋】 전혀 얽매임이 시원하게 풀어버림. '양귀비로서는 봄바람에 대한
질투나 한스러움을 전혀 느낄 필요가 없음'을 뜻함. 다른 판본에는 '解識'
으로 되어 있음.
【恨】 '한스럽게 여기다, 질투하다'의 뜻.

【沈香亭】정자 이름. 長安의 興慶宮 龍池의 동쪽에 있음. 현종과 양귀비가
　함께 꽃을 감상하던 곳임.
【闌干】'欄干, 欄杆'등으로도 표기하며, 정자 가의 기대거나 걸터앉을 수 있는
　부분. 疊韻連綿語의 物名.

참고 및 관련 자료

1. 沈德潛의 《唐詩別裁》에는 "三章合花與人言之, 風流旖旎, 絶世丰神. 或謂
　首章詠妃子, 次章詠花, 三章合詠, 殊近執滯"라 함.
2. 韻脚은 歡·看·干.

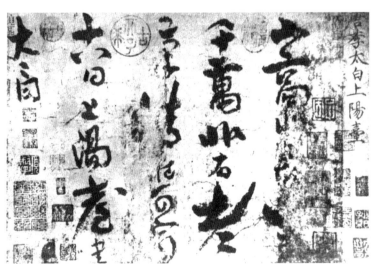

〈上陽臺帖〉李白

〈出塞〉 .... 王之渙

변새로 나서며

황하는 멀리 흰 구름 사이에서 흘러나오고,
한 조각 외로운 성에 만 길 높은 산이 둘러쳐 있구나.
강족 젓대소리 어찌 〈절양류〉의 그 애달픈 곡조인가?
봄바람은 불고 불어도 옥문관을 넘지 못하는데.

黃河遠上白雲間, 一片孤城萬仞山.
羌笛何須怨楊柳? 春風不度玉門關.

【黃河遠上】 혹 '黃沙直上'으로 표기된 기록도 있음.
【孤城】 涼州城을 가리킴. 지금의 甘肅 武威縣.
【萬仞】 둘레에 아주 높은 雪山이 줄을 이어 둘러쳐져 있음. 지금도 祁連山脈
萬年雪에 덮인 채 아주 가까이 있음.
【羌笛】 羌은 고대 서쪽의 이민족. 지금의 河西四郡과 四川, 新疆 일대에 분포
하고 있었음. 笛은 피리. 강족의 악기.
【楊柳】 樂府 橫吹曲辭의 〈折楊柳〉라는 曲名. 고대 멀리 이별할 때 버드나무는
어디에서도 생명력을 가지고 있음을 상징하여 이를 꺾어 주던 풍습에서
유래되었다 함. 이별가로써 매우 슬픈 곡조임.

【春風】봄바람. 여기서는 조정의 은택을 말함. 그 은택이 옥문관까지 닿아 원정에서 돌아가기를 원하는 뜻을 담고 있음.《漢書》李廣利傳에 의하면 貳師將軍 李廣利가 西域遠征을 떠나 그곳에 이르러 良馬를 구했으나, 일 년 넘도록 전투에 지쳐 많은 사람들이 죽어가자 군사를 되돌리기를 조정에 청하였음. 그러자 武帝가 노하여 사신을 급히 옥문관으로 보내어 관문을 닫아걸도록 하면서 "관문으로 들어오는 자 참수하라!"(軍有敢入者, 斬!)라고 명령을 내리는 등 독려하였음.

【玉門關】관문 이름. 지금의 甘肅 敦煌 서쪽에 있음. 陽關과 함께 서쪽 끝의 요새. 지금도 그 요새가 그대로 있음.《漢書》西域傳에 "西域東則接漢, 扼以玉門·陽關"이라 함.

참고 및 관련 자료

1. 이는 樂府 橫吹曲辭에는 〈凉州詞〉로 되어 있으며 그 2수 중 첫째 수임.

2.《唐書》禮樂志에 "天寶間樂曲, 皆以邊地爲名, 若凉州·甘州·伊州之類"라 함.

3. 淸 李鍈의《詩法易簡錄》에 "沈德潛云李于鱗推王昌齡〈秦時明月〉爲壓卷, 王元美推王翰〈葡萄美酒〉爲壓卷, 王新城尙書則云: 必求壓卷, 王維之〈渭城〉, 李白之〈白帝〉, 王昌齡〈奉帚平明〉, 王之渙之〈黃河遠上〉, 其庶幾乎而終唐之世·絶句亦無出四章之右者矣. 愚謂李益之〈回樂峰前〉, 劉禹錫之〈山圍故國〉, 杜牧之〈煙籠寒水〉, 鄭谷之〈揚子江頭〉, 氣象稍殊, 亦堪接武"라 하였음.

4. 韻脚은 間·山·關.

294

〈金縷衣〉 ·· 杜秋娘

금실로 수놓은 옷

그대에게 권하노니 금실 수놓은 옷 아끼지 말고,
그대에게 권하노니 진실로 젊은 날을 아끼게나.
꽃은 필 때 꺾어야 하나니 그 즉시 꺾을 지니라.
꽃 질 때 기다렸다가 빈 가지 꺾는 일 없도록 하게.

勸君莫惜金縷衣, 勸君惜取少年時.
花開堪折直須折, 莫待無花空折枝!

【金縷衣】 금실로 짜서 만든 옷으로 화려한 옷.
【堪折】 '堪'은 '可'와 같음. 雙聲互訓.
【直須】 '곧바로, 모름지기'. '때나 기회를 놓치지 말라'의 뜻.
【莫待無花】 〈敦煌曲子詞〉에 "莫攀我, 莫我太心偏, 我是曲江臨池柳, 這人折了
那人攀, 恩愛一時間"이라 하여 妓女들이 花柳에 스스로를 비유함을 말함.

참고 및 관련 자료

1. 이는 唐代 樂府의 新曲이라 함. 妓女의 花柳에 비유한 誘惑의 노래이며
동시에 젊은 날 아까운 시간과 기회를 놓치지 말 것을 권한 것으로 봄.

2.《全唐詩》에는 무명씨로 되어 있으며 두추낭이 부른 이 노래를 뒤에《名媛
詩歸》와《歷代名媛詩詞》에 수록하면서 전해진 것임.

3.《歷代名媛詩詞》에 "詞氣明爽, 手口相應, 其莫惜, 莫取, 堪折, 空折, 層層
跌宕, 讀之不厭, 可稱能事"라 함.

4. 韻脚은 衣·時·枝.

❀ 두추낭(杜秋娘)

1. 金陵(지금의 南京)의 歌女였으며, 15세에 鎭海節度使 李錡의 侍妾이 되었
으나, 憲宗 때 李錡가 죄를 얻어 파면되자, 그는 入宮하게 되었음. 이에 穆宗이
즉위하자 그를 皇子의 傅姆로 삼음. 그러나 자신이 기른 漳王이 폐위되자
고향으로 돌아와 만년을 보냄.《舊唐書》와《新唐書》에 전혀 그의 전이 없으며,
다만 杜牧이 杜秋娘詩와 序를 쓴 것이 있어 그 편린을 알 수 있을 뿐임.

2. 唐 羅隱의 〈金陵思古〉시에 "杜秋在時花解語, 杜秋死後花更繁"이라 함.

임동석(茁浦 林東錫)

慶北 榮州 上茁에서 출생. 忠北 丹陽 德尙골에서 성장. 丹陽初中 졸업. 京東高 서울
教大 國際大 建國大 대학원 졸업. 雨田 辛鎬烈 선생에게 漢學 배움. 臺灣 國立臺灣師範
大學 國文硏究所(大學院) 博士班 졸업. 中華民國 國家文學博士(1983). 建國大學校
教授. 文科大學長 역임. 成均館大 延世大 高麗大 外國語大 서울대 등 大學院 강의.
韓國中國言語學會 中國語文學硏究會 韓國中語中文學會 會長 역임. 저서에《朝鮮
譯學考》(中文)《中國學術槪論》《中韓對比語文論》. 편역서에《수레를 밀기 위해 내린
사람들》《栗谷先生詩文選》. 역서에《漢語音韻學講義》《廣開土王碑硏究》《東北
民族源流》《龍鳳文化源流》《論語心得》〈漢語雙聲疊韻硏究〉등 학술 논문 50여 편.

임동석중국사상100

당시삼백수 唐詩三百首

孫洙 編 / 林東錫 譯註
1판 1쇄 발행/2010년 12월 12일
2쇄 발행/2017년 7월 1일
발행인 고정일
발행처 동서문화사
창업 1956. 12. 12. 등록 16-3799
서울중구다산로12길6(신당동,4층) ☎546-0331~5 (FAX)545-0331
www.dongsuhbook.com
잘못 만들어진 책은 바꾸어 드립니다.

*

*

사업자등록번호 211-87-75330
ISBN 978-89-497-0639-9 04080
ISBN 978-89-497-0542-2 (세트)